**Kohlhammer Urban**
-Taschenbücher

Band 564

# Grundriss der Psychologie
## Band 15

eine Reihe in 22 Bänden herausgegeben von
Maria von Salisch, Herbert Selg und Dieter Ulich

Diese in sich geschlossene Taschenbuchreihe orientiert sich konsequent an den Erfordernissen des Studiums. Knapp, übersichtlich und verständlich präsentiert jeder Band das Grundwissen einer Teildisziplin.

Band 1
H. E. Lück
**Geschichte der Psychologie**

Band 2
D. Ulich
**Einführung in die Psychologie**

Band 3
H. Selg/J. Klapprott/R. Kamenz
**Forschungsmethoden der Psychologie**

Band 4
G. Vossel/M. Zimmer
**Psychophysiologie**

Band 5
P. Ulich/D. Mayring
**Psychologie der Emotionen**

Band 6
F. Rheinberg
**Motivation**

Band 7
R. Guski
**Wahrnehmung**

Band 8
W. Hussy
**Denken und Problemlösen**

Band 9
T. W. Herrmann
**Sprache verwenden**

Band 10
F. J. Schermer
**Lernen und Gedächtnis**

Band 11
L. Laux
**Persönlichkeitspsychologie**

Band 12
H. M. Trautner
**Allgemeine Entwicklungspsychologie**

Band 14
T. Faltermeier/R. Mayring/
W. Saup/R. Strehmel
**Entwicklungspsychologie des Erwachsenenalters**

Band 15
G. Bierbrauer
**Sozialpsychologie**

Band 17
H. Liebel
**Angewandte Psychologie**

Bände 18 und 19
B. Sieland
**Klinische Psychologie**
Bd. I: Grundlagen
Bd. II: Intervention

Band 20
H.-P. Nolting/R. Paulus
**Pädagogische Psychologie**

Band 21
T. Faltermeier
**Gesundheitspsychologie**

Band 22
L. v. Rosenstiel/W. Molt/
B. Rüttinger
**Organisationspsychologie**

Günter Bierbrauer

# Sozial-
# psychologie

2., vollständig überarbeitete
und erweiterte Auflage

Verlag W. Kohlhammer

*Für Inge und Sebastian*

---

Dieses Werk einschließlich aller seiner Teile ist urheberrechtlich geschützt. Jede Verwendung außerhalb der engen Grenzen des Urheberrechts ist ohne Zustimmung des Verlags unzulässig und strafbar. Das gilt insbesondere für Vervielfältigungen, Übersetzungen, Mikroverfilmungen und für die Einspeicherung und Verarbeitung in elektronischen Systemen.

---

2., vollständig überarbeitete und erweiterte Auflage 2005

Alle Rechte vorbehalten
© 1996/2005 Verlag W. Kohlhammer GmbH Stuttgart
Umschlag: Data Images GmbH
Gesamtherstellung:
W. Kohlhammer Druckerei GmbH + Co. KG, Stuttgart
Printed in Germany

ISBN 3-17-018213-7

# Inhaltsverzeichnis

**Vorwort zur zweiten Auflage**............................ 11

**Teil 1: Grundfragen** .................................... 15

**1 Böse Taten werden von bösen Menschen verübt. Stimmt das?**.................................... 15

1.1 Würden Sie einen Unbekannten absichtlich exekutieren? Nicht auszuschließen! ............... 15
1.2 Erklärungsversuche für das Unfassbare ............ 21
1.2.1 Die Dispositionshypothese ....................... 24
1.2.2 Die Situationshypothese......................... 26
1.3 Die Banalität des Bösen? Der Eichmann-Prozess ... 30
1.4 Die Produktion des »Bösen«. Unterschiedliche Menschenbilder ................................ 35
1.5 Der »moralische Imperativ« ..................... 37

**2 Die Stellung der Sozialpsychologie innerhalb der Sozialwissenschaften** ....................... 40

2.1 Ein historischer Abriss .......................... 41
2.2 Die sozialpsychologischen Erklärungsebenen ...... 45

**3 Alltagspsychologie und die verkannte Macht der Situation** ................................. 49

3.1 Die Diskrepanz zwischen alltagspsychologischen Annahmen und sozialpsychologischen Erkenntnissen ................................... 49
3.2 Die Perspektive des sozialpsychologischen Situationismus: Bedeutungszuschreibung und psychisches Spannungssystem ................... 54
3.2.1 Lewins Vermächtnis ............................ 54
3.2.2 Aristotelisches und galileisches Denken .......... 56

| | | |
|---|---|---|
| 3.2.3 | Der behavioristische Situationismus. | 57 |
| 3.3 | Hilfsverhalten angesichts äußerer Stimulusveränderungen und innerer Motivlagen | 59 |
| 3.3.1 | Bedeutungszuschreibung oder: »Was machen die anderen?« | 59 |
| 3.3.2 | Der »bystander effect« | 60 |
| 3.3.3 | Die Spannung zwischen Individuum und Gruppe oder: »Weshalb schreiten die anderen nicht ein?« | 61 |
| 3.3.4 | Welche Rolle spielen Persönlichkeitseigenschaften beim Hilfeverhalten? | 65 |
| 3.4 | Dynamische vs. statische Handlungsinterpretation | 67 |

**Teil 2: Soziale Kognitionen** ............................................ 71

| | | |
|---|---|---|
| **4** | **Soziale Wahrnehmung und die Verarbeitung sozialer Informationen** | **71** |
| 4.1 | Unsere wahrgenommene Welt ist eine konstruierte Welt | 71 |
| 4.2 | Begrenzungen und Verzerrungen der sozialen Wahrnehmung | 73 |
| 4.2.1 | Das Phänomen des Ersteindrucks | 76 |
| 4.2.2 | Selektive Wahrnehmung | 78 |
| 4.2.3 | Was ich mache, machen doch alle – der falsche Konsensuseffekt | 81 |
| 4.2.4 | Der naive Realismus | 84 |
| 4.2.5 | Soziale Polarisierung | 88 |
| 4.3 | Automatische Prozesse: Denken ohne Nachzudenken | 90 |
| **5** | **Die Trilogie der psychischen Prozesse: Kognitionen, Motivationen und Affekte** | **95** |
| 5.1 | Die Dynamik der kognitiven Dissonanz | 98 |
| 5.2 | Empirische Befunde | 99 |
| **6** | **Kausalattribution: Person oder Situation?** | **102** |
| 6.1 | Die hypothetischen Stufen bei der Kausalattribution | 103 |
| 6.2 | Der naive Verhaltenstheoretiker nach Heider | 105 |

| | | |
|---|---|---|
| 6.3 | Das Kovariationsmodell von Kelley – die Zuschreibung aufgrund mehrfacher Beobachtungen. | 108 |
| 6.4 | Das Konfigurationsmodell von Kelley – die Zuschreibung aufgrund einmaliger Beobachtung ... | 111 |
| 6.5 | Das Modell der korrespondierenden Schlussfolgerung von Jones und Davis .................. | 114 |

| | | |
|---|---|---|
| **7** | **Attributionsverzerrungen und Urteilsheuristiken – die Abweichungen vom normativen Modell der Urteilsbildung**........... | **119** |
| 7.1 | Der fundamentale Attributionsfehler............... | 119 |
| 7.1.1 | Das Unsichtbarkeitsproblem ..................... | 121 |
| 7.1.2 | Unrealistische Verhaltenserwartungen ............. | 122 |
| 7.2 | Wie »stark« sind situative Kräfte?................ | 122 |
| 7.3 | Weshalb neigen Menschen zum fundamentalen Attributionsfehler?.............................. | 124 |
| 7.4 | Die Auswirkung des Kontexts auf soziale Urteile: Heuristiken und Entscheidungsrahmen............ | 125 |
| 7.4.1 | Die Repräsentativitätsheuristik: Die Beurteilung nach Ähnlichkeit ............................... | 127 |
| 7.4.2 | Die Verfügbarkeitsheuristik: Was fällt uns zuerst ein? .................................... | 130 |
| 7.4.3 | Der Entscheidungsrahmen....................... | 131 |
| 7.5 | Kritische Anmerkungen zum konventionellen Kognitivismus in der Psychologie ................ | 134 |

| | | |
|---|---|---|
| **8** | **Einstellungen und Einstellungsänderung** ....... | **137** |
| 8.1 | Zur Geschichte des Einstellungskonzepts .......... | 138 |
| 8.2 | Definition und Merkmale von Einstellungen ....... | 139 |
| 8.3 | Einstellungen als ein mehrdimensionales System ... | 140 |
| 8.4 | Die Beziehung zwischen Einstellungen und Verhalten ...................................... | 142 |
| 8.5 | Einstellungen als eindimensionales Konzept ....... | 144 |
| 8.6 | Theorien der Einstellungsänderung................ | 146 |
| 8.6.1 | Die Theorie der kognitiven Dissonanz............. | 147 |
| 8.6.2 | Die Theorie der Selbstwahrnehmung ............. | 148 |
| 8.6.3 | Welche Theorie ist die richtige? .................. | 149 |

**Teil 3: Soziale Beeinflussung** ........................... 151

**9 Soziale Beeinflussung und Gruppenprozesse** ..... 151

9.1 Der »Charakter« der autoritären Persönlichkeit ..... 152
9.2 Der Prozess der sozialen Beeinflussung ............ 153
9.2.1 Die Konformitätsstudien von Asch ................. 154
9.2.2 Sozialer Einfluss in zweideutigen Situationen ....... 157
9.2.3 Sozialer Einfluss einer eindeutigen Situation ........ 158
9.2.4 Der kognitive Konflikt und seine Lösung ........... 160
9.2.5 Sozial normativer und sozial informativer Einfluss .. 163
9.2.6 Pluralistische Ignoranz in der Asch-Situation ....... 165
9.3 Können Minderheiten auf Mehrheiten Einfluss nehmen? ........................................ 166
9.4 Indirekte Beeinflussungsstrategien: Minimaler Druck – große Wirkung ........................... 168
9.4.1 Die »Fuß-in-der-Tür-Technik« .................... 168
9.4.2 Die »Tür-ins-Gesicht-Technik« ................... 170
9.4.3 Die goldene Regel des Nehmens und Gebens: Das Reziprozitätsprinzip ......................... 170
9.5 Noch einmal: Würden Sie einen Unbekannten exekutieren? ..................................... 171

**10 Ethnozentrismus, Vorurteile und Intergruppenkonflikte** ........................... 175

10.1 Ethnozentrismus und optimale Distinktheit ......... 176
10.2 Der Ethnozentrismus der autoritären Persönlichkeit . 178
10.3 Stereotypen und Vorurteile ....................... 179
10.4 Die automatische Aktivierung von Stereotypen ..... 182
10.5 Die heimtückische Macht von Stereotypen ......... 184
10.6 Realistische Konflikttheorie und ungerechte Ressourcenverteilung ............................ 186

**Teil 4: Ausgewählte Probleme der Angewandten Sozialpsychologie: Konflikt, Kultur, Migration** .. 191

**11 Soziale Konflikte, Gewalt und Streitbehandlung** . 193

11.1 Der weise König Salomo ......................... 194
11.2 Die strukturelle Ebene eines Konflikts ............. 195
11.3 Die psychische Ebene eines Konflikts ............. 197
11.4 Das Gefangenen-Dilemma ........................ 199
11.5 Die Tragödie der Allmende ....................... 201
11.6 Die primitive Regel sozialer Beziehungen: »Wie Du mir, so ich Dir« ....................... 203
11.7 Verfahren zum Konfliktmanagement .............. 204

**12 Kultur und Migration** .......................... 208

12.1 Die sozialpsychologische Dynamik der Migration .. 209
12.2 Der Migrationsprozess ........................... 210
12.3 Zuwanderergruppen .............................. 212
12.4 Fremdsein ....................................... 214
12.5 Was ist Kultur? .................................. 215
12.6 Kulturelle Orientierungen und Selbstkonzept ....... 216
12.7 Die Bedrohung kultureller Identität ............... 218
12.8 Ethnizität, ethnische Identität und »Rasse« ......... 219
12.9 Akkulturationspräferenzen ....................... 220

**Literaturverzeichnis** ................................. 223

**Sachwortverzeichnis** ................................. 234

**Personenverzeichnis** ................................. 238

# Vorwort zur zweiten Auflage

Der Aufbau der ersten Auflage bildete die Grundlage für die Entstehung dieser zweiten Auflage, wobei eine ganze Reihe von neuen Entwicklungen der Sozialpsychologie Berücksichtigung gefunden haben. Das spezifische Erkenntnisinteresse der Sozialpsychologie wird dabei wiederum aus der Perspektive des sozialpsychologischen Situationismus hergeleitet, der im Kern auf die von Kurt Lewin formulierten Anforderungen für psychologische Theorien zurückgeht: 1. Person und Umwelt bilden einen Systemzusammenhang und 2. »innere« und »äußere« Prozesse beeinflussen sich gegenseitig. Auf der Basis dieser Überlegungen kann man den seit Jahrzehnten akkumulierten Erkenntnisgewinn sozialpsychologischer Theorienbildung in folgender Weise zusammenfassen:

1. Verhalten und Denken wird stärker durch den sozialen Kontext beeinflusst als Menschen in unseren alltagspsychologischen Annahmen vermuten.
2. Menschen sind davon überzeugt, dass sie ihre Welt »objektiv« wahrnehmen. Sie sind sich nicht bewusst, dass ihre wahrgenommene Welt eine subjektiv interpretierte Welt ist. Dieser »naive Realismus« führt zu Missverständnissen und Konflikten.

In diesem Buch wird auch versucht, den Bezug der theoretischen Konzepte zu Gegenwartsproblemen herzustellen: »Wessis contra Ossis – der mentale Graben zwischen Ostdeutschen und Westdeutschen wird immer tiefer.« »Misshandlungen von Gefängnisinsassen im Irak« »Neuer Anschlag von religiösen Fundamentalisten« – so oder ähnlich lauten die Schlagzeilen von Medien und nicht selten werden eindimensionale Ursachen suggeriert. Kollektive Phänomene können aber nicht auf eine einzige Ursache zurückgeführt werden. Im Kern handelt es sich dabei immer um sozialpsychologische Phänomene, die aus dem Zusammenwirken von Kräften auf der individuellen, der Gruppen- oder der kollektiven Ebene verstanden werden müssen.

In diesem Buch wird nicht der Anspruch erhoben, dass diese Phänomene umfassend behandelt oder erklärt werden. Hierzu bedarf es weit größerer wissenschaftlicher Abhandlungen. Es wird aber versucht, diese Themen aus dem Blickwinkel des sozialpsychologischen Situationismus, wenn auch nur knapp, zu behandeln. Zusätzlich zu den in der ersten Auflage angesprochenen Themen wurden in dieser zweiten Auflage u. a. folgende berücksichtigt: Die Produktion des »Bösen«, naiver Realismus, soziale Polarisierung, automatische und kontrollierte kognitive Prozesse, pluralistische Ignoranz, Bedrohung kultureller Identität.

Bedingt durch den vorgegebenen Umfang wurde bei der Entstehung dieses Buches zu keinem Zeitpunkt daran gedacht, eine umfassende Darstellung des üblichen Themenkanons der Sozialpsychologie zu präsentieren. Vielmehr soll dem Leser das spezifisch sozialpsychologische Erkenntnisinteresse an ausgewählten Fragestellungen und unter Bezugnahme auf zahlreiche für die Entwicklung der Sozialpsychologie bedeutsame empirische Untersuchungen illustriert werden.

Das Buch ist in vier Teile gegliedert. Teil 1 führt anhand einer der wichtigsten Studien der Sozialpsychologie in die zentrale Fragestellung ein: Inwieweit ist menschliches Verhalten sozial geformt und weshalb berücksichtigen Menschen in ihren alltagspsychologischen Erklärungen die Kontextgebundenheit des Denkens und Verhaltens nicht angemessen?

Teil 2 behandelt den zentralen Topos der gegenwärtigen Sozialpsychologie, die soziale Kognitionsforschung. Im Zentrum steht die Analyse der mentalen Konstruktionsprozesse, auf deren Grundlage Menschen versuchen, sich in ihrer Welt zu orientieren und sie zu verstehen. Dabei geht es insbesondere um den Zusammenhang zwischen Einstellungen und Verhalten. Im Einzelnen werden Phänomene wie naiver Realismus, Einstellungen, Attributionsprozesse, soziale Polarisierung, naiver Realismus und automatische kognitive Prozesse behandelt.

Teil 3 untersucht die Bedingungen und Konsequenzen sozialer Beeinflussung und die Bedeutung von Gruppenzwängen für soziale Konformität. Die soziale Verankerung von Vorurteilen und Stereotypen wird exemplarisch sowohl an klassischen als auch an neuen Studien behandelt wie z. B. die Ansätze über die automatische Aktivierung von Stereotypen und die Bedrohung durch Stereotypen.

Teil 4 zeigt an zwei Themen beispielhaft die Möglichkeiten einer Angewandten Sozialpsychologie, die notwendigerweise einen interdisziplinären Blickwinkel haben muss. Im vorletzten Kapitel werden Fragen der Konfliktforschung und des Konfliktmanagements behandelt. Beide Themen gewinnen zunehmend an Bedeutung in Wirtschaft, Recht und Politik. Im letzten Kapitel wird einer der bedeutsamsten gesellschaftlichen Problembereiche unserer Zeit behandelt, die durch Migration ausgelösten neuen politischen und gesellschaftlichen Herausforderungen. In diesem Kapitel wird auch der Rahmen konventioneller sozialpsychologischer Betrachtung gesprengt, weil die Probleme, die sich aus dem interkulturellen Gruppenkontakt ergeben, zwar im Kern ein sozialpsychologisches Thema par excellence bilden, aber in ihren Ursachen und Konsequenzen nur mit Hilfe anderer Disziplinen behandelt werden können. Hier wird überdies das Konzept der Kultur wieder in den Korpus der Sozialpsychologie zurückgeholt, ein Gedanke, der für Wilhelm Wundt in seiner Völkerpsychologie schon vor mehr als hundert Jahren eine Selbstverständlichkeit für die gesamte Psychologie war.

Ich bin sehr dankbar für kritische Hinweise und Anmerkungen, die ich von Edgar Klinger und Karsten Michael Ortloff erhalten habe. Petra Lehmeyer hat mit viel Umsicht und Engagement meine schwer zu entziffernde Handschrift in lesbare Form gebracht und mich auf viele Fehler aufmerksam gemacht. Schließlich danke ich Uwe Nerger für die professionelle Anfertigung der Abbildungen.

Ich würde mich freuen, Anmerkungen und Anregungen der Leser dieses Buches zu erhalten, die ich bei einer Neuauflage gerne berücksichtigen würde (bierbrauer@uos.de).

Osnabrück, Frühjahr 2005
Günter Bierbrauer

# Teil 1: Grundfragen

## 1 Böse Taten werden von bösen Menschen verübt. Stimmt das?

### 1.1 Würden Sie einen Unbekannten absichtlich exekutieren? Nicht auszuschließen!

Stellen Sie sich einmal vor, Sie lesen in einer Zeitung eine Anzeige, in der Freiwillige für ein Lern- und Gedächtnisexperiment gesucht werden, das vom Psychologischen Institut der Universität durchgeführt wird. Da Sie sich schon immer für Psychologie interessierten, melden Sie sich an und finden sich nach einigen Tagen im Labor des Psychologischen Instituts ein.

Dort werden Sie von einem ungefähr dreißig Jahre alten Mann begrüßt, der einen grauen Labormantel trägt und sich als Experimentator vorstellt. Er macht auf Sie den Eindruck eines seriösen Wissenschaftlers, ist aber ansonsten völlig unauffällig. Ebenfalls anwesend ist ein untersetzter, etwa fünfzigjähriger Mann mit rundem, freundlichen Gesicht und einer Brille. Mit seiner ruhigen und monotonen Stimme erklärt der Experimentator den Sinn und Zweck der Untersuchung: »Psychologen haben sich schon immer sehr dafür interessiert, unter welchen Bedingungen Menschen und Tiere lernen. In vielen Experimenten wurde untersucht, wie sich der Einfluss von Belohnung und Bestrafung auf das Lernen und das Erinnerungsvermögen auswirkt. Unzählige Experimente darüber, wie sich Bestrafung auf Lernen und Erinnern auswirken, wurden bereits in Tierlabors durchgeführt. Uns fehlen jedoch Erkenntnisse darüber, wie sich Bestrafung auf menschliches Lernen auswirkt. Insbesondere wollen wir herausfinden, wie Bestrafung in einer Situation wirkt, in der sich zwei Menschen als Lehrer und Schüler gegenüberstehen. Ich möchte Sie daher bitten, dass einer von Ihnen den Lehrer spielt und der andere den Schüler. Wer will welche Rolle übernehmen?« Dann holt er schnell zwei Zettel und lässt Sie und den Mann mit der Brille losen. Sie ziehen den Zettel mit der Aufschrift »Lehrer« und der andere bemerkt: »Ich bin der Schüler.«

Sie und der andere Mann werden vom Experimentator in einen anderen Raum geführt. Dort wird der Schüler auf einen »elektrischen Stuhl« gesetzt und so festgeschnallt, damit er keine extremen Bewegungen machen kann. Dann wird eine Elektrode an seinem rechten Arm befestigt. Die Elektrode ist mit Elektropaste bestrichen, um guten Hautkontakt herzustellen und um Verbrennungen zu vermeiden. Die Elektrode selbst ist mit einem elektrischen Schockgenerator verbunden, der im ersten Raum steht. Bevor Sie mit dem Experimentator in den anderen Raum zurückgehen, fragt er den Schüler, ob er noch etwas zu sagen habe. »Ja«, antwortet der Mann, »ich sollte vielleicht noch erwähnen, dass ich vor zwei Jahren im Krankenhaus war wegen einer kleinen Herzsache ... es war aber nichts Ernstes. Solange die Elektroschocks nicht gefährlich sind ... Wie stark sind sie denn und wie gefährlich?« Der Experimentator schüttelt den Kopf: »Nein, nein, keine Sorge. Sie können schmerzhaft sein, aber sie sind nicht gefährlich. Sonst noch was?«

Sie gehen zusammen mit dem Experimentator in den ersten Raum zurück. Die Tür wird hinter Ihnen geschlossen. Der Mann mit der Brille ist nicht mehr zu sehen, aber sie sprechen miteinander über Mikrophon und Lautsprecher. »Lernexperimente«, so sagt der Psychologe, »werden häufig mit einer erprobten standardisierten Methode durchgeführt, die man als Paarassoziation bezeichnet. Ihre Aufgabe ist es, dem Schüler eine Liste mit Wortpaaren vorzulesen, z. B. ›blau – Schachtel‹, ›schön – Tag‹, ›wild – Vogel‹ usw. Danach lesen Sie nur das erste Wort eines Paares vor und vier weitere Worte, wovon eines das zweite Wort des Paares ist. z. B. ›blau: Himmel, Tinte, Schachtel, Lampe‹. Der Schüler soll dann angeben, welches der vier Wörter ursprünglich mit dem ersten Wort gepaart war. Die Antwort übermittelt er, indem er einen von

## 1 Böse Taten werden von bösen Menschen verübt. Stimmt das?

vier Schaltknöpfen drückt. Seine Antworten können Sie an den Lämpchen erkennen, die ebenfalls mit 1 – 4 markiert sind. Wenn er die richtige Antwort gedrückt hat, dann passiert nichts weiter und Sie gehen zum nächsten Wort über. Wenn der Schüler jedoch einen Fehler macht oder keine Antwort gibt, dann sagen Sie ›falsch‹ und geben einen Elektroschock. Jedes Mal steigern Sie die Schockstärke um eine Stufe. Für die Elektroschocks haben wir diesen Apparat gebaut. Er ist mit Anzeigeinstrumenten bestückt, die ausschlagen, sobald Sie einen der 30 Hebel herunterdrücken. Unter jedem Hebel ist die jeweilige Schockstärke markiert«. Die Schockstufen des beeindruckenden Apparates reichen von 15 Volt bis 450 Volt. Unter den Schalthebeln stehen wiederum von links nach rechts die Schockintensitäten: ›Leichter Schock‹, ›Moderater Schock‹ und so weiter bis zum rechten Rand: ›Sehr starker Schock‹, ›Intensiver Schock‹, ›Extrem intensiver Schock‹, ›Gefahr: schwerer Schock‹. Unter dem 30. Hebel, mit dem man 450 Volt verabreichen kann, steht lediglich ›XXX‹. »Damit Sie eine Ahnung haben, wie der Apparat funktioniert«, führt der Experimentator weiter aus, »bekommen Sie einen Probeschock von 45 Volt, der aber nicht schmerzhaft ist.«

Dann beginnt das teuflische Spiel. Sie finden es nicht uninteressant herauszufinden, wie die Technik funktioniert. Sie lesen die erste Liste vor und der Schüler beantwortet sie korrekt. Die Lichter gehen an und aus. Nach zwei richtigen Antworten macht der Mann mit der Brille einen Fehler und drückt den falschen Knopf. Sie müssen ihm den ersten Schock geben. Ihr Zeigefinger berührt den 15 Volt-Hebel. Sie zögern noch einen Moment, dann drücken Sie ihn fest hinunter. Sie hören das Brummen des Schockgenerators und sehen das Voltmessgerät ausschlagen. Sie hören sonst nichts – keine Reaktion. Erleichtert machen Sie weiter: ›Tante – grün‹, ›Buch – sauer‹, ›Lampe ...‹ Sie finden die ganze Sache recht interessant und unterhaltsam. Es geht wie beim Pingpong: Sie werfen Worte hinüber und der andere wirft die Antwort zurück. Der Experimentator ist zufrieden und nickt Ihnen zustimmend zu.

Dann: »Nagel – Fenster, Stock, Straße, Haus«. Der Schüler drückt auf den zweiten Knopf. »Falsch«, hören Sie sich sagen. »›Fenster‹ war das richtige Wort. 30 Volt«. »Au« hören Sie über den Lautsprecher. So geht es weiter. Die Fehler häufen sich und Sie steigern die Voltzahl. Bei 90 Volt hören Sie ein lautes »Au!«.

Daraufhin fragen Sie den Experimentator, ob es richtig sei, fortzufahren. »Bitte machen Sie weiter, bitte machen Sie weiter«, antwortet er. Sie fahren fort, obwohl Ihnen nicht ganz wohl zumute ist. Bei 120 Volt schreit der Schüler zurück: »Au, das tut wirklich weh!« und bei 150 Volt: »He, was ist das? Was tun Sie da eigentlich?« Voller Zweifel wenden Sie sich an den Experimentator: »Soll ich wirklich weitermachen?« Er antwortet unbewegt: »Bitte machen Sie weiter«. Sie hegen im Stillen Bedenken, aber Sie machen weiter. Bei 180 Volt brüllt der Schüler: »Ich kann die Schmerzen nicht mehr aushalten! Hören Sie auf!« Sie protestieren und sagen dem Experimentator, dass Sie das Ganze nicht verantworten können: »Ich werde diesen Mann umbringen, hören Sie ihn nicht schreien?« Ungerührt entgegnet der Wissenschaftler: »Wie ich Ihnen schon vorher sagte, die Schocks können schmerzhaft sein, aber ...« »Hören Sie ihn denn nicht schreien? Was passiert mit ihm?« »Das Experiment erfordert, dass Sie weitermachen, Lehrer«, ist die knappe Entgegnung des Experimentators. So geht es weiter und weiter: 195 Volt, 210 Volt ... 225 Volt. Bei der 285 Volt-Stufe brüllt der Mann: »Au, ah, bitte lassen Sie mich hier raus. Ich möchte nicht mehr. He, das tut weh, es ist genug, hört auf.« Erregt wenden Sie sich an den Experimentator und schreien ihn an: »Ich kann doch diesen Mann nicht töten! Hören Sie ihn denn nicht schreien? Ich gebe ihm keine 450 Volt!« Ruhig erwidert er: »Das Experiment erfordert, dass Sie weitermachen.« »Aber er sagt, dass er nicht weitermachen will! Er will nicht länger an diesem Experiment teilnehmen.« Stoisch erwidert der Experimentator: »Es ist notwendig, dass Sie fortfahren. Machen Sie bitte weiter mit ›Zoo‹ am Anfang der Seite. Fahren Sie fort, Lehrer!« »Mond – Fenster – Buch – Mann – Lehrer. Antworten Sie bitte. Falsch! Die Antwort ist ›Mann‹. 300 Volt«, hören Sie sich sagen. Sie vernehmen noch die gequälte Stimme des Mannes mit der Brille: »Raus hier, raus hier, ich höre auf!« Nun ertragen Sie es nicht länger, Sie stehen endlich auf und brüllen den Experimentator an: »Was ist das für ein Experiment! Ich bringe diesen Mann ja um. Sie sind verrückt.« Und dann: »Ich höre auf.« Sie verlassen den Raum; ebenso der Experimentator. Zu Ihrer Verblüffung sagt er freundlich: »Ich danke Ihnen für Ihre Mitarbeit« und klärt Sie über den wahren Sinn des Experimentes auf.

Sie wären einer der ganz wenigen Teilnehmer gewesen, die bei der 300 Volt-Stufe den Ausstieg gewagt hätte, denn die meisten anderen Untersuchungsteilnehmer leisteten uneingeschränkten Gehorsam, d. h. sie gingen bis zur höchsten Schockstufe von 450 Volt. Das sah etwa folgendermaßen aus: Bei 330 Volt brüllte der Schüler: »Lassen Sie mich raus, lassen Sie mich hier raus! Mein Herz schmerzt. Lassen Sie mich raus. Sie haben kein Recht, mich hier festzuhalten. Lassen Sie mich raus, lassen Sie mich raus ... .« Nach dem Stromstoß von 360 Volt kam keine Antwort mehr vom Schüler, auch nicht bei den weiteren Stromstößen und so weiter bis zur 450 Volt-Stufe. Sobald die Teilnehmer zögerten oder protestierten, erwiderte der Experimentator lediglich: »Sie haben keine andere Wahl, Sie müssen weitermachen.«

Es scheint unglaublich: 65 Prozent aller Teilnehmer waren in der Standardversion (Experiment 5) gehorsam bis zur höchsten Schockstufe, obwohl ihnen bewusst war, dass sie einen hilflosen Menschen quälten. Die geschilderte Untersuchung wurde Anfang der sechziger Jahre von dem amerikanischen Sozialpsychologen Stanley Milgram (1963; 1974/1988) an der berühmten Yale Universität in den USA durchgeführt. Diese ungewöhnliche Studie mit ihren unfassbaren Ergebnissen wurde sowohl in Fachkreisen als auch in der weiteren Öffentlichkeit mit einem Schlag als das sogenannte Milgram-Experiment berühmt. Diese Untersuchung wurde nicht nur in Amerika, sondern auch in Deutschland (Mantell, 1971) und in anderen Ländern wie z. B. in Australien, Holland, Italien wiederholt: Immer war die Mehrzahl der Teilnehmer bereit zu gehorchen (Smith & Bond, 1993). Die erste wichtige Folgerung, die wir aus dieser Untersuchung ziehen können, lautet: Menschen sind unter bestimmten Bedingungen offenbar bereit, andere Menschen zu misshandeln oder ihnen noch schlimmeres Leid zuzufügen. Welche Bedingungen fördern diesen uneingeschränkten Gehorsam und wer oder was ist für derartiges Handeln verantwortlich zu machen?

Man könnte zunächst die Vermutung äußern, die große Gehorsambereitschaft hat mit einer in besonderer Weise zusammengesetzten männlichen Stichprobe zu tun. Keineswegs. 40 Frauen, die an dem gleichen Standardexperiment teilgenommen hatten (Experiment 8), zeigten den exakt gleichen Grad von Gehorsamkeit: 65 % betätigten den 450 Volt Schalter.

Milgram hat nicht nur demonstriert, dass die Mehrzahl der Teilnehmer in seiner ersten Untersuchung einer Autoritätsperson gehorchten, sondern er analysierte auch die sozialen Begleitfaktoren und beobachtete in einer Serie von 18 Experimenten Gehorsamkeitsraten (Anzahl der Teilnehmer, die bis zum Maximalschock gingen), die von 0 bis 93 Prozent reichten (s. Abb. 1.1). Wichtige Umstände waren u. a. die emotionale Distanz sowie die Nähe und Legitimität des Experimentators. Wenn beispielsweise der »Schüler« in Sichtweite des »Lehrers« im gleichen Raum war, dann gehorchten 40 % der Teilnehmer bis zur Maximalschockstufe (Experiment 3). Wird dem »Lehrer« befohlen, die Hand des »Schülers« auf die Schockplatte zu drücken, dann gehorchten 30 % (Experiment 4). Verlässt der Experimentator nach einer anfänglichen Instruktion das Labor und gibt seine weiteren Anordnungen über Telefon weiter, dann sinkt die Gehorsamkeitsbereitschaft auf 20,5 % (Experiment 7).

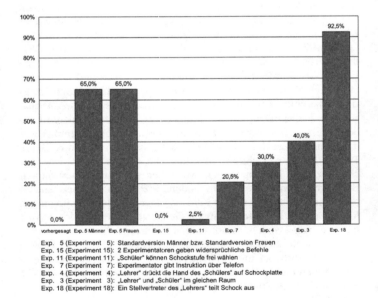

Exp.  5 (Experiment  5): Standardversion Männer bzw. Standardversion Frauen
Exp. 15 (Experiment 15): 2 Experimentatoren geben widersprüchliche Befehle
Exp. 11 (Experiment 11): „Schüler" können Schockstufe frei wählen
Exp.  7 (Experiment  7): Experimentator gibt Instruktion über Telefon
Exp.  4 (Experiment  4): „Lehrer" drückt die Hand des „Schülers" auf Schockplatte
Exp.  3 (Experiment  3): „Lehrer" und „Schüler" im gleichen Raum
Exp. 18 (Experiment 18): Ein Stellvertreter des „Lehrers" teilt Schock aus

Abb. 1.1: Prozentsatz der gehorsamen Teilnehmer in verschiedenen Experimentalvarianten (nach Milgram, 1988).

Dass die Gruppenatmosphäre eine wichtige Rolle spielt, zeigt Experiment 15. In dieser Variante geben zwei Autoritätspersonen widersprüchliche Befehle. Die Uneinigkeit der beiden führt dazu, dass keiner der Teilnehmer bis zur höchsten Schockstufe geht. Dass die Teilnehmer keine Sadisten waren, die nur ihre aggressiven Impulse auslebten, zeigte Experiment 11, bei dem die Teilnehmer die Schockhöhe selbst wählen konnten. Nur 2,5 % von ihnen verabreichte den Maximalschock. Wenn sie aber die Schocks nicht selbst austeilen mussten, sondern »nur« einem »Stellvertreter« befahlen, dann leiteten dies 92,5 % weiter (Experiment 18).

## 1.2 Erklärungsversuche für das Unfassbare

Als Milgram 1963 die erste Variante seiner Gehorsamkeitsstudien veröffentlichte, fragte er scheinbar arglos, was Menschen tun werden, wenn ihnen von einer Person mit wissenschaftlicher Autorität befohlen wird, einer anderen Person immer stärkere elektrische Schläge zu verabreichen. Hierzu gab es in der Tat keine überzeugenden empirischen Untersuchungen. Um diese scheinbar schlichte Frage zu beantworten, ersann er diese ungewöhnlichen Studien. Seine erstaunlichen Beobachtungen zogen ein bis dahin nicht gekanntes Interesse von Wissenschaftlern und Laien an Studien dieser Art nach sich. Man verwendet heute die Begriffe Gehorsamkeitsexperiment und Milgram-Experiment fast synonym. In allen einschlägigen Lehrbüchern wird die Milgram-Studie ausführlich behandelt. Sie gilt als die in der Öffentlichkeit bekannteste psychologische Studie schlechthin, und sie wird von Herausgebern einschlägiger Zeitschriften als wichtigster Beitrag der Sozialpsychologie überhaupt gesehen (Diamond & Morton, 1978). Trotz dieses Bekanntheitsgrades werden die Milgram-Studien häufig selbst von Psychologen im Hinblick auf ihre weiteren wissenschaftlichen, philosophischen und politischen Dimensionen verkannt.

Warum ist dies der Fall? Um diese Frage zu beantworten, wollen wir uns noch einmal das Szenario und das Hauptergebnis ins Gedächtnis zurückrufen. Ist es nicht so, dass wir uns beim Lesen ständig fragen: »Weshalb hört der Lehrer nicht auf und macht diesem Spuk einfach ein Ende? Schließlich handelt es sich doch um ein Experiment mit freiwilliger Teilnahme, die zu nichts verpflichtet.« Umso größer ist unser Erstaunen, wenn wir das Resultat erfahren: 65 Prozent aller Teilnehmer leisten uneingeschränkten Gehorsam bis zur höchsten Schockstufe, weit über den Punkt hinaus, an dem das letzte Stöhnen vom »Schüler« zu hören ist. Das bedeutet, die Mehrheit aller Teilnehmer verhält sich gehorsam »bis zum Letzten«.

Wir fragen uns, was sind das für Menschen, die ihresgleichen quälen und misshandeln oder gar deren Tod in Kauf nehmen? Wie ist es möglich, dass fast zwei Drittel aller Teilnehmer dies tun? Einer Sache sind wir uns allerdings gewiss: Wir wären als Teilnehmer schon viel früher ausgestiegen, ja, wir hätten es nie so weit kommen lassen. Wirklich?

In meiner Einführungsvorlesung stelle ich regelmäßig den Zuhörern diese Frage und erhalte in jedem Jahr das gleiche Resultat: Eine große Zahl von ihnen ist davon überzeugt, dass sie von Anfang an gar nicht bzw. im Durchschnitt nur bis maximal 90 Volt mitgemacht hätten. Entsprechend gering schätzen sie den Prozentsatz von potentiellen Probanden, wie beispielsweise ihr bester Freund, ihr Vater oder der Durchschnittsstudent an ihrer Universität, die bis zur höchsten Schockstufe gehorsam sein würden: maximal 10 Prozent! Ich bitte die Zuhörer dann, sich einen Menschen vorzustellen, der bis zur höchsten Schockstufe gehorsam gewesen ist. Wie wird er von ihnen beschrieben? Gängige Antworten sind: obrigkeitsliebend, labil, sadistisch, einer, der geistig nicht normal sein kann.

Wenn wir uns wieder an die Ergebnisse von Milgram erinnern, so müssen wir fragen, ob wir berechtigterweise annehmen dürfen, 65 Prozent aller Teilnehmer seien Sadisten gewesen? Denken nur die Studenten in meiner Vorlesung so, weil sie das Geschehen aus der Distanz gleichsam aus zweiter Hand wahrnehmen können? Leider denken nicht nur sie so. In einer Simulation der Milgram-Studie von Bierbrauer (1979) wurde dieser Frage systematisch nachgegangen. In dieser Untersuchung wurden Studenten der Stanford Universität, die mit der Milgram-Studie nicht vertraut waren, gebeten, in dieser Simulation den Lehrer zu spielen. Ihnen wurde mitgeteilt, dass man mehr über das Experiment und über die Erfahrungen der Teilnehmer wissen wolle. Die Milgram-Studie wurde den Probanden in allen Details beschrieben. Ihnen wurde auch mitgeteilt, dass der Lehrer insofern getäuscht worden war, als der Schüler ein Mitarbeiter des Experimentators war und keine Elektroschocks erhielt. Allerdings wurde den Probanden nichts über die

Gehorsamkeitsrate gesagt, weil sie die wichtigste abhängige Variable dieser Simulation war. Der Lehrer und der Experimentator spielten die gesamte Verhaltenssequenz auf der Basis eines Skripts, das einem tatsächlichen Versuchsdurchgang nachempfunden war (Experiment 5) und in dessen Verlauf der Lehrer bis zur höchsten Schockstufe ging. Vor dem Probanden in der Simulationsstudie stand eine naturgetreue Nachbildung des von Milgram verwendeten Schockgenerators. Die Reaktionen des Schülers orientierten sich an dem von Milgram entworfenen Skript und sie wurden auf Tonband überspielt. Der Untersuchungsleiter wiederholte die gleichen Aufforderungen und Befehle, wie sie Milgram vorgesehen hatte.

Nachdem die Probanden in dieser Simulation gleichsam mit Haut und Haaren in die Rolle eines Milgram-Probanden schlüpften und sozusagen aus erster Hand erfahren konnten, welchen Zwängen und Konflikten er ausgesetzt war, waren sie dennoch nicht in der Lage, die Situation und seine Reaktionen valide einzuschätzen. Um das Ausmaß des wahrgenommenen Situationsdrucks zu erfassen, wurden sie u. a. gebeten vorherzusagen, wie viel Prozent der Probanden in einer richtigen Milgram-Studie bei bestimmten Schockstufen noch im Experiment verbleiben würden. Abb. 1.2 unten zeigt die Schätzungen der Lehrerrollenspieler im Vergleich zu den tatsächlichen Daten von Milgram (1963). Obwohl die Probanden an einer sehr realistischen Simulation teilgenommen hatten, überschätzten sie massiv den Prozentsatz der Teilnehmer, die schon bei niedrigen Schockstufen das Experiment beendet hätten. In anderen Worten, sie überschätzten die Bereitschaft zum Ungehorsam und unterschätzten das Ausmaß der situativen Zwänge, denen die Teilnehmer erlagen.

Wie kommt es zu dieser großen Diskrepanz zwischen den intuitiven Vorhersagen und dem beobachteten Verhalten? Warum liegen die Probanden in ihrer Einschätzung so falsch? Es sollen nachfolgend zwei aufeinander bezogene Hypothesen diskutiert werden, die uns als Erklärungsversuche ein tieferes Verständnis für diese Diskrepanz vermitteln können. Sie sind bekannt als die *Dispositionshypothese* und die *Situationshypothese*.

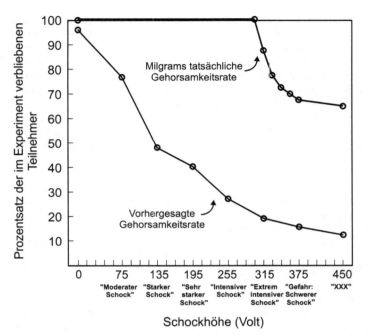

Abb. 1.2: Die Diskrepanz zwischen den von Milgram (1963) beobachteten und den von Teilnehmern im Rollenspiel vorhergesagten Gehorsamkeitsraten (nach Bierbrauer, 1979)

### 1.2.1 Die Dispositionshypothese

Wenn wir von einem Teilnehmer erfahren, dass er bis zur höchsten Schockstufe gehorsam war, dann unterstellen wir spontan soziale Abnormität. Diese Vermutung ist intuitiv zwingend. Die Ursache für das Verhalten wird in seinen Charakterzügen vermutet, den sogenannten Persönlichkeitsdispositionen. Dispositionen sind die aus dem Verhalten erschlossenen und als relativ überdauernd und situationsinvariant angenommenen Persönlichkeitsmerkmale (engl. traits) eines Menschen. Wenn wir z. B. einen Menschen als altruistisch oder sadistisch charakterisieren, dann ist dies Ausdruck von entsprechend vermuteten Persönlichkeitsdispositionen.

Sind solche Zuschreibungen aber noch erlaubt, wenn die Mehrzahl von Personen in einer bestimmten Situation sehr ähnlich handelt? Die Dispositionsannahme ist aus zweierlei Gründen nicht haltbar: Erstens, weil die Mehrzahl der Teilnehmer, die aus allen Schichten der Bevölkerung stammten, uneingeschränkten Gehorsam bis zur obersten Schockstufe zeigte. Zweitens haben Elms und Milgram (1965/66) herausgefunden, dass sich extrem gehorsame und weniger gehorsame Teilnehmer hinsichtlich psychopathologischer Tendenzen nicht unterschieden.

Wenn wir ein ungewöhnliches Verhalten beobachten, dann vermuten wir spontan, dass die Ursache dafür in den Persönlichkeitseigenschaften des Akteurs liegt. Mit dieser Erklärung wird eine weitere Frage aufgeworfen: Weshalb richten wir unsere Aufmerksamkeit nicht auf den Experimentator und berücksichtigen nicht die Machtlosigkeit des Lehrers angesichts des massiven Situationsdrucks, dem er ausgesetzt ist? Die Neigung, ungewöhnliches Verhalten in den Persönlichkeitscharakteristiken der Akteure zu vermuten, ist nicht nur bei Laien zu beobachten, sondern auch bei geschulten Psychologen, wie das nachfolgende Beispiel zeigt.

Es ist bequem zu glauben, dass Hitler und seine Komplizen abnorme Persönlichkeiten waren, die entweder von Größenwahn getrieben wurden oder aus latentem Hass ihre Untaten anordneten. Nur ein Verrückter kann kaltblütig die Ermordung von Millionen Menschen anordnen und damit leben. Gibt es Hinweise auf pathologische Persönlichkeitszüge bei den Nazigrößen? Es gibt eine Untersuchung von amerikanischen Psychologen (Miale & Selzer, 1976) über einige ehemalige Nazigrößen, die in den Nürnberger Kriegsverbrecherprozessen angeklagt worden waren. Mit Hilfe von projektiven Persönlichkeitstests fanden die Untersucher heraus, dass die Nazigrößen psychopathische Persönlichkeitszüge aufwiesen und eine Vorliebe für Gewalt hätten. Überrascht uns dieser Befund? Kaum, denn wenn wir nach Spuren für Sadismus bei Massenmördern suchen, werden wir sie auch finden.

In dieser Untersuchung wurde jedoch ein schwerer methodischer Fehler begangen: Die Diagnosen wurden nicht blind gestellt, d. h. die klinischen Psychologen wussten, von welchen Personen die Protokolle stammten. Molly Harrower (1976) hat diese Protokolle nochmals von Experten deuten lassen, ohne dass sie wussten, wer sich dahinter verbarg. Ihr Ergebnis war ernüchternd und erschreckend zugleich: Es fanden sich keine Hinweise auf abnorme Persönlichkeitszüge oder Defekte bei den Angeklagten. Im Gegenteil: Zwei von acht Begutachteten wurde eine außerordentlich gut entwickelte Persönlichkeitsstruktur bescheinigt!

Es ist bequem, die Naziverbrecher zu dämonisieren und sie als Sadisten abzustempeln. Die Naziverbrecher als mehr oder weniger normale Menschen zu sehen, entschuldigt nicht ihre monströse Verbrechen. Im Gegenteil: Diese Sichtweise lenkt unseren Blick auf die Gebrechlichkeit ziviler Gesellschaften. Sie ist eine Herausforderung, auf die sozialen und politischen Rahmenbedingungen zu achten, die solche Entwicklungen fördern oder verhindern.

### 1.2.2 Die Situationshypothese

Wenn die hohe Gehorsamsbereitschaft nicht den Persönlichkeitseigenschaften der Teilnehmer zugeschrieben werden kann, ist es möglich, dass das beobachtete Verhalten eine Konsequenz der spezifischen Laborsituation ist? Leider kann man blinde Gehorsamkeit auch in vielen anderen Situationen beobachten. Beispielsweise ist in Krankenhäusern strikte Befolgung der Anordnungen von Ärzten oder Oberärzten die Regel. Kein Patient, keine Pflegeperson und kein Arzt in der Ausbildung sollte dem leitenden Arzt widersprechen. Was geschieht, wenn ein Arzt offensichtlich falsche Anweisungen gibt? Wird ihm dann widersprochen? In einer Studie (Hofling, Brotzman, Dalrymple, Graves & Pierce, 1966) gab ein »Doktor« 22 Schwestern in verschiedenen Krankenhäusern telefonisch den Auftrag, ein bestimmtes Medikament zu verabreichen. Den Schwestern war der Arzt nicht persönlich bekannt. Ein solches Vorgehen verstieß gegen drei Vorschriften: Der Auftrag, eine Medikation zu verabreichen, konnte nur persönlich gegeben werden; es gab keine Erlaubnis, diese spezifische Arznei in den betreffenden Situationen zu verwenden und die Dosis war doppelt so hoch wie auf dem Beipackzettel angegeben. Nur eine Schwester war nicht bereit, den Befehlen des »Doktors« zu gehorchen, alle anderen verstießen gegen die Vorschriften und gehorchten widerstandslos. Es gibt Vermutungen, dass eine nicht unerhebliche Zahl von Patienten sterben, weil sie die falsche Medikation erhalten, verabreicht vom Krankenhauspersonal, das in solchen Hierarchien gewohnt ist, die Autorität von Ärzten nicht in Zweifel zu ziehen.

# 1 Böse Taten werden von bösen Menschen verübt. Stimmt das?

Individuelles und kollektives Verhalten ist immer eingebettet in einen sozialen Kontext mit seinen Situationskräften. Das sozialpsychologische Erkenntnisinteresse ist darauf gerichtet, wie der soziale Kontext Verhalten, Wahrnehmen, Denken, Fühlen, Motive usw. beeinflusst. Im weitesten Sinne umfasst der soziale Kontext 1. die tatsächliche, vorgestellte oder symbolische Präsenz von anderen Menschen, 2. die Handlungen und Interaktionen von und zwischen Menschen, 3. die Rahmenbedingungen, in die das Verhalten eingebettet ist sowie 4. Normen und Rollen, die in einem bestimmten sozialen Kontext verhaltensbestimmend sind.

Normen und Rollen gehören zu den zentralen Konstrukten der Sozialwissenschaften. Normen sind Regeln für akzeptiertes und erwartetes Verhalten in einer Situation. Ein Verstoß gegen Normen wird meistens sanktioniert. Rollen sind Verhaltensnormen für Personen in bestimmten sozialen Positionen. So schreiben *soziale Normen* gleichsam vor, welche Verhaltensweisen in einer bestimmten Situation angemessen sind oder nicht. Beim Betreten einer Kirche schweigen wir, beim Besuch einer Party hingegen wäre Schweigen unangemessen. *Soziale und institutionelle Rollen* können einen dramatischen Einfluss auf unser Denken und Verhalten haben. Während in der Milgram-Studie eine Einzelperson Druck ausübt, zeigt das berühmte Stanford-Gefängnisexperiment von Philip Zimbardo und seinen Mitarbeitern (Haney, Banks & Zimbardo, 1973; Bierbrauer, 1983), wie Studenten, welche die Rolle eines Wärters einer Gefängnissimulation übernommen hatten, ihre Kommilitonen als Gefangene misshandelten und demütigten. Mit dieser Studie wollte Zimbardo die Dispositionshypothese widerlegen und zeigen, dass normale Studenten in der Lage sind, gleichaltrige Kommilitonen zu quälen und zu foltern. Die beteiligten Studenten waren im Nachhinein selbst über ihr brutales Verhalten überrascht und suchten dies mit angeblichen Vorschriften zu entschuldigen.

Für außenstehende Beobachter sind die sogenannten Wärter allerdings Folterer oder Sadisten – eine Schlussfolgerung, die aber aufgrund der zufälligen Zuweisung zur Wärter- bzw. Gefangenenrolle nicht aufrecht zu erhalten ist. Nicht alle Wärter neigten zu Misshandlungen. Einige von ihnen hielten sich davon fern. Sie verhinderten aber nicht, dass dieses simulierte Gefängnis ein unmenschlicher Ort wurde, weil sie bei den Misshandlungen der brutalen Wärter nicht einschritten, sondern schwiegen. Das passive

Dulden von Misshandlungen hat dramatische Konsequenzen, weil sich Akteure oder Beteiligte in ihrem unmoralischen Tun durch die Passivität von anderen Anwesenden auch noch bestätigt sehen. Wir können annehmen, dass die »guten« Wärter, die sich nicht an den Misshandlungen beteiligten, das Verhalten der »brutalen« Wärter zwar persönlich missbilligten, aber sie haben ihre Ablehnung nicht öffentlich geäußert. Weshalb schwiegen sie? Vermutlich weil
- sie glaubten, sie hätten nicht das Recht dazu,
- es keine expliziten Normen oder Regeln gab, die festlegten, was richtig und falsch war,
- es keine Sanktionen für das »brutale« Verhalten gab,
- niemand einschritt, was bei den Beteiligten die Illusion erzeugte, das brutale Verhalten sei moralisch tolerierbar.

Das gruppendynamische Phänomen, das diese Form der Situationsinterpretation leitet, wird als pluralistische Ignoranz bezeichnet. In Kapitel 3 wird dieses Phänomen eingehend behandelt.

Normen, Rollen oder andere Situationskräfte fallen im Gegensatz zum Verhalten einer Person nicht ins Auge, sie sind daher nicht »salient«, wie dies in der Fachsprache der Psychologen heißt. Daher wird den unsichtbaren, jedoch wirksamen Situationskräften ein geringeres Maß an Verursachung zugeschrieben als Persönlichkeitsdispositionen (Jones & Harris, 1967; Ross, 1977). Wenn man sich die Milgram-Situation vergegenwärtigt, dann scheint der Lehrer die wichtigste Figur in diesem sozialen Kontext zu sein, denn unsere Aufmerksamkeit richtet sich zwangsläufig auf ihn. Die Aufforderungen des Experimentators oder die Proteste des Schülers werden zwar wahrgenommen, aber die destruktiven Handlungen gehen vom Lehrerprobanden aus und werden als von ihm verursacht wahrgenommen.

Viele Untersuchungen im Rahmen der Attributionstheorie (s. Kap. 6 und 7) haben diese Verzerrungen bei der Zuschreibung von Ursachen immer wieder belegt: In vielen Situationen unterschätzen Menschen den Einfluss situativer Kräfte und machen fälschlicherweise Dispositionen der Akteure für beobachtetes Verhalten verantwortlich. Wir werden im Weiteren sehen, dass menschliches Verhalten in einem sehr viel stärkeren Maß von sozialen Kontextfaktoren beeinflusst wird als wir aufgrund unseres »gesunden Menschenverstandes« vermuten. Dies ist eine wichtige Erkenntnis, die in jahrzehntelanger sozialpsychologischer Forschung immer wieder bestätigt wurde. Daher ist die Situationshypothese, die dies impliziert, ein weit angemessenerer Ansatz zur Erklärung menschlichen Verhaltens als die Dispositionshypothese.

Aus Platzgründen können die moralischen und forschungsethischen Probleme der Milgram-Studie nicht gebührend behandelt werden. Milgram wurde heftig kritisiert und die ethischen Bedenken verdienen eingehend diskutiert zu werden (s. Baumrind, 1985; Miller, 1986). Es gibt eine interessante Studie von Leonard Bickman und Matthew Zarantonello (1978) über den Zusammenhang von Ausmaß der Gehorsamsbereitschaft und der ethischen Beurteilung der Studie. Eine Gruppe von Probanden las eine Version der Milgram-Studie, in der nahezu alle Teilnehmer auch die höchsten Schockstufen einsetzten, während eine andere darüber informiert wurde, dass nur wenige Teilnehmer in der Lehrerrolle Gehorsamkeit zeigten. Die Probanden, die überzeugt waren, dass viele Teilnehmer gehorsam waren, beurteilten die Milgram-Studie negativer und die Teilnehmer verantwortungsloser als die Probanden, die darüber informiert wurden, dass nur wenige Gehorsamkeit zeigten. Ferner äußerten sich die Probanden der ersten Gruppe negativer über die Natur des Menschen. Diese Ergebnisse legen nahe, dass ethische Bedenken gegenüber dem Milgram-Experiment zum Teil beeinflusst werden vom Ausmaß der Gehorsamsbereitschaft.

Im vorangegangenen Kapitel ging es u. a. darum, am Beispiel der Milgram-Studie die Neugier der Leser für sozialpsychologische Fragestellungen zu wecken und ihnen ihre alltagspsychologischen Erklärungen und Fehler zu veranschaulichen. Sozialpsychologen untersuchen bevorzugt Phänomene, die illustrieren, wie alltagspsychologische Erklärungen sich von wissenschaftlich fundierten Erklärungen unterscheiden – also kontraintuitiv sind. In der Gegenüberstellung von alltagspsychologischen Erklärungen und sozialpsychologischen Forschungsergebnissen aus kontrollierten Untersuchungen, wie dies im Falle der Milgram-Studie möglich ist, können aufschlussreiche Hinweise über die zugrunde liegenden Gesetzmäßigkeiten der sozialen Wahrnehmung und der sozialen Informationsverarbeitung gewonnen werden. Ein großer Teil der nachfolgenden Kapitel wird der Frage gewidmet sein, weshalb Alltagsintuition bzw. der »gesunde Menschenverstand« sich häufig nicht mit den Befunden aus empirischen Untersuchungen deckt. Wir werden uns fragen müssen, welche Herausforderungen sich daraus für die Sozialpsychologie, ja, für die gesamte Psychologie ergeben. Wie wir andere Menschen wahrnehmen, wie wir ihr Verhalten interpretieren, welche Schlussfolgerungen und Urteile wir über sie fällen, sind die zentralen Fragestellungen für dieses Buch.

Zum Schluss dieses Kapitels soll noch einmal darauf hingewiesen werden, dass der sogenannte Schüler in der Milgram-Studie selbstverständlich keine Elektroschocks erhielt. Er war eingeweihter Mitarbeiter des Experimentators, der zuvor sorgfältig in seine Rolle eingewiesen worden war. Der einzige Schock, der tatsächlich – allerdings dem Lehrer – verabreicht wurde, war ein schwacher, angeblich 45 Volt starker Schock aus einer Batterie, um ihn von der Glaubwürdigkeit der Prozedur zu überzeugen. Die Rollenzuweisung wurde so manipuliert, dass sie der unwissende, »naive« Proband nicht durchschauen konnte. Die Studie war so überzeugend aufgebaut, dass nur ganz wenige Teilnehmer Verdacht schöpften.

## 1.3 Die Banalität des Bösen? Der Eichmann-Prozess

> »Wenn wir also rechtzeitig die Beziehung der Befehle zu den Ereignissen untersuchen, werden wir auch finden, dass der Befehl in keinem Fall die Ursache des Ereignisses sein kann, sondern dass zwischen Ereignis und Befehl nur eine gewisse Abhängigkeit existiert« (Leo Tolstoi, Krieg und Frieden).

Die Milgram-Studie wird nicht selten herangezogen, um den blinden Gehorsam vieler Deutscher während der Nazityrannei zu erklären. In der Tat waren es die historischen Ereignisse, die Milgram veranlassten darüber nachzudenken, weshalb dieser Massengehorsam in Deutschland auftrat und nicht in anderen europäischen Ländern. Bevor er diese Untersuchungen in Europa durchführte, wollte er sein Experiment in den USA testen. Die erhaltenen Ergebnisse waren so überraschend, dass Milgram auf die geplanten Untersuchungen in Europa verzichtete.

Milgram selbst sah eine parallele Situation zwischen Naziverbrechen und dem Verhalten seiner Untersuchungsteilnehmer:

## 1 Böse Taten werden von bösen Menschen verübt. Stimmt das?

»Und doch kann man das Wesen von Gehorsam als einen psychischen Prozess erfassen, wenn man die einfache Situation untersucht, in der einem Menschen befohlen wird, auf Wunsch einer legitimen Autorität gegen eine Drittperson vorzugehen. Dieser Situation sahen sich sowohl die Versuchspersonen unseres Experiments gegenüber wie der deutsche Staatsbürger unter Hitler, und in beiden Fällen bewirkte die Situation eine Reihe von parallelen psychischen Anpassungsmechanismen« (Milgram, 1988, S. 204 f).

Trotz dieser von Milgram postulierten Parallelität müssen wir uns fragen, ob es wissenschaftlich legitim ist, historische Ereignisse diesen Ausmaßes mit den Beobachtungen aus seinen Untersuchungen zu erklären.

Im Milgram-Experiment folgt eine Einzelperson in einer höchst künstlichen Lebenssituation gehorsam den Befehlen eines Wissenschaftlers. Will man diese Beobachtungen zur Erklärung kollektiver Ereignisse heranziehen, dann müssen u. a. folgende Fragen erörtert werden: Erstens, inwieweit kann man annehmen, dass Verhaltensweisen und Motive der Beteiligten tatsächlich »parallel« sind; und zweitens, ist es wissenschaftlich erlaubt, Befunde auf der individuellen Ebene auf der Basis von einzelnen empirischen Befunden zur Erklärung von kollektiven Ereignissen heranzuziehen?

Es ist offensichtlich, dass sich Umstände und Handlungsweisen von Nazitätern und Teilnehmern der Milgram-Studie sehr unterscheiden. Dennoch: Wer hätte den Deutschen, bevor die Nazis an die Macht kamen, die Verbrechen des Holocaust zugetraut? Und wer hätte vermutet normale US-Bürger würden mehrheitlich bis zur höchsten Schockstufe gehorchen?

Zumindest lassen die Ergebnisse der Milgram-Studie an der Behauptung zweifeln, wir könnten nicht auch wie Eichmann gehandelt haben. Er gilt als Prototyp des willfährigen und gehorsamen Exekutionsorgans, der als Bürokrat im Rahmen der sogenannten »Endlösung« für die Organisation und Durchführung des Massenmordes an Millionen von Juden verantwortlich war. Seinem Prozess, der mit seiner Hinrichtung endete, folgte eine weltweite erregte Diskussion über die Persönlichkeit dieses an sich unscheinbaren Mannes und seiner monströsen Taten. Im Angesicht der Todesstrafe verneinte er, für die Vernichtung mehrerer Millionen Menschen verantwortlich zu sein. Er habe ausschließlich aus Pflichtbewusstsein gehandelt. Er sei lediglich aus Gehorsamkeit schuldig geworden und Gehorsamkeit sei eine Tugend, und diese Tugend sei von den Naziführern missbraucht worden. Steht hinter diesen Rechtfertigungsbemühungen die Absicht, sich vom Täter zum Opfer zu stilisieren?

In der Tat war Adolf Eichmann vermutlich weder ein fanatischer Antisemit noch das menschliche Monster, welches man angesichts solcher Verbrechen erwartet. Vermuten wir nicht aufgrund unserer alltagspsychologischen Überzeugungen eine Kongruenz zwischen Tat und Täter, nach dem Grundsatz: Böse Taten werden von bösen Menschen und gute Taten von guten Menschen begangen? Übrigens haben Psychiater Eichmann untersucht und ihre Diagnose lautete: völlig normal (Brown, 1986).

Hannah Arendt (1963/1987), die in den dreißiger Jahren vor den Nazis floh, hat ihre Beobachtungen des Eichmann-Prozesses in ihrem berühmten Buch »Eichmann in Jerusalem« niedergeschrieben. Was viele erwarteten, konnte sie nicht finden. Sie entdeckte kein Monster, sondern einen höchst durchschnittlichen Menschen, der allerdings streng und autoritär erzogen worden war und – abgesehen von seiner Tätigkeit als Nazibürokrat – in keiner Weise kriminell aufgefallen ist. Kurzum: ein ambitionierter Funktionär, der ohne moralische Skrupel seine Aufgaben erfüllte. Hannah Arendts Buch trägt den bezeichnenden Untertitel: »Die Banalität des Bösen«. Waren Eichmanns Taten etwa banal? War er nicht das Ungeheuer in Menschengestalt und waren seine Taten nicht monströs? Laut Hannah Arendts Überzeugung wäre es für unser Gewissen beruhigend und entlastend, an die Legende vom Ungeheuer zu glauben, aber sie verweigert uns diese mentale Beruhigung, indem sie schreibt:

»Das Beunruhigende an der Person Eichmanns war doch gerade, dass er war wie viele und dass diese vielen weder pervers noch sadistisch, sondern schrecklich und erschreckend normal waren und sind. Vom Standpunkt unserer Rechtsinstitutionen und an unseren moralischen Urteilsmaßstäben gemessen war diese Normalität viel erschreckender als all die Gräuel zusammengenommen, denn sie implizierte ... dass dieser neue Verbrechertypus ... unter Bedingungen handelte, die es ihm beinahe unmöglich machen, sich seiner Untaten bewusst zu werden« (Arendt, 1987, S. 326).

Arendts Buch wurde in der Öffentlichkeit sehr kontrovers und mit ähnlicher Entrüstung wie Milgrams Untersuchung diskutiert. Beide – der Eichmann-Prozess und die Milgram-Studie – zwingen zum

Nachdenken über die Natur des Menschen und über die Bedingungen, die Menschen zu Unmenschen machen. Eichmann war ein Bürokrat, der sich nicht die Hände schmutzig machte, aber autoritätshörig seine Aufgaben in der anonymen Hierarchie dieses mörderischen Systems erfüllte. Es trieb ihn vermutlich kein gewalttätiger Sadismus, als er in der Bürokratie des Apparats, entfernt von den Grausamkeiten der Vernichtung, seine Funktion erfüllte. Aber die Nazi-Schergen in den KZs, welche die schmutzige Arbeit der Vernichtung ausführten – waren sie normale Menschen, gemessen an moralischen Standards? Wir haben einige dieser gewalttätigen KZ-Helfer befragt (Steiner & Bierbrauer, 1975). Hier die Antworten eines KZ-Aufsehers, der wegen seiner Gräueltaten in Auschwitz eine lebenslange Freiheitsstrafe verbüßte:

Frage: Haben Sie versucht, von dort (dem KZ) wegzukommen? Antwort: Was hätte mir geblüht, wenn ich den Befehl verweigert hätte? An die Wand gestellt, da wäre ich genauso durch den Kamin gegangen wie die Opfer, die dazumal zu dem Kamin gegangen sind. Anderes hätte uns nicht geblüht, sogar die ganze Familie hätten sie ausgerottet. Und das hätte ja auch Schule gemacht, wenn einer von uns den Befehl verweigert ... da hab ich ihm gesagt (dem Lagervorgesetzten) ich kann das nicht machen. Er hat mir befohlen, ein SS-Mann muss alles machen, alles machen können ... da musste ich das Phenol selber holen von der Apotheke und ich musste die Injektion durchführen.

F: Wie haben Sie das durchhalten können?

A: Wir kleinen Männer, wir konnten ja gar nicht, wir standen ja schon mit einem Bein hinterm Grab. Wenn wir jetzt noch eine Kleinigkeit gemacht hätten, dann wären wir genauso dran gewesen wie die anderen.

F: Kannten Sie Leute, die (bei Befehlsverweigerung) dran gewesen sind?

A: Ich habe nicht einmal gehört – das habe ich nur in der Hauptverhandlung (den sogenannten Auschwitzprozessen) gehört, dass sich welche geweigert hätten, das zu machen ... ich habe nicht einen Mann kennen gelernt, der einen Befehl verweigert hat ... ich habe mir nichts zuschulden kommen lassen, ich weiß, dass es schmutzig war, aber ich konnte es nicht abstellen.

Noch einmal: Wer ist hier verantwortlich? Und sind die Täter etwa auch Opfer? Kann uns die Milgram-Studie eine Antwort oder zumindest einen Hinweis zum besseren Verständnis dieser unbegreiflichen Taten geben, obwohl sie unter ganz anderen politischen und historischen Bedingungen begangen wurden? Milgram war davon überzeugt, dass die Verbrechen Eichmanns und andere Beispiele von Massenvernichtung auf das gleiche Dilemma hinweisen, das er in seinem Experiment untersuchte, nämlich den Verlust moralischer Urteilskraft. Menschen, so sagt er, seien häufig davon besessen, ihren Job zu erfüllen. Dabei dominiere eine arbeitsteilig-bürokratische Sicht der Dinge und moralisches Abwägen habe dabei keinen Platz. Menschen seien im Prinzip jedenfalls bereit, andere verantwortlich zu machen, die in der Befehlshierarchie über ihnen stehen: »Die Ablehnung persönlicher Verantwortung ... ist die wichtigste psychologische Konsequenz der Nachgiebigkeit gegenüber Autorität« (Milgram, 1988, S. 186).

Entschuldigen oder relativieren die Ergebnisse der Milgram-Studie die Verbrechen der beteiligten Täter? Es war weder das Ziel von Milgram noch von Arendt, diese Verbrecher von der Verantwortung für ihre monströsen Taten freizusprechen. Die Kritik an beiden hängt vermutlich auch damit zusammen, dass ihre Einsichten nicht dem gängigen Stereotyp des sogenannten deutschen Charakters entsprachen.

In einer Analyse des Milgram-Experiments und seiner angeblichen Parallelen zum Holocaust warnt David Mandel (1998) vor der Gefahr eines »Gehorsamkeitsalibis«, das bei einer einfachen, monokausalen Parallelisierung geliefert werden könne. Andrerseits finden sich monokausal-dispositionelle Erklärungen für die Holocaustverbrechen etwa in der von Daniel Goldhagen (1996) vorgebrachten These von der nur in Deutschland vorherrschenden Form des eliminatorischen Antisemitismus, die das Verhalten der Deutschen motiviert habe. John Darley (1995) wendet sich auch gegen eine direkte Verallgemeinerung von Milgrams Beobachtungen und hält die von Milgram gezogenen Schlussfolgerungen für falsch.

Mittlerweile gibt es eine Vielzahl von Untersuchungen über die Frage, inwieweit der sogenannte Befehlsnotstand, auf den sich viele Täter berufen, tatsächlich gegeben war. Der amerikanische Holocaust-Forscher Christopher Browning (1993) kam in einer Studie über ein Hamburger Polizeibataillon, das in Osteuropa an der sogenannten Endlösung aktiv mitgewirkt hatte, zu dem Schluss, dass für die Teilnahme an den Morden ein Befehlsnotstand nicht vorlag: Männer, so kommentiert er, die den Mut dazu hatten, konnten sich dem Tötungsauftrag widersetzen, ohne schwerwiegende Folgen in Kauf nehmen zu müssen.

Aus seinen Untersuchungen zog Milgram (1988) die folgenden Schlussfolgerungen:

»Das Verhalten, das sich bei den hier berichteten Experimenten zeigte, ist ganz normales menschliches Verhalten ... Nicht Aggression, denn die Menschen, die dem Opfer Schocks versetzten, empfanden keinen Zorn, keine Rachsucht und keinen Hass ... Etwas weit Gefährlicheres kommt ans Licht: die Fähigkeit des Menschen, seine Menschlichkeit abzustreifen, ja geradezu die Unvermeidlichkeit, dass er dies tut, wenn er seine individuelle Persönlichkeit mit übergeordneten institutionalen Strukturen verbindet« (S. 216).

Milgrams Beitrag hat unsere Überzeugungen über die Natur des Menschen stark beeinflusst. Im neunten Kapitel werden wir noch einmal auf die Ursachen für Gehorsamkeit und soziale Konformität zurückkommen. Wir werden dann die Frage untersuchen, weshalb außenstehende Beobachter nicht in der Lage sind, Situationszwänge wahrzunehmen, die auf Akteuren lasten und stattdessen mit der Fiktion des »Anders-Handeln-Könnens« reagieren.

## 1.4 Die Produktion des »Bösen«. Unterschiedliche Menschenbilder

Handeln Menschen von Natur aus verantwortungslos oder orientieren sie sich nach moralischen Prinzipien? Und: sind die Ursachen für Aggressionen, Konflikte und Kriege in der biologisch-genetischen Natur des Menschen zu suchen oder ist menschliches Verhalten erlernt oder wird es von Kultur und Umwelteinflüssen geformt? Dies sind Fragen nach der Natur des Menschen. Allen humanwissenschaftlichen Disziplinen liegen Annahmen über ein Menschenbild zugrunde, und auch wenn diese häufig nicht explizit formuliert werden, haben sie großen Einfluss auf die Theoriebildung dieser Disziplinen. Beispielsweise dominierte in der klassischen Ökonomie für lange Zeit die Konstruktion des homo oeconomicus, der als rational handelndes Individuum alle Handlungsalternativen überblickt und seine Entscheidungen nach den Prinzipien des optimalen Nutzens fällt. U. a. haben die Arbeiten von Daniel Kahneman (2003) und Herbert Simon (1983) gezeigt, dass Menschen keineswegs nach diesem Modell handeln, sondern suboptimal entscheiden (s. Kap. 7).

Auch laienpsychologischen Erklärungen liegen implizite Annahmen über die Natur des Menschen zugrunde. Insbesondere wenn es um Fragen von Aggression und Gewalt geht, greifen viele Menschen zu der Formel: »Wer Böses tut, ist auch böse«. Solche Erklärungen sind schon deshalb falsch, weil sie monokausal sind und sie eine Welt voraussetzen, in der es »gute« und »schlechte« Menschen gibt. Über die Ursachen des sogenannten »Bösen« unterscheiden sich die Antworten je nach Disziplin oder Schule erheblich. Populär ist in wissenschaftlichen Kreisen das eher pessimistische Menschenbild in den Grundannahmen der Theorien von Freud und Lorenz (Bierbrauer, 2003). Milgram und andere Sozialpsychologen hingegen haben gezeigt, dass normale Menschen unter bestimmten Bedingungen fähig sind inhuman zu handeln, selbst gegen ihre eigenen moralischen Prinzipien.

In der Diskussion über die Natur des Menschen geht es u. a. um die alte Frage: Ist der Mensch lediglich eine biologische Weiterentwicklung der höheren Menschenaffen oder ist er einzigartig unter den Lebewesen? Für Charles Darwin (1872) und viele nachfolgende Evolutionstheoretiker ist es nur ein kleiner Entwicklungsschritt von den höheren Tieren zum Menschen. Aus dieser Sicht ist der Mensch ein instinktgebundenes Wesen, dessen Verhalten weitgehend biologisch determiniert ist.

Weil Kriege und Massaker zu allen Zeiten vorkommen, liegt die Vermutung nahe, dass dieses Verhalten durch die biologisch-instinkthafte Natur der Menschen zu erklären sei. Wenn man als leitendes Menschenbild eine Instinktgebundenheit der menschlichen Spezies vor Augen hat, dann sind aggressives Verhalten und Kriege letztendlich unvermeidbar und aufgrund dieser biologischen Notwendigkeit auch legitimierbar. So führten Sigmund Freud (1932/1978) und Albert Einstein einen berühmt gewordenen Briefwechsel über die Frage: »Warum Krieg?« Freuds Antwort auf diese Frage gipfelte in der Feststellung, der Krieg sei »Ausfluss des Destruktionstriebes« und Menschen würden durch »die Wendung dieser Triebkräfte zur Destruktion in der Außenwelt entlastet, (was) wohltuend wirken muss.« Der Krieg, so scheine es, sei »doch naturgemäß, biologisch wohl begründet, praktisch kaum vermeidbar (S. 22ff).

Die Annahme, in Menschen sei ein Reservoir destruktiven Triebpotentials angelegt, das von Zeit zu Zeit nach Entladung dränge, ist noch immer eine weit verbreitete Denkfigur zur Erklärung der Ursachen von Konflikten und Kriegen. Die sogenannte Katharsishypothese ist eine populäre Variante dieses Triebmodells, für das es jedoch keine empirischen Belege gibt (Bushman, Baumeister & Stack, 1999)

Ein ebenso populäres Aggressionsmodell hat Konrad Lorenz (1963) auf der Basis evolutionstheoretischer Argumentation entwickelt. Nach diesem Ansatz sind Menschen ebenso wie andere Lebewesen mit einem Aggressionsinstinkt ausgestattet, der evolutionär geprägt ist.

Den von Freud und Lorenz favorisierten Mechanismus der Entladung aggressiver Energien haben Kritiker wie Robert Zajonc (unveröff.) als »Dampfkesselmodell« bezeichnet. Die biologistischen Erklärungen für individuelle und kollektive Gewalt und insbesondere die Entladungs- und Auslösetheorie von Lorenz sind Modelle eines naturwissenschaftlichen Missverständnisses, das im wissenschaftlichen Zeitgeist des 19. Jahrhunderts wurzelt. Es gibt keine empirischen Belege für einen sogenannten Aggressionsstau, der nach Entladung drängt (Adams, 1991).

Biologistische Erklärungen für ethnische, religiöse und ideologische Massaker sind u. a. deshalb so populär, weil sie relativ einfach sind und weil sie Menschen von der Verantwortung für Gewalthandlungen entlasten. Kein Tier tötet aus Prinzip oder aus höheren Motiven. Massaker sind als kollektive Phänomene das Produkt menschlicher Kreativität und nicht instinktgebundener Kräfte.

Eine monokausale Reduktion auf »Natur« oder »Kultur« zur Erklärung menschlichen Handelns ist falsch, weil die menschliche Natur das Ergebnis von biologischen und kulturellen Einflussfaktoren ist. Eine simple »Sowohl-als-auch-Erklärung« hilft allerdings zum Verständnis menschlichen Handelns auch nicht weiter. Erkenntnisgewinn verspricht nur eine Forschungsstrategie, mit deren Hilfe es möglich ist, die Stärke der verschiedenen Bedingungsfaktoren abzuschätzen. Dies ist das Vorgehen einer systematisch orientierten empirischen Wissenschaft.

## 1.5 Der »moralische Imperativ«

In den Milgram-Experimenten folgt eine Einzelperson den Befehlen einer Autoritätsperson. Holocaust und andere Genozide sind Massenphänomene. Kollektive stiften Identitätsgefühle und Loyalitäten. Und weil Massaker kollektive Ereignisse sind, müssen sie auch durch kollektive Prozesse erklärt werden. Genozid ist nicht die Mehrzahl von Mord. Massaker sind kollektive Produkte, die einer Organisation bedürften, um eine komplexe Abfolge von Faktoren in Gang zu setzen, damit Einzelpersonen inhumane Verbrechen ausführen, oft gegen ihre eigenen moralischen Standards. Organisationen haben, weil sie soziale Kontrolle ausüben können, die Fähigkeit, ihre Mitglieder in Verbrecher zu transformieren.

Auch die Teilnehmer in den Milgram-Experimenten machen gewissermaßen eine Transformation durch. Zunächst werden sie aufgrund einer gewissen Plausibilität veranlasst, Schocks in geringer Stärke zu verabreichen. Die Dosis wird stufenweise erhöht bis zu einer Höhe, die keiner der Beteiligten am Anfang gegeben hätte. Die Transformation des naiven Lehrers zu einem Täter erfolgt gleichsam schleichend. Der nächsthöhere Schock wird gerechtfertigt durch den vorangegangenen Schock, der nur geringfügig kleiner war. Die individuelle Moral folgt diesem Prozess anstatt zu führen. Die Milgram-Experimente können nicht aufzeigen, weshalb der Holocaust möglich war, sondern illustrieren, wie normale Menschen gegen ihre moralischen Überzeugungen in Verbrechen verstrickt werden können.

Zajonc (1999) erklärt Massaker mit dem Phänomen des moralischen Imperativs. Damit meint er die Organisation und Mobilisierung kollektiver Handlungen durch Sprache, Symbole und Parolen. Um Menschen zu unmenschlichen Handlungen zu motivieren, werden Massaker als moralisch notwendig legitimiert. Die Verbrechen werden legitimiert mit Appellen an angeblich höhere Ziele, die nur so und nicht anders zu erreichen seien. Das Unrechtbewusstsein der Täter wird damit zum Schweigen gebracht. Hitler hat die Eroberung von Polen und Russland und die Vernichtung der Juden zu einer Schicksalsfrage Deutschlands stilisiert. Es war eine angeblich heilige Aufgabe. Zajonc nennt eine Reihe von Faktoren, um kollektiven Gehorsam zu erzielen: Propaganda, Indoktrination, angebliche äußere Feinde, autoritäre und undemokratische Strukturen, Diskriminierung und Stigmatisierung von Gegnern und Minderheiten, Dehumanisierung der Opfer, Diffusion von Verantwortung, Deindividuation.

Es ist sinnlos, menschliches Verhalten und Denken nur monokausal auf eine Ursache zurückzuführen. Die menschliche Natur ist das Ergebnis von Genen und Umwelt. Sinnvoller ist eine Forschungsstrategie, in der untersucht wird, welches Gewicht oder welcher Einfluss diesen Faktoren in bestimmten Kontexten zukommt. Das Menschenbild der Sozialpsychologie ist weder pessimistisch noch optimistisch gefärbt. Ein zentraler Erkenntnisgewinn dieser Disziplin lautet: Menschliches Verhalten ist in vielen Situationen stärker von Kontexteinflüssen bestimmt als wir aufgrund unserer alltagspsychologischen Erklärungen vermuten. Das bedeutet nicht, dass menschliches Verhalten passiv von Situationseinflüssen kontrolliert wird. Menschen reagieren aufgrund ihrer Persönlichkeitsdisposition auf Situationseinflüsse nicht alle gleich, d. h. sie üben eine personale Kontrolle aus und beeinflussen damit gleichzeitig soziale Situationen, sie wählen aufgrund ihrer Vorlieben und Abneigungen soziale Situationen aus und nehmen gleiche Situationen unterschiedlich wahr.

# 2 Die Stellung der Sozialpsychologie innerhalb der Sozialwissenschaften

Welcher Ausschnitt der sozialen Realität ist Gegenstand der Sozialpsychologie und wie kann man sie gegenüber den anderen Sozialwissenschaften abgrenzen? Ist die Erforschung der Ursachen von Massengehorsam eine Aufgabe der Geschichtswissenschaft, der Politologie, der Soziologie oder der Sozialpsychologie? Können die Beobachtungen aus den Milgram-Studien das Eichmann-Phänomen erklären und in welcher Weise tragen sie zum Verständnis totalitärer Systeme bei?

Alle Sozial- und Humanwissenschaften müssen sich mit der Frage des Verhältnisses von Individuum und Gesellschaft auseinandersetzen oder anders formuliert: Wie formt das Individuum seine soziale Welt und wie wird es von ihr geformt? Dass wir uns als Einzelne gegenseitig beeinflussen und von der unmittelbaren Gegenwart anderer und der »mittelbaren« Gegenwart von gesellschaftlichen und kulturellen Normen und Werten beeinflusst werden, ist offensichtlich. Theoretisch und methodisch geht es um das Problem, welche ist die abhängige Variable und welche ist die unabhängige Variable in diesem komplexen Geschehen? Oder anders ausgedrückt, auf welcher Erkenntnis- oder Abstraktionsebene müssen wir ansetzen, um menschliches Verhalten adäquat zu erklären.

Es ist sinnvoll, sozialwissenschaftliche Disziplinen danach zu unterscheiden, ob ihr Erkenntnisinteresse in erster Linie auf Erklärungen zielt, die auf einer sogenannten Makroebene liegen – wie etwa Kultur oder Ökonomie – oder auf der sogenannten Mikroebene des individuellen Handelns wie in der Psychologie. Zwischen Mikro- und Makroebene lässt sich eine Mesoebene denken, auf der man das Erkenntnisinteresse sozialpsychologischer Forschung verorten könnte. Individuelle und kollektive Phänomene konstituieren sich aus der Interaktion der Kräfte auf allen drei Ebenen. Historische, politische und wirtschaftliche Faktoren beeinflussen individuelles und kollektives Verhalten und individuelles Verhalten beeinflusst Phänomene auf der Meso- und Makroebene. In der wissenschaftlichen und alltagspsychologischen Argumentation ist es sehr wichtig, diese drei Erklärungsebenen streng auseinander zu halten. Die Erkenntnisse, die Gültigkeit auf einer bestimmten Ebene haben, dürfen nicht willkürlich zur Erklärung von Phänomenen auf einer anderen benutzt werden. Wenn man beispielsweise die Merkmale einer Kultur (Makroebene) ohne weiteres zur Erklärung individuellen Verhaltens (Mikroebene) heranzieht, dann begeht man damit einen sogenannten ökologischen Fehlschluss.

Gegenstand der Sozialpsychologie ist die Analyse des sozial determinierten Verhaltens und Denkens von Individuen und Gruppen. Somit sind die Objekte sozialpsychologischen Erkenntnisinteresses individuelle und überindividuelle Phänomene sowie deren mögliche Wechselwirkungen. Methodisch und erkenntnistheoretisch geht es dabei um zwei miteinander verknüpfte Probleme: Erstens, können Erklärungen auf der Individual- oder Mikroebene einen Schlüssel zum Verständnis der Phänomene auf der sozialen Makroebene liefern, die Gruppen oder gesellschaftlich-kollektive Phänomene umfasst, und umgekehrt? Oder lassen sich, zweitens, die Phänomene auf einer Ebene autonom und ohne Bezug auf eine andere Ebene zufriedenstellend erklären? Dies sind schwierige erkenntnistheoretische und methodisch weitgehend ungelöste Fragen in den Sozialwissenschaften. Vor dem Hintergrund dieses Spannungsverhältnisses über die Bedeutung der jeweiligen Erklärungsebene für das Verständnis sozialen Verhaltens kann man die Geschichte der Sozialpsychologie nachzeichnen.

## 2.1 Ein historischer Abriss

Die Geschichte der modernen Psychologie beginnt mit Wilhelm Wundt. Er hat vor mehr als 100 Jahren (1879) das erste psychologische Laboratorium in Leipzig gegründet. Mit Wundt wird gleichzeitig die Frage aufgeworfen, inwieweit die Psychologie eine auf das Individuum reduzierte Wissenschaft sein soll oder eine Sozialwissenschaft. Er überlieferte uns zwei Formen der Psychologie. In seinem »Grundriss der Psychologie« von 1896 trennt er strikt die Experimentalpsychologie, deren Gegenstand auf die Analyse grundlegender Bewusstseinsvorgänge beschränkt war, von der sogenannten Völkerpsychologie (Wundt, 1900/1920). Gegenstand der Völkerpsychologie ist nach Wundt (1896) die Untersuchung der »geistigen Erzeugnisse, wie die Sprache, die mythologischen Vorstellungen, die Sitten« (S. 27). Letztere seien kollektiv-mentale Phänomene, die nicht durch das individuelle Bewusstsein erklärt werden könnten. Der Gegenstand der individuellen Psychologie sei das individuelle Bewusstsein und ihre Methode die experimentelle Naturwissenschaft. Gegenstand der Völkerpsychologie seien Kollektiv- oder Massenerscheinungen, die nicht durch experimentelle Analyse zugänglich sind, sondern nur durch die beschreibenden und interpretierenden Methoden der Geisteswissenschaften. Diese Trennung der Psychologie auf zwei Ebenen, die Wundt aufgrund methodischer Überlegungen vollzog, war sehr folgenreich für die weitere Entwicklung der gesamten Psychologie, weil das Interesse der deutschen Psychologen jahrzehntelang nahezu ausschließlich individuell-allgemeinpsychologischen Fragestellungen unter Ausklammerung soziokultureller Bezüge galt.

Innerhalb der Disziplingeschichte der Soziologie finden wir eine ähnliche Problematik, aber in entgegengesetzter Richtung. Hier ging es um die Frage, welche Rolle der Psychologie beim Aufbau der Soziologie zukommt. Wie kann das Individuum gleichzeitig Ursache und Folge der Gesellschaft sein, fragte schon 1852 der französische Philosoph Auguste Comte (1798 – 1857), den Gordon Allport (1968) als den eigentlichen Begründer der Sozialpsychologie sehen möchte. Der Streit über die Bedeutung der Psychologie im Aufbau der Soziologie wird weithin mit den Namen Gabriele Tarde (1843 – 1904) und Emile Durkheim (1858 – 1917) verknüpft. Tarde war der Überzeugung, dass das Soziale als eine Kette von zwischenmenschlichen Beziehungen erscheine und als psychologische Nachahmungs- und Wiederholungsprozesse untersucht werden könne. Nach heutiger Terminologie wäre Tarde ein Reduktionist und seine Theorie eine Lerntheorie. Auf ihn geht auch der bekannte Satz zurück: »Tout le monde est coupable excepté le criminel.« (Jedermann ist schuldig, nicht der Verbrecher).

Durkheim hingegen wandte sich gegen den Versuch, soziale Tatbestände auf individuelle Faktoren zu reduzieren, denn er war von der eigenständigen Dynamik kollektiver Phänomene überzeugt, die seiner Meinung nach als soziale Repräsentationen nicht reaktiv, sondern nur sozial erklärt werden können. Er argumentierte in folgender Weise: Da die Mitglieder unterschiedlicher Gesellschaften in Bezug auf ihre biologischen Grundlagen und individuellen Fähigkeiten grundsätzlich gleich sind, seien diese irrelevant zur Erklärung einer Gesellschaft. Was für alle Menschen gleich sei, könne nicht herangezogen werden, um Unterschiede zwischen ihnen zu erklären. Soziale Tatbestände hätten ihre eigene Existenz und unterlägen eigenen Gesetzmäßigkeiten. Folglich sei die Psychologie nicht geeignet, um gesellschaftliche und historische Prozesse zu erklären. Kurzum: Der Mensch sei sozial determiniert; um ihn zu verstehen, müsse man mit der Analyse der Gesellschaft beginnen.

Durkheim hat diese Überlegungen exemplarisch in seiner Untersuchung »Le suicide« (1897/1973) entwickelt. Am Beispiel der unterschiedlichen Selbstmordraten in verschiedenen Perioden und in verschiedenen Ländern hat er versucht darzulegen, dass sich diese durch gesellschaftliche Tatbestände erklären ließen. Er führte folgende Gesichtspunkte an: Unterschiede in den Heiratsraten und der Prozentsatz von Katholiken und Juden sind wichtige Einflussgrößen für das moralische Bewusstsein einer Gesellschaft. In Ländern mit einem hohen Anteil an Protestanten oder unverheirateten Personen sei der Egoismus hoch, und dies sei die Ursache für eine höhere Selbstmordrate. Daher ist es nach Durkheim möglich, Mikroprozesse außer Acht zu lassen, entweder, weil individuelle Überzeugungen durch soziale Faktoren gesteuert werden oder weil individuelle Unterschiede analog der Gaußschen Fehlerkurve zufällig um die sozialen Haupteffekte verteilt seien.

Durkheims Postulat von der Autonomie der Soziologie gegenüber der Psychologie steht die Auffassung der meisten Psychologen und auch einiger Schulen der Soziologie gegenüber, die von der Eigenexistenz des Individuellen ausgehen. Sie postulieren, dass soziale Phänomene letztlich auf psychische Prozesse reduziert werden können. So sei beispielsweise Selbstmord ein individueller Willensakt und trotz des Vorhandenseins sozialer Tatbestände, welche eine Selbsttötung begünstigen, sei die Ursache dafür letztlich im Individuum zu suchen. Weil mit einer derartigen Argumentationsweise alle gesellschaftlichen Sachverhalte auf einfachere Phänomene zurückgeführt werden könnten und die Soziologie in Sätze der Psychologie aufgehen würde, werden solche Positionen häufig als Reduktionismus oder methodischer Individualismus verunglimpft. Der Soziologe Georg Simmel (1858 – 1918) benutzte den Begriff der sozialen Wechselwirkung, um zu kennzeichnen, wo für ihn das Soziale beginnt. Seiner Ansicht nach können wir erst dann von »sozial« sprechen, wenn das Verhalten eines Individuums nicht anders interpretiert werden könne außer als Reaktion auf das Verhalten eines anderen Individuums (Simmel 1908).

Die Kontroverse über die angemessene Erklärungsebene findet in der Geschichte der amerikanischen Sozialpsychologie beispielhaft ihre Fortsetzung im Streit über die Existenz oder Nichtexistenz eines eigenständigen »Gruppenbewusstseins« (group mind). William McDougall (1920) – der übrigens im Jahre 1908 das erste Buch mit dem Titel »Social Psychology« veröffentlichte – geht vom Primat der Gesellschaft aus, deren Bewusstsein (mental life) nicht lediglich als Summe der individuellen Bewusstseine verstanden werden könne, und von diesen könnten wiederum keine gesellschaftlichen Phänomene abgeleitet werden. Diese Annahme wird von dem behavioristisch orientierten Sozialpsychologen Floyd Allport (1924) strikt zurückgewiesen. Er steht streng in der Tradition der Experimentalpsychologie Wundts. Für ihn ist die Psychologie die Wissenschaft vom Verhalten. Nur Individuen komme Realität zu, nicht Gruppen, weil nur das Verhalten des Einzelnen Reiz für den anderen sein könne. Diese Überzeugung hat er folgendermaßen formuliert: »We shall find that the actions of all are nothing more than the sum of the actions each taken separately« (Allport, 1924, S. 5).

In ihrer geschichtlichen Entwicklung ist die Sozialpsychologie lange Jahre mehr oder weniger diesem Diktum gefolgt. Allerdings gab es auch eine Reihe von Sozialpsychologen, wie z. B. Muzafer Sherif (1936), Kurt Lewin (Lewin et al., 1939) und später Solomon Asch (1956), die sich diesem Reduktionismus nicht anschlossen, sondern sozialen Gruppen mit ihrer verborgenen Interaktionsdynamik eine eigene Realität zubilligten und sie der empirischen Forschung zugänglich machten. Eine weitere Ausnahme bildete Freuds (1920) Konzept der Massenpsychologie, das allerdings in der akademischen Psychologie nicht empirisch weiterverfolgt wurde. Eine bedeutende kollektive oder Massenpsychologie wurde in der Sozialpsychologie nicht mehr entwickelt.

Trotz allem dominierte in der Geschichte der Sozialpsychologie weitgehend das Interesse am individuellen Akteur. Eine der meist verbreiteten Definitionen, die diesen individualistischen Standpunkt widerspiegelt, stammt von Gordon Allport (1968). Sozialpsychologie wird von ihm definiert als »ein Versuch zu verstehen und zu erklären, wie das Denken, Fühlen und Verhalten von Individuen beeinflusst wird durch die aktuelle, vorgestellte oder implizite Anwesenheit von anderen« (S. 3).

So blieb und bleibt die Theoriebildung in der Sozialpsychologie im Wesentlichen auf die Ebene intraindividueller Prozesse beschränkt. Die Verankerung menschlicher Erlebens- und Verhaltensweisen in ihren sozialhistorischen Bezügen war zwar Programm einiger Sozialpsychologen, wurde aber kaum systematisch angegangen. Der Einfluss kulturell-kollektiver Phänomene, die als überindividuelle Phänomene individuelles und Gruppenverhalten beeinflussen, ist erst in jüngster Zeit Gegenstand sozialpsychologischer Theoriebildung geworden. Angeregt durch die Kulturanthropologie wird in der Interkulturellen Psychologie untersucht, wie individuelles und Gruppenverhalten durch Kultur geformt wird (s. Kap. 12). Diese neuen Fenster, die hier für die sozialpsychologische Betrachtungsweise geöffnet wurden, machen mit dem Begriff »sozial« ernst und stellen eine wichtige und notwendige Herausforderung für die sozialpsychologische Theoriebildung dar (Bond, 1988). Kollektive Phänomene wie Gruppen, Gesellschaft, Kultur, Geschichte und Sprache sind mehr als die Summe individueller Charakteristika. Kollektive Phänomene haben ihre Eigengesetzlichkeit; sie entwickeln sich aus der Interaktion von Individuen, aber sie sind nicht reduzierbar auf individuelle Aktionen.

## 2.2 Die sozialpsychologischen Erklärungsebenen

Wie erwähnt können die sozialwissenschaftlichen Disziplinen verschiedenen Erklärungs- bzw. Beschreibungsebenen zugeordnet werden. Sie reichen von der Mikroebene des Individuums bis zur Makroebene der Kultur. Jede der damit befassten Disziplinen wie Individualpsychologie, Sozialpsychologie, Soziologie und Kulturanthropologie hat einen bestimmten Ausschnitt der sozialen Realität als ihren besonderen Gegenstandsbereich, und jede Disziplin hat dafür jeweils andere methodische Zugänge und Erklärungsweisen entwickelt.

Für die direkte Beobachtung ist ohne Zweifel eine einzelne Person die natürliche Einheit. Ihr Verhalten kann mittels direkter, objektiver Methoden beobachtet, gemessen und quantifiziert werden. Wie sie denkt und ihre Welt wahrnimmt, lässt sich zwar weniger direkt erfassen. Psychologen haben jedoch relativ verlässliche Methoden entwickelt, um die zugrunde liegenden mentalen Strukturen und Prozesse des Wahrnehmens und Denkens zu untersuchen. Schwierige erkenntnistheoretische und methodische Probleme entstehen erst, sobald Menschen interagieren, sei es in einer Dyade – wie z. B. der Ehe –, in einer Kleingruppe – wie einer Familie –, in einer Großgruppe – wie z. B. einer Partei – oder innerhalb einer Kulturgemeinschaft. Wie soll das Ergebnis dieser Interaktionen empirisch erfasst werden und wie kann man das Überindividuelle aus dem individuellen Verhalten und Erleben erklären? Anders ausgedrückt, wie entstehen aus individuellem Verhalten soziale und kollektive Verhaltensmuster und wie wirken diese zurück auf individuelles Verhalten und Erleben? Beispielsweise erzeugt das individuelle Bedürfnis nach Gewinnmaximierung und materieller Sicherheit eine bestimmte Form ökonomischen Handelns in einer Gesellschaft. Die von einer Volkswirtschaft entwickelten Prozesse und Institutionen wirken wiederum in spezifischer Weise zurück auf das ökonomische Handeln des Einzelnen.

Das sozialpsychologische Erkenntnisinteresse steht gewissermaßen im Schnittpunkt, in dem die individuelle Ebene auf die überindividuellen Ebenen trifft oder, wie es der Sozialpsychologe Heiner Keupp (1995) einprägsam formuliert: »An diesen Nahtstellen von Subjekt und Gesellschaft ist der systematische Ort der Sozialpsychologie angesiedelt« (S. 52). An diesen Nahtstellen lassen sich sinnvolle sozialpsychologische Fragestellungen formulieren und empirisch untersuchen.

Zusammengefasst kann man folgende fünf Analyseebenen unterscheiden und jeder Analyseebene lassen sich spezifische Erkenntnisinteressen zuordnen (Doise, 1986; Pettigrew, 1996).

1. Die intrapsychische Ebene: Prozesse innerhalb der Einzelperson wie Denken, Fühlen und Verhalten,
2. die interpersonale Ebene: Interaktionen zwischen Individuen,

3. die Intragruppenebene: Strukturen und Prozesse innerhalb von Gruppen,
4. die Intergruppenebene: Interaktionen zwischen Gruppen und
5. die interkulturelle Ebene: Normen, Werte und Symbole innerhalb von Kulturen und zwischen diesen.

Obwohl diese fünf Ebenen analytisch getrennt werden können, sind sie in der Realität doch immer aufeinander bezogen. Der sozialpsychologische Ansatz ist gleichsam auf die Knoten fixiert, welche die verschiedenen Wissenschaften vom Menschen verbinden. Aus der sozialpsychologischen Perspektive kann das Verhalten und Denken von Individuen auf verschiedenen Ebenen untersucht werden. So kann beispielsweise die Analyse von Konflikten auf allen fünf Ebenen erfolgen (s. Kap. 11).

Eine Schichtung der sozialwissenschaftlichen Disziplinen nach der Mikro-Makrostruktur geht von einer analytischen Trennung der Sozialwissenschaften sowie der Frage aus, inwieweit soziales Verhalten auf einer Ebene autonom und ohne Bezug auf eine andere Ebene auskommen kann. Für viele Themen und Fragestellungen ist es sinnvoll, das Soziale als autonomen Wirklichkeitszusammenhang zu verstehen. Das schließt aber nicht aus, dass man auf dem Wege einer interdisziplinären Verknüpfung die sozialen Tatbestände durch sozialpsychologische ergänzt und umgekehrt als Psychologe anerkennt, dass gesellschaftliche Phänomene nicht restlos durch psychologische Annahmen erklärt werden können. Wie erwähnt, sind einfache kausale Verknüpfungen von einer Ebene zur anderen fragwürdig und unwissenschaftlich. Das heißt konkret, dass Ergebnisse von Laborexperimenten nur eingeschränkt zur Erklärung gesellschaftlicher Zusammenhänge herangezogen werden können und die Grenzen der möglichen Generalisierung psychologischer Untersuchungsergebnisse bzw. der Grad ihrer externalen Gültigkeit strikt beachtet werden müssen (Campbell & Stanley, 1963). Insofern erhellen die Milgram-Studien in genialer Weise den Verlust moralischer Urteilskraft durch die Kraft vermutlicher Sachzwänge. Das historische Faktum des kollektiven Massengehorsams und Massenmords erklärt diese Untersuchung dagegen nicht.

Wenn wir davon ausgehen, dass die natürliche Einheit für die Beobachtung die einzelne Person ist und dass darüber hinaus menschliches Verhalten immer in einen realen oder vorgestellten sozialen Kontext eingebunden ist, dann nimmt die sozialpsychologische Perspektive eine zentrale Position für alle sozial- und humanwissenschaftlichen Fragestellungen ein. Sie kann die verschiedenen Analyseebenen verknüpfen und ist damit potentiell in der Lage, die analytische Trennlinie zwischen den breiten makrosozialen Ebenen von Soziologie und Kulturanthropologie und einer engen a-sozialen individualistischen Psychologie zu überbrücken.

# 3 Alltagspsychologie und die verkannte Macht der Situation

## 3.1 Die Diskrepanz zwischen alltagspsychologischen Annahmen und sozialpsychologischen Erkenntnissen

Häufig wird Sozialpsychologen vorgeworfen, ihre wissenschaftlichen Erkenntnisse seien trivial, weil man allein mit dem gesunden Menschenverstand zu ähnlichen Einsichten gelangen könne. In der Tat sind alle Menschen gewissermaßen Psychologen – egal, ob sie ein Psychologiestudium absolviert haben oder nicht. Jeder Mensch verfügt über psychologisches Wissen und Einsichten darüber, nach welchen impliziten Regeln menschliches Verhalten und Denken funktioniert. Dieses psychologische Alltagswissen haben wir während der Sozialisation als kulturell geformte Überzeugungen erworben. Alltagspsychologische Überzeugungen sind beispielsweise in dem Sprichwort »Gegensätze ziehen sich an« enthalten. Wie problematisch solche Überzeugungen sind, zeigt das gegenteilige Sprichwort: »Gleich und gleich gesellt sich gern«. Welche Annahme ist nun die richtige?

Im alltagspsychologischen Wissensrepertoire finden sich Regeln, Annahmen oder Vermutungen über die psychologischen Gesetzmäßigkeiten oder Prozesse, die menschliches Handeln und Denken bestimmen. Alltagspsychologisches Wissen ist der Niederschlag aus eigener und fremder Lebenserfahrung, ergänzt durch überliefertes Wissen aus Geschichte, Dichtkunst, Literatur und anderen Quellen indirekter Erfahrung. Alltagspsychologische Einsichten lassen sich als die subjektiven Konstruktionen über die Gesetzmäßigkeiten individueller und sozialer Prozesse verstehen.

Um das psychologische Alltagswissen zu kennzeichnen, verwendet man in der angelsächsischen Tradition den Begriff »common sense«. Im Deutschen wird common sense mit »gesunder Menschenverstand« korrekt, aber nicht erschöpfend übersetzt. Common sense ist das Ergebnis gemeinschaftlicher Erfahrung. Wäre er nicht vorhanden, könnten Menschen einander nicht verstehen und wären nicht in der Lage, miteinander umzugehen. Die Art und Weise, wie wir interagieren, hängt beispielsweise davon ab, welche Handlungsmotive wir bei anderen Menschen erschließen oder welche Charaktereigenschaften wir ihnen zuschreiben.

Glücklicherweise sind nicht alle alltagspsychologischen Einsichten so extrem widersprüchlich, wie es in den oben genannten Sprichwörtern zum Ausdruck kommt, denn dann wäre menschliches Leben chaotisch. Im Gegenteil: Das intuitive Wissen auf der Basis des Alltagsverständnisses ermöglicht es Menschen, ihre Welt zu ordnen, sie sinnvoll zu interpretieren, aus ihren Beobachtungen Schlussfolgerungen zu ziehen und Prognosen über zukünftiges Verhalten zu erstellen.

Weil alltagspsychologische Annahmen das Ergebnis gemeinschaftlicher Erfahrungen sind und weil sie letztlich unser Verhalten gegenüber anderen Menschen leiten, ist die wissenschaftliche Erforschung des common sense ein genuiner Gegenstand der Sozialpsychologie. Nach Ansicht von Fritz Heider (1958/1977) können erst aus der Analyse des common sense grundlegende Einsichten über die Prozesse menschlichen Denkens gewonnen werden. Er machte die Untersuchung alltagspsychologischer Überzeugungen zu seinem wissenschaftlichen Programm. Wie Menschen zu Erkenntnissen über sich und ihre Welt gelangen, muss nach Heider Basis jeder wissenschaftlichen Verhaltenstheorie sein, wenn es deren Ziel ist zu erforschen, nach welchen Gesetzmäßigkeiten Menschen mittels ihres intuitiven Verstehens entscheiden und handeln. Um zwischenmenschliches Verhalten zu verstehen, so Heider, müsse man wissenschaftlich untersuchen, wie Menschen ihre Welt wahrnehmen und interpretieren, weil sie ihre subjektiv wahrgenommene Welt für die Realität halten und dementsprechend handeln. Das Repertoire alltagspsychologischer Annahmen nennt Heider »naive Psychologie«. Mit »naiver Psychologie« ist nicht etwa eine kindliche oder minderwertige Psychologie gemeint, sondern das Repertoire unseres alltagspsychologischen Wissens, basierend auf direkter und indirekter Erfahrung. Die psychologischen Einsichten dieser »naiven Psychologie« sind gewissermaßen der Niederschlag gemeinschaftlicher Erfahrung, die sozial geteilt wird.

Um den Prozess alltagspychologischer Erkenntnisgewinnung von der wissenschaftlichen Erkenntnisgewinnung abzugrenzen, wird häufig das Bild des Laienpsychologen verwendet, dessen Erkenntnisprozess als implizit-unsystematisch bezeichnet wird – im Gegensatz zur kontrolliert-systematischen Vorgehensweise des Wissenschaftlers.

Lee Ross und Richard Nisbett (1991), die das alltagspsychologische Denken intensiv untersucht haben, konstatieren eine Reihe von Unterschieden zwischen alltagspsychologischen Überzeugungen und sozialpsychologischen Befunden. Sie weisen auf die Mängel naiver Erkenntnisgewinnung hin und bezeichnen sie als Wahrnehmungs- oder Urteilsverzerrungen. Die Erforschung derartiger Verzerrungen ist zu einem zentralen Gegenstand der kognitiven Sozialpsychologie geworden. Nach Ross und Nisbett (1991) ist das Denken des Laienpsychologen mit folgenden Mängeln behaftet:

1. Dem Laienpsychologen ist nicht bewusst, inwieweit seine Wahrnehmung von ihm aktiv gestaltet wird. Er empfindet sich vielmehr als objektiver Beobachter seiner äußeren Welt. Diese hat für ihn Realitätscharakter, weil er glaubt, dass sich in seiner Wahrnehmung die objektiven Gegebenheiten der Welt widerspiegeln. Ihm ist nicht bewusst, dass die Welt, so wie er sie wahrnimmt, eine von ihm bereits interpretierte Welt ist. Dieser »naive Realismus« wie er von Ross (Ross & Ward, 1995) genannt wird, führt u. a. dazu, dass wir annehmen, andere Beobachter müssten die Welt ebenso wahrnehmen wie wir sie wahrnehmen (s. Kap. 4).
2. Der Laienpsychologe vernachlässigt bei der Erklärung von beobachteten Verhaltensweisen oder Verhaltensergebnissen das Ausmaß des sozialen Kontexts. Stattdessen schreibt er insbesondere bei der Erklärung atypischen Verhaltens stabilen Persönlichkeitsdispositionen einen zu großen Einfluss zu.
3. Weil der Laienpsychologe nicht in der Lage ist, das Ausmaß von situativen Zwängen wahrzunehmen, unterschätzt er die sozialen Situationen innewohnende Dynamik. Stattdessen bevorzugt er einfache Erklärungsmuster nach dem Prinzip von Ursache und Wirkung und neigt zu linearen Extrapolationen bei der Vorhersage zukünftigen Verhaltens oder zukünftiger Ereignisse.

Aus der Differenz zwischen alltagspsychologischem Wissen und wissenschaftlichen Erkenntnissen gewinnen wir grundlegende Einsichten über die Funktion mentaler Prozesse und Strukturen. Auch Sozialpsychologen benutzen zunächst ihr Alltagsverständnis als Quelle von Hypothesen. Aber anders als Laienpsychologen unterwerfen sie ihre hypothetischen Annahmen strengen wissenschaftlichen Überprüfungen. Gerade weil es viele unterschiedliche Annahmen über psychologische Prozesse gibt, gilt es herauszufinden, welche Annahmen gültig sind. Charakteristisch für die wissenschaftliche Vorgehensweise sind folgende drei Schritte: Hypothesenbildung, systematische Beobachtung und Erhärtung bzw. Verwerfung der Ausgangshypothese mittels der gewonnenen Daten (Pettigrew, 1996).

Die Datenbasis kann zunächst durch direkte Verhaltensbeobachtung in der realen Umwelt gewonnen werden. Meistens wird jedoch die experimentelle Vorgehensweise gewählt, um in systematischer Weise herauszufinden, unter welchen spezifischen Bedingungen und durch welche unabhängigen Variablen Verhalten oder Denken beeinflusst wird. Bei der experimentellen Vorgehensweise werden die unabhängigen Variablen systematisch manipuliert und ihr Einfluss auf die vorher postulierten abhängigen Variablen gemessen.

Wie in anderen Teildisziplinen der Psychologie werden auch die meisten sozialpsychologischen Untersuchungen in einem Labor oder in einer laborähnlichen Situation durchgeführt, in denen es möglich ist, den Einfluss der äußeren Faktoren auf Denken und Verhalten der Teilnehmer sorgfältig zu kontrollieren und zu messen. Der Vorteil dieser Vorgehensweise besteht darin, dass die Forscher den experimentell gewonnenen Befunden Kausalitätsgewissheit unterstellen kann, sofern die strengen methodischen Regeln systematisch-empirischer Forschung eingehalten wurden. Kausalitätsgewissheit ist deshalb möglich, weil der Untersuchende nach einem zuvor entwickelten Untersuchungsplan entscheiden kann, unter welchen Bedingungen eine Manipulation der unabhängigen Variablen stattfinden soll. Wie gesagt, die experimentelle Vorgehensweise ist natürlich nicht auf das Labor beschränkt. In sogenannten Feldexperimenten werden unter möglichst natürlichen Bedingungen systematische Verhaltensbeobachtungen durchgeführt. Auch Befragungen können mit Hilfe von systematisch entworfenen Fragebögen nach der experimentellen Logik gestaltet werden.

Häufig ist jedoch die systematisch experimentelle Vorgehensweise nicht möglich, weil die Bedingungsvariablen nicht manipulierbar sind oder weil eine bestimmte Vorgehensweise ethisch nicht vertretbar ist. In diesem Fall ist man auf passive Beobachtung

## 3 Alltagspsychologie und die verkannte Macht der Situation

beschränkt, und die gewonnenen Daten verweisen dann lediglich auf korrelative Zusammenhänge, denen keinesfalls Kausalgewissheit unterstellt werden darf.

Die experimentelle Vorgehensweise, sowohl im Labor als auch im Feld, ist nicht unproblematisch, weshalb schwerwiegende methodische und erkenntniskritische Einwände gegen sie erhoben wurden. Schon allein die Tatsache, dass eine Person beobachtet wird, kann ihr Verhalten ändern. Wird jemand gefragt, weshalb er dieses oder jenes getan hat, dann kann die Antwort von der Frage beeinflusst sein. Diese Probleme wurden in der Geschichte der Sozialpsychologie immer wieder kontrovers diskutiert.

Während der Wissenschaftler Vorhersagen über mögliche Beziehungen von Variablen macht, seine Hypothesen prüft und mit der Widerlegung seiner Hypothesen rechnen muss, ist der naive Alltagspsychologe von derlei Anforderungen weniger geplagt. Er lebt im Einklang mit seinen Vorannahmen und ist von deren Richtigkeit fest überzeugt. Alltagspsychologische Überzeugungen sind daher extrem stabil und relativ resistent gegenüber Veränderungsversuchen.

Menschliches Denken ist zu begrenzt, um die Welt in ihrem Aufbau so wahrzunehmen, wie sie ist. Erst aus der Differenz zwischen dem »System Welt« und unserem Wahrnehmungssystem entwickelt sich unsere spezifische Erfahrung mit dieser Welt. Insofern enthüllen beispielsweise die Ergebnisse der Milgram-Studien nicht nur Einsichten über das große Ausmaß sozialer Zwänge, denen die Teilnehmer ausgesetzt sind, sondern sie zeigen auch die Unfähigkeit von naiven Beobachtern (und gelegentlich auch von Psychologen), diese adäquat zu interpretieren. Aus der Diskrepanz zwischen empirischen Daten und den subjektiven Einschätzungen von »naiven« Beobachtern gewinnen wir Erkenntnisse über die Prozesse und Funktionen unseres kognitiven Systems. Die Erforschung dieser Diskrepanz ist zu einem zentralen Gegenstand der Sozialpsychologie geworden.

## 3.2 Die Perspektive des sozialpsychologischen Situationismus: Bedeutungszuschreibung und psychisches Spannungssystem

Auch andere Disziplinen beschäftigen sich mit der Erforschung des sozialen Verhaltens von Menschen. Innerhalb der Psychologie sind dies in erster Linie Persönlichkeitspsychologie und Entwicklungspsychologie. Ebenso sind Soziologie und Anthropologie verwandte, empirisch orientierte sozialwissenschaftliche Disziplinen. Obwohl die Sozialpsychologie vom Erkenntnisinteresse her mit ihnen viele Gemeinsamkeiten hat, zeichnet sie sich durch eine besondere Perspektive aus, die von Lee Ross und Richard Nisbett (1991) als *sozialpsychologischer Situationismus* bezeichnet wird. Diese Perspektive ist ebenso grundlegend für das Verstehen der Geschichte der Sozialpsychologie wie für deren Erkenntnisinteresse und spezifischen Erkenntnisgewinn für menschliches Verhalten. Sie vermittelt gleichzeitig Einsichten in menschliche Verhaltensweisen, die häufig alltagspsychologischen Überzeugungen widersprechen.

### 3.2.1 Lewins Vermächtnis

Im Kern ist diese Perspektive in Lewins Feldtheorie (1951/1963) angelegt. Kurt Lewin (1890-1947), der zunächst in Berlin wirkte und 1933 in die USA emigrierte, gilt als einer der Väter der modernen Sozialpsychologie. Er hat ihr entscheidende theoretische und praktische Anregungen gegeben, die noch heute fortwirken (Lück, 1996). Nach seiner berühmten Formel

$$V = f(LR) = f(P,U)$$

ist das Verhalten (V) nicht nur eine Funktion des physischen Stimulus, sondern auch der psychischen Bedingungen des Lebensraums (LR), der sowohl die Person (P) mit ihren Bedürfnissen und Motiven als auch ihre psychische Umwelt (U) einschließt. In der psychischen Umwelt sind jene Gegebenheiten repräsentiert, die für die Person als Bedürfnisse, Ziele oder Grenzen von Bedeutung

## 3 Alltagspsychologie und die verkannte Macht der Situation

sind. Die Person existiert nach Lewin in einem komplexen Energiefeld, das durch Kräfte und Spannungen in einer dynamischen Beziehung gehalten wird und Menschen zum Handeln bewegt. Demzufolge steht im Vordergrund des sozialpsychologischen Erkenntnisinteresses die Frage: Wie nehmen Menschen auf der Grundlage ihrer situationsgebundenen phänomenalen Erfahrung ihre Umwelt wahr, und wie deuten sie diese auf der Basis ihrer Bedürfnisse und Motive?

Ausgehend von Lewins Überlegungen haben Ross und Nisbett (1991) die Perspektive des sozialpsychologischen Situationismus entwickelt, die zwei miteinander verschränkte Postulate umfasst: *Bedeutungszuschreibung* und *psychisches Spannungssystem*. Handlungsplanung, Handlungsausführung und soziale Interaktion orientieren sich am Ergebnis der Prozesse, die mit Bedeutungszuschreibung und psychischem Spannungssystem verknüpft sind.

Bedeutungszuschreibung meint die Interpretation von Situationen und Personen auf der Grundlage von wahrgenommenen situativen Kontexten und aktuellen Motiven, Bedürfnissen und Zielen, die für einen Handelnden zu einem gegebenen Zeitpunkt salient und von Wichtigkeit sind.

Der Begriff psychisches Spannungssystem beruht auf Lewins Forderung, dass in der Theoriebildung Person und Umwelt einen unauflöslichen Systemzusammenhang bilden müssen. Nach seinen Vorstellungen muss »das Verhalten aus einer Gesamtheit der zugleich gegebenen Tatsachen abgeleitet werden; ... diese (sind) zugleich als ein ›dynamisches Feld‹ aufzufassen, als der Zustand jedes Teils dieses Feldes von jedem anderen Teil abhängt« (Lewin, 1951/1963, S. 69).

Lewin verwendet zur Illustration für die dynamische Beziehung, in der Person und Umwelt zueinander stehen und in der Konstanz und Veränderung zu beobachten sind, das Bild eines Flusses, der im Flussbett seine erkennbare Form behält, sich aber fortwährend bewegt. Diese Analogie zwischen Fluss und psychischen Prozessen drückt aus, dass der Status quo eines Zustandes aufgrund opponierender Kräfte in Balance gehalten wird und daher schwer zu verändern ist. Wenn aber andererseits neue Kräfte in einen »quasi-stationären« Zustand eingeführt werden, kann es zu dramatischen Veränderungen kommen. Nach diesen Annahmen beeinflussen sich »innere« Personenprozesse und »äußere« Situationsgegebenheiten gegenseitig. Die Analyse auf einer Ebene muss die

Vorgänge auf der anderen Ebene berücksichtigen. Um das Verhalten einer Person vorherzusagen, muss man wissen, welche Anreize oder Barrieren es der Person erlauben, ihre Ziele zu erreichen, und wie die Person ihre Umwelt auf der Grundlage momentaner Bedürfnisse interpretiert.

Für die Illustration dieser dynamischen Beziehungen hat Lewin eine eigene Darstellungsweise entwickelt. In sogenannten Jordankurven wird der Lebensraum abgebildet als Regionen mit sogenannten *positiven* und *negativen Valenzen*, welche als Summe der Kräfte verstanden werden, die auf eine Region einwirken; beispielsweise wirken negative Valenzen als Barrieren (s. Abb. 3.1).

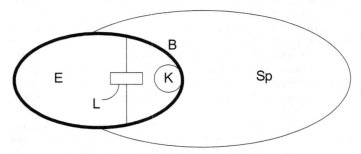

Abb. 3.1: Topologie einer Essenssituation: Eine Mutter untersagt ihrem Kind, den Essplatz zu verlassen und spielen zu gehen. Kind (K), B (Barriere – Eingreifen der Mutter), E (Essensregion), L (Löffel), Sp (Spielregion) (nach Lewin, 1969).

## 3.2.2 Aristotelisches und galileisches Denken

Schon 1931 veröffentlichte Lewin einen ungewöhnlichen Aufsatz, in dem er auf die Notwendigkeit einer dynamischen Betrachtungsweise in der psychologischen Theoriebildung hinwies und die Anforderungen spezifizierte, die an eine psychologische Theorie zu stellen sind. Beispielhaft zeigte er dies an der Überwindung des aristotelischen Denkens durch das galileische Denken in der Physik. Lewin war an sich nicht an der Geschichte der Physik interessiert, sondern an der Evolution vorwissenschaftlichen Denkens hin zu wissenschaftlichen Erklärungen. Im aristotelischen Denken fehle die Beziehung zwischen dem Untersuchungsobjekt und seiner Umgebung. Stattdessen werde das Verhalten der Objekte ihren individuellen Wesenseigenschaften zugeschrieben. So werde z. B. leichten Gegenständen der Charakter der Leichtigkeit zugeschrieben und schweren Gegenständen der Charakter der Schwere. Dieses Denken dominierte nicht nur die Naturwissenschaften über Jahrhunderte hinweg, sondern sei auch charakteristisch für unser Alltagsverständnis und für die »naive« Vorstellungswelt von Kindern, wie Lewin bemerkt. Im Gegensatz dazu kann nach der galileischen Denkweise das Verhalten von Objekten nur verstanden werden, wenn es in Relation zur Situation gesetzt wird, in der das Verhalten auftritt. Den Zusammenhang von Situation und Dynamik beschreibt Lewin (1931/1981) folgendermaßen:

»Diese Auffassung über die Dynamik bedeutet nicht, dass die Natur des Gegenstandes nun bedeutungslos wird. Eigenart und Gestalt des jeweiligen Gegenstandes bleiben auch für die Galileische Theorie der Dynamik wichtig. Nur tritt neben den Gegenstand durchaus gleichwertig die Situation, in der er sich befindet. Erst durch die konkrete, *Gegenstand und Umgebung umfassende Gesamtsituation sind die Vektoren bestimmt,* die die Dynamik jeweils beherrschen« (S. 260).

Lewin argumentiert, dass die Psychologie so lange im aristotelischen Denken verhaftet bleibt, wie sie ihre Gegenstände nach unveränderlichen Wesensmerkmalen wie stabilen Dispositionen klassifiziert und dabei zirkuläre Scheinerklärungen zustande bringt. Der Sozialpsychologe Robert Wicklund (1990) hat in einer scharfsinnigen Analyse darauf aufmerksam gemacht, dass viele gegenwärtige Ansätze in der Sozialpsychologie noch immer in diesem Sinne aristotelisch sind. Lewin hat in seinem Aufsatz vermutlich mehr als jeder andere Psychologe darauf hingewiesen, dass die Zusammenhänge von Situationsmerkmalen und Personenzuständen grundlegend für das Verständnis menschlichen Verhaltens sind.

### 3.2.3 Der behavioristische Situationismus

Die Hervorhebung des situativen Kontextes und seines Einflusses auf menschliches Verhalten und Denken könnte missverstanden werden als ein Rückfall in die Denkweise des Behaviorismus, welcher die Psychologie in der ersten Hälfte des 20. Jahrhunderts dominierte. Der sozialpsychologische Situationismus unterscheidet sich in zentralen Annahmen von dieser Tradition. Während es mit Lewins Postulat des Spannungssystems durchaus vereinbar ist, dass eine Person ein zielgerichtetes Handeln auch unabhängig von situativen Hinweisreizen ausführen kann (Wicklund & Braun, 1987), wäre diese Betrachtungsweise dem Situationismus des Behaviorismus fremd. Das Ziel des Behaviorismus war es, eine Psychologie zu entwickeln, welche die Gesetzmäßigkeiten des Verhaltens aus den objektiven Stimulusbedingungen und den assoziativen Verkettungen zwischen diesen Stimuli und beobachtbaren Reaktionen ableitet, ohne dabei auf die mentalen Konstruktionsprozesse in der »black-box« Bezug zu nehmen. Der behavioristische Situationismus gipfelte in John B. Watsons (1930) berühmtem »Anerbieten«, aus jedem gesunden Kind durch geeignete Auswahl von Umwelteinflüssen je nach Wunsch einen Doktor, Anwalt, Künstler, Kaufmann oder Dieb unabhängig von seinen Anlagen und Neigungen zu machen. Persönlichkeitsunterschiede waren in diesem Theorierahmen ebenso irrelevant wie die subjektive Deutung der Stimulussituation.

Im Zentrum des sozialpsychologischen Situationismus und der sozialpsychologischen Forschung steht die Analyse der subjektiv-mentalen Konstruktionsprozesse, die eine sinnhafte Interpretation der sozialen Welt ermöglichen. Die mentale Konstruktion der sozialen Wirklichkeit wird als ein aktiv interpretierender Prozess verstanden, der auf der Basis mentaler Funktionen und externaler Bestimmungsgründe soziales Verhalten determiniert. Die Perspektive des sozialpsychologischen Situationismus mit seinen beiden aufeinander bezogenen Postulaten Bedeutungszuschreibung und psychologisches Spannungssystem ist fundamental für das Verständnis sozialer Interaktion und zugleich die Leitperspektive für dieses Buch.

Der Behaviorismus spielte in der Entwicklung der Sozialpsychologie keine bedeutende Rolle, obwohl das behavioristische Postulat der Stimuluskontrolle das Augenmerk auf den großen Einfluss der Situation oder des psychologischen Kontextes auf das Verhalten gerichtet hat. Die Sozialpsychologie stand vielmehr in der Tradition von Kurt Lewin, Solomon Asch und Muzafer Sherif, deren Forschungen die Grundlagen für einen genuin sozialpsychologischen Situationismus legten.

## 3.3 Hilfsverhalten angesichts äußerer Stimulusveränderungen und innerer Motivlagen

Die Bedeutung der beiden Postulate und ihre Dynamik soll getrennt an zwei Forschungsprogrammen exemplarisch behandelt werden: 1. Bedeutungszuschreibung und 2. Spannungssysteme.

### 3.3.1 Bedeutungszuschreibung oder: »Was machen die anderen?«

Täglich finden wir in den Medien Berichte über unterlassene Hilfeleistungen für Menschen, die sich in Notsituationen befinden. Beispielsweise lesen wir von Kindesmisshandlungen durch die Eltern, von denen Nachbarn wussten, aber nicht einschritten. So führten Hans-Dieter Schwind und seine Kollegen (Schwind, Roitsch, Gielen & Gretenkordt, 1998) folgende Studie in Hamburg durch: Aus der Wohnung eines Mehrfamilienhauses waren das Gebrüll eines Mannes und die Schreie eines Kindes zu hören; beides wurde von einem Tonband abgespielt. Innerhalb einer Stunde gingen 989 Passanten an dem Haus vorbei und mussten die Schreie wahrgenommen haben. Aber nur vier von ihnen meldeten diesen Vorfall der Polizei, drei klingelten an der Haustür. Mehr als 99 Prozent der Passanten gingen einfach weiter! Für unterlassene Hilfeleistungen werden Entfremdung, soziale Apathie, Egoismus oder Verantwortungslosigkeit als Gründe genannt. Andererseits erleben wir spektakuläre Formen von erfolgten Hilfeleistungen. Jüngst wurden die Biographien von Menschen bekannt, die während des Dritten Reichs unter Gefährdung ihres eigenen Lebens Hunderte von Juden vor der Vernichtung retteten. Sie werden zu Recht als unerschrockene Helden gefeiert. Warum leisteten diese Menschen Hilfe und die meisten anderen nicht? Unsere alltagspsychologischen Erklärungen beschränken sich zumeist auf sogenannte Charaktereigenschaften, wie z. B. hohe moralische Verantwortung, Mut oder Altruismus. Die nachfolgend beschriebenen Untersuchungen zum Hilfeverhalten zeigen hingegen, dass diese Alltagserklärungen falsch sind. Schon die Fragestellung müsste anders lauten: Warum wird in einigen Notsituationen Hilfe geleistet und in anderen nicht?

Das Forschungsprogramm der beiden Sozialpsychologen Bibb Latané und John Darley (1970) gibt Antwort auf die Frage, unter welchen Bedingungen es wahrscheinlich ist, dass Hilfeleistungen unterlassen werden und welche Rolle die Interpretation des sozialen Kontexts spielt. Ausgangspunkt für ihr Forschungsprogramm war der Mord an Kitty Genovese, einer jungen New Yorkerin, die in der Nähe ihres Appartements umgebracht wurde. Obwohl vierzig Nachbarn ihre Hilfeschreie hörten und zum Teil den Mord aus ihren Appartements beobachteten, kam niemand zur Hilfe und niemand rief die Polizei. Für Außenstehende ist dieses Verhalten skandalös, denn jedermann ist davon überzeugt, dass er zumindest die Polizei angerufen hätte. Andererseits wissen wir, dass es in Notsituationen eine Reihe von Gründen geben kann, sich nicht einzumischen: Erstens ist es nicht ungefährlich, z. B. einen Ertrinkenden zu retten; zweitens kann man Ärger mit den Nachbarn und Gerichten bekommen, wenn man Eltern, die ihre Kinder misshandeln, bei der zuständigen Behörde anzeigt, und drittens macht man sich möglicherweise lächerlich, wenn man eine Situation als Notfall deutet, die sich als harmlos herausstellt. Angesichts dieser Barrieren ist es fast schon erstaunlich, dass überhaupt jemand Hilfe leistet.

Die meisten Notfallsituationen sind zweideutig. Ist die Nachbarsfrau wirklich bedroht oder handelt es sich nur um einen harmlosen Familienkrach? Ist der hilflose Stadtstreicher ernsthaft krank oder nur betrunken? Rühren die blauen Flecken beim Nachbarskind vom Fahrradsturz her oder sind sie durch Schläge entstanden? Immer stehen wir vor der Frage: Sollen wir uns einmischen oder nicht? Eine übliche Reaktion ist, zunächst einmal abzuwarten und zu beobachten, wie sich andere Zuschauer verhalten.

### 3.3.2 Der »bystander effect«

Was hemmt Zuschauer, bei einem Notfall einzuschreiten, selbst wenn keine Gefährdung für sie vorliegt? Latané und Darley (1970) sind dieser Frage mit Hilfe einer Reihe einfallsreicher Untersuchungen nachgegangen. In einer ihrer Studien füllten Studenten einen Fragebogen aus. Dabei befanden sie sich entweder allein oder zu zweit in einem Zimmer. Während sie den Fragebogen ausfüllten und dabei durch eine Einwegscheibe von den Untersuchern beobachtet wurden, drang plötzlich Rauch durch einen Ventilator in das Zimmer ein. 75 Prozent der Teilnehmer, die sich allein im Raum aufhielten, gaben einen Rauchalarm innerhalb von zwei Minuten. Im Gegensatz dazu gaben nur 13 Prozent der Studenten Rauchalarm innerhalb von sechs Minuten, wenn sie sich mit einem anderen Studenten im Raum befanden, obwohl der Rauch so dick wurde, dass er die Sicht behinderte und Hustenreiz auslöste. Interessant waren die Situationsdeutungen der passiven Probanden: »Ein Loch in der Klimaanlage«, »Chemielaboratorien im Gebäude«, aber niemand erwähnte »Feuer«. Diejenigen, die nicht alleine waren, definierten die Situation als ungefährlich.

Tritt dieser sogenannte *bystander effect* auch dann auf, wenn eine andere Person tatsächlich gefährdet ist und eigene Gefährdung im Falle von Hilfeleistung auszuschließen ist? In einer Untersuchung von Bibb Latané und Judith Rodin (1969) hören männliche Probanden, die einen Fragebogen ausfüllen, im Nachbarzimmer die Untersuchungsleiterin auf einen Stuhl steigen, um an ein Bücherregal zu gelangen. Plötzlich vernehmen sie, wie der Stuhl umkippt und die Untersuchungsleiterin zu Boden stürzt. Dann hören sie die Untersuchungsleiterin jammern: »Oh, mein Fuß ... Ich kann mich nicht bewegen ... .« Der ganze Vorfall dauert zwei Minuten. Nur ein Vorhang trennt die beiden Zimmer voneinander. Die Ergebnisse bestätigen die Befunde der Rauchstudie: 75 Prozent der Probanden, die allein in ihrem Zimmer waren, kamen der Untersuchungsleiterin zu Hilfe, während dies nur 40 Prozent der Probanden taten, die sich in Gesellschaft einer anderen Person befanden. Diejenigen, die keine Hilfe leisteten, deuteten die Situation nicht als Notfall: »Eine kleine Zerrung«, sagten einige, »Ich wollte sie nicht verlegen machen«, sagten andere als Entschuldigung für ihre Passivität. Die Gegenwart einer anderen Person führte gleichsam zu einer Lähmung.

### 3.3.3 Die Spannung zwischen Individuum und Gruppe oder: »Weshalb schreiten die anderen nicht ein?«

Zur Erklärung dieser Apathie führen Latané und Darley (1970) zwei Gründe an: 1. pluralistische Ignoranz und 2. Diffusion der Verantwortlichkeit. Beide Bedingungen illustrieren, wie individuelle Motivlagen der Zuschauer und äußere Situationseinflüsse in einem wechselseitigen Spannungsverhältnis stehen und infolgedessen Zuschauer passiv bleiben.

Nach Latané und Darley sind die Zuschauer unsicher über die Ernsthaftigkeit der Notfallsituation. Sie interpretieren nicht nur das Verhalten der anderen Zuschauer falsch, sondern auch die Gruppensituation. Dieses Phänomen wird als pluralistische Ignoranz bezeichnet. In einer solchen Situation (und in anderen Gruppensituationen) befinden sich die Zuschauer in einem Zustand der Ungewissheit und suchen nach Signalen, wie sie sich angemessen verhalten könnten. Sie ziehen dann drei fatale Schlussfolgerungen: 1. »Die anderen scheinen nicht so besorgt zu sein wie ich«, 2. »Es muss sich offenbar nicht um eine Notfallsituation handeln« und 3. »Es ist nicht notwendig, dass ich eingreife«. Im Zustand der pluralistischen Ignoranz interpretieren die Beteiligten ihr gegenseitiges Verhalten falsch und nehmen an, ihre falsche Interpretation sei richtig. Häufig glauben Menschen, sie stünden mit ihren Überzeugungen allein, aber in Wirklichkeit ist das nicht der Fall, weil – ihnen unbekannt – die Mehrheit möglicherweise ebenso denkt (s. auch Kap. 3 und 4). Diese gegenseitige Blockierung kann aufgehoben werden, wenn Einzelne diese Lähmung gleichsam aufbrechen, indem sie ausscheren und öffentlich eine andere Meinung oder ein anderes Verhalten an den Tag legen. Es braucht aber offenbar eine »Stimme der Unschuld« die, wie es in Hans Christian Andersens Märchen »Des Kaisers neue Kleider« heißt, das Schweigekartell auffliegen lässt. Vor einem ähnlichen Problem stehen Studierende in einer Vorlesung, wenn der Professor fragt: »Haben Sie noch Fragen?« und keiner der Anwesenden reagiert . . ..

Pluralistische Ignoranz kann, wenn sie über einen längeren Zeitraum andauert, zu einem falschen Normenverständnis (s. *falscher Konsensus*, Kap. 4) und zu einer Akzeptanz von Normen und Praktiken führen, die möglicherweise zunächst abgelehnt wurden (Miller & Prentice, 1994).

Potentielle Helfer definieren eine Notfallsituation häufig nicht als solche, wenn sich andere Umstehende nicht engagieren. Ein zweiter Prozess muss jedoch hinzutreten, damit aus potentiellen Helfern apathische Zuschauer werden. Im Fall der Kitty Genovese war die Notlage unzweifelhaft und die Fehlinterpretation der Situation kann nicht ohne weiteres erklären, weshalb die Nachbarn dem Opfer nicht zur Hilfe kamen. Wir müssen nach weiteren Gründen suchen. Hier stoßen wir auf einen Umstand, der für Kitty Genovese

## 3 Alltagspsychologie und die verkannte Macht der Situation

fatale Folgen hatte. Die Augenzeugen konnten zwar nicht in die Appartements der Nachbarn sehen, um festzustellen, ob diese etwas unternahmen, aber sie wussten, dass andere den Mord ebenso beobachteten, weil sie Licht und die Umrisse der Nachbarn sahen. Da jeder Beobachter wusste, dass auch andere zuschauten, fiel die Last der Verantwortung sozusagen auf viele Schultern und jeder war der Überzeugung, dass einer der anderen Zuschauer längst nach Hilfe gerufen habe. Was hier als Hemmschwelle wirkte, war die sogenannte Verantwortlichkeitsdiffusion.

Für die empirische Überprüfung dieser Hypothese haben Darley und Latané (1968) das Genovese-Drama in einer weiteren Untersuchung simuliert. In dieser Studie wurden Studenten gebeten, an einer Diskussion über persönliche Probleme im Unialltag teilzunehmen. Sie saßen in getrennten Untersuchungskabinen und kommunizierten untereinander mit Hilfe einer Sprechanlage. Jeder Teilnehmer sprach für zwei Minuten über seine Probleme. Die Stimmen der übrigen »Teilnehmer« an diesem Gespräch kamen von einem Tonband. Während der ersten Gesprächsrunde erwähnte einer der anderen »Teilnehmer«, dass er/sie gelegentlich unter epileptischen Anfällen leide. In der zweiten Runde hörte der »naive« Teilnehmer, wie ein anderer Teilnehmer einen Anfall erlitt und um Hilfe rief. Die Bezeichnung »naiv« bedeutet hier nicht etwa »kindlich« oder »einfältig«, sondern bezieht sich auf das Nichtwissen der Teilnehmer über die vorgenommene und notwendige Täuschung.

Es sei nochmals erwähnt, dass 1. die Situation eindeutig war, 2. der »naive« Teilnehmer nicht wusste, wie die vermeintlichen anderen Teilnehmer reagieren würden und 3. der »naive« Teilnehmer im Glauben war, der Untersuchungsleiter habe nichts von der Notlage mitbekommen. Von Interesse war, bei welcher Gruppenzusammensetzung die Teilnehmer ihre Kabinen verließen, um Hilfe zu holen und wie lange es dauerte, bis sie einschritten.

Die entscheidende Manipulation bestand in der angeblichen Größe der Diskussionsgruppe. Ein Teil der Teilnehmer glaubte, die Diskussionsgruppe bestünde nur aus zwei Personen – sie und das Opfer des Anfalls; ein anderer Teil glaubte, sich in einer Gruppe mit drei anderen Teilnehmern zu befinden und andere in einer Sechs-Personen-Gruppe. Wie Abb. 3.2 zeigt, sinkt mit zunehmender Gruppengröße die Bereitschaft, den »Anfall« zu melden. Von den Teilnehmern, die sich mit dem Opfer allein glaubten, suchten 85 Prozent nach Hilfe; desgleichen taten jedoch nur 62

Prozent jener Teilnehmer, die sich in einer Dreiergruppe glaubten und nur 31 Prozent der Teilnehmer, die sich angeblich in einer Sechsergruppe befanden. Die nachfolgende Befragung der »naiven« Teilnehmer ergab, dass alle den Notfall erkannt hatten und alle den Konflikt zwischen der Notwendigkeit helfenden Eingreifens einerseits und der möglichen Blamage wegen voreiligen Einschreitens andererseits verspürten. Die Ergebnisse widersprechen den alltagspsychologischen Vermutungen von der sozialen Apathie von Zuschauern in einer Notfallsituation. Als Hauptthemmnis erwies sich die Verteilung der Verantwortlichkeit durch die Gegenwart von anderen »Zuschauern«.

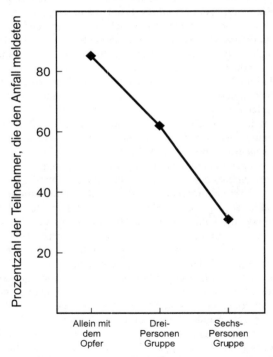

Abb. 3.2: Verantwortlichkeitsdiffusion: Die Anzahl der Teilnehmer, die den »Anfall« melden, sinkt mit der Gruppengröße (nach Darley & Latané, 1968).

### 3.3.4 Welche Rolle spielen Persönlichkeitseigenschaften beim Hilfeverhalten?

Um zu verstehen, weshalb Menschen in bestimmten Situationen Hilfe leisten und in anderen nicht, müssen wir wissen, wie die Situation von den Augenzeugen definiert wird und welche situativen Hemmnisse auf sie einwirken. Die Annahme, andere Umstehende würden eingreifen, stellt sich als Handlungshemmung dar. Aufgrund dieser falschen Zuschreibung (pluralistische Ignoranz) wird die Situation nicht als Notfall interpretiert und die Gefährdung als minimal eingeschätzt. Reicht diese Erklärungskette aus oder spielen nicht doch Persönlichkeitseigenschaften eine Rolle? Latané und Darley (1970) sind dieser Frage akribisch nachgegangen und haben untersucht, ob sich aus der Kenntnis einschlägiger Persönlichkeitseigenschaften der Probanden vorhersagen lässt, wer im Notfall hilft und wer nicht. Wenn unterlassenes Hilfeverhalten durch stabile Persönlichkeitseigenschaften wie z. B. soziale Apathie erklärt werden kann, müsste man erwarten, dass Menschen mit solchen Eigenschaften am wenigsten Hilfe leisten. Die Autoren legten den Teilnehmern ihrer Studien eine umfangreiche Testbatterie vor, so u. a. eine Skala zur Messung sozialer Verantwortung sowie Skalen zur Messung von Anomie oder sozialer Entfremdung. Mit keiner der von ihnen verwendeten Skalen konnte jedoch zuverlässig vorhergesagt werden, ob ein Teilnehmer intervenieren würde oder nicht. Keine der von ihnen postulierten Persönlichkeitseigenschaften korrelierte also signifikant mit Hilfeverhalten.

Für Sozialpsychologen ist der geringe Einfluss von Persönlichkeitsdispositionen bei Hilfeverhalten – im Nachhinein – nicht sehr überraschend. Im Anschluss an ihre Untersuchung befragten Latané und Darley ihre Probanden, ob die Gegenwart von anderen Personen sie bei ihren Entscheidungen beeinflusst habe. Sie erhielten immer die gleiche Antwort: Nein. Den Teilnehmern war nicht bewusst, inwieweit Situationsdefinition und Verantwortlichkeitsdiffusion ihr Verhalten beeinflussten.

In weiteren Untersuchungen über das mögliche Wissen um diese Faktoren beschrieben Latané und Darley (1970) ihre Untersuchungen mit anderen Personen, die nicht an den Studien teilgenommen hatten, und fragten sie, ob sie eingeschritten wären oder nicht. Dabei wurde für jeweils die Hälfte der »als-ob«-Teilnehmer die

Situation so beschrieben, als wären sie allein oder zusammen mit anderen Untersuchungsteilnehmern. Alle Zuhörer gaben an, dass sie in einer solchen Situation Hilfe leisten würden, unabhängig davon, ob sie allein oder mit anderen zusammen wären. Die Ergebnisse von Latané und Darley sind also kontraintuitiv, d. h. sie widersprechen unseren alltagspsychologischen Annahmen über solche Situationen. Sie zeigen, dass »als-ob«-Teilnehmer falsche Schlüsse über die Situationsdynamik ziehen. Dieser Befund bestätigt nochmals die Beobachtung, dass zwischen Verhaltensintentionen für hypothetische Situationen und dem tatsächlichen Verhalten in solchen Situationen markante Abweichungen auftreten können.

Die weiteren Implikationen dieser Untersuchungen sind augenfällig: Wir unterschätzen das Ausmaß der externen Situationskräfte auf unser Verhalten und schreiben Handelnden ein größeres Ausmaß an persönlicher Autonomie zu als sie tatsächlich besitzen. Damit soll nicht geleugnet werden, dass es Menschen gibt, die unter Einsatz ihres Lebens ungewöhnliche Hilfeleistungen vollbringen. Diese seltenen Beispiele von Altruismus dürfen uns jedoch nicht zu der Annahme verleiten, ausschließlich in Persönlichkeitsdispositionen eine adäquate Erklärung für derlei Verhalten zu finden. Es mag für unser Gewissen beruhigend sein anzunehmen, dass Menschen, die nicht helfen, charakterlich schwach seien, während wir von unseren eigenen Tugenden überzeugt sind. Um helfendes Verhalten zu fördern, ist es jedenfalls besser, Einsichten in die Situationsdynamik zu erlangen als weiter auf Tugenden zu setzen.

Unterlassene Hilfeleistung hat nicht nur moralische Implikationen, sondern auch rechtliche, denn nach dem deutschen Strafrecht kann eine derartige Unterlassung bestraft werden (nach dem amerikanischen Recht übrigens nicht). Hieraus ergibt sich ein Dilemma zwischen juristischen Normen einerseits und den empirischen Beobachtungen andererseits. Kann man jemanden persönlich verantwortlich machen für eine Unterlassung, die stärker von situativen Zwängen gesteuert wird als von individuellem Wollen oder Nichtwollen (Schwind et al., 1998)?

## 3.4 Dynamische vs. statische Handlungsinterpretation

Am Beispiel des Forschungsprogramms über die Gründe für unterlassene Hilfeleistungen von Latané und Darley (1970) konnte gezeigt werden, dass durch scheinbar minimale Kontextvariationen Beteiligte zu sehr unterschiedlichen Situationsinterpretationen gelangen, die von Außenstehenden kaum nachzuvollziehen sind. Nach dem Lewinschen Postulat des psychischen Spannungssystems beeinflussen ebenso die »inneren« Personenprozesse – wie unterschiedliche Bedürfnislagen und Zielorientierungen – die Interpretation der sozialen Umwelt. Nach Lewin (1951/1963) sind Person und Umwelt – wie erwähnt – durch Valenzen, die als Feldkräfte wirken, miteinander verknüpft. Valenzen beziehen sich auf Anziehungs- und Abstoßungskräfte, die durch innere Bedürfnisse und äußere Anreize eines Zielobjekts entstehen. Da eine positive Valenz auch immer ein Bedürfnis voraussetzt, aber nicht jedes Bedürfnis zu einem Zielobjekt führt, ist die unabhängige Wirkung eines Zielobjekts ohne positives Bedürfnis nicht möglich.

Die Existenz eines psychischen Bedürfnisses oder einer Intention erzeugt einen Spannungszustand in der Person. Dies führt gleichsam zu einer Bewegung auf die Zielregion hin und zu einem Denken über zielbezogene Aktivitäten. Dieser Zusammenhang soll exemplarisch an einem Forschungsprogramm des Sozialpsychologen Robert Wicklund (1986) illustriert werden, in dessen Zentrum die Frage steht, welche Begrifflichkeitsebenen Menschen wählen, um andere Menschen zu beschreiben oder deren Verhalten zu erklären.

Bei der Beschreibung oder Charakterisierung von anderen Menschen (und uns selbst) können wir auf ein großes Repertoire von Begriffen und Begriffsklassen zurückgreifen, die uns sozial-kulturell vermittelt worden sind. Zum Beispiel werden Arbeitslose nicht selten als arbeitsscheu, faul oder bequem beschrieben. Die Gründe für ihre Arbeitslosigkeit werden durch den Gebrauch von globalen Personenkategorien scheinbar gleich mitgeliefert. Man könnte Arbeitslose jedoch auch folgendermaßen charakterisieren: Sie sind arbeitslos, weil es nicht genügend Arbeitsplätze gibt oder weil sie falsch qualifiziert und aufgrund längerer Arbeitslosigkeit nur noch gering erfolgsmotiviert sind.

Im ersten Fall werden Eigenschaftsbegriffe als Erklärungen verwendet, die gleichwohl nur Scheinerklärungen sind, weil sie den Charakter von Zirkelschlüssen haben nach dem Muster: »Menschen haben eine bestimmte Charaktereigenschaft und sie verhalten sich entsprechend und sie verhalten sich so, weil sie eine bestimmte Charaktereigenschaft haben«. Mit dieser Art von Beschreibung ist eine realitätsangemessene Erklärung nicht möglich. Dies ist anders im zweiten Fall, bei dem versucht wird, das Verhalten einer Person aus den gegebenen Entstehungs- oder Kontextbedingungen abzuleiten, um damit auch die situativen Bedingungen oder historischen Umstände eines Handelns zu reflektieren, in die das Verhalten eingebettet ist. Die Verwendung von globalen Personenkategorien zur Verhaltensbeschreibung ist nach Wicklund und Braun (1987) Ausdruck eines statischen Denkens oder einer statischen Orientierung. Resultat einer statischen Orientierung ist die bevorzugte Charakterisierung eines Menschen mittels stabiler Persönlichkeitsmerkmale wie z. B. »faul«, »inkompetent«, aber auch die Beschreibung einer Person mit Hilfe von Symbolen oder äußeren Attributen wie »fährt Porsche« oder »trägt Anzüge von Boss«. Eine Beschreibung, die auf globale Personenkategorien verzichtet und stattdessen bevorzugt den Entstehungskontext einer Handlung oder einer Fähigkeit reflektiert, ist nach Wicklund und Braun (1987) Ausdruck einer dynamischen Orientierung.

Aus einer dynamischen Orientierung resultieren notwendig differenzierte, leistungsangemessene und situationsspezifische Erklärungen. Welche Bedingungen fördern nun eine statische Orientierung? Wicklund postuliert, wenn Menschen sich aufgrund von äußerem Druck oder von Erwartungen gehindert fühlen, ihre Ziele angemessen umzusetzen, dann begünstigt dies statisches Denken. In einem statischen Zustand fühlt die Person, dass sie etwas tun muss, aber am Handeln gehindert ist. Bei einer dynamischen Orientierung hingegen besteht zwischen Person und Umwelt eine gleichsam harmonische Passung zwischen Umweltanforderungen und ihrer Kompetenz. Dies ist dann der Fall, wenn sich die Person in einem selbst definierten Handlungszusammenhang kompetent fühlt oder wenn diesbezügliche Erwartungen der Umwelt für sie ohne Bedeutung sind. Äußere Bedrohung in einem für die Person wichtigen Kompetenzbereich führt zu einem Gefühl der Unsicherheit und des Kontrollverlustes, was nach

Wicklund das Denken in Form globaler Personenkategorien fördert.

Wicklund und seine Mitarbeiter haben eine Reihe einfallsreicher Studien durchgeführt, in denen Identitätsbedrohung eine zentrale Rolle spielt. Beispielsweise haben Wicklund und Braun (1987) in einer Untersuchung mit Studenten der Betriebswirtschaft, die erst in ihrem zweiten Studienjahr waren, zunächst danach gefragt, wie wichtig es für sie sei, später Manager zu werden oder ob sie sich gegebenenfalls auch mit einem anderen Beruf zufrieden geben würden. Aufgrund ihrer Antworten wurden sie entweder als fachlich hoch motiviert oder als fachlich niedrig motiviert eingruppiert. In der nachfolgenden Bedrohungsmanipulation wurde jeweils ein Teil der Studenten aus jeder Gruppe u. a. gefragt, wie viele wissenschaftliche Kongresse sie im letzten Jahr besucht hätten und wie umfangreich ihre Publikationsliste sei. Den Teilnehmern in der Kontrollgruppe wurde erspart, sich über solche beruflichen Leistungsstandards Gedanken zu machen. Wie reagierten die hochmotivierten »Möchtegernmanager« im Vergleich zu den niedrigmotivierten Teilnehmern auf solche Standards? Wenn die Teilnehmer nach dieser Bedrohungsmanipulation gefragt wurden, wie intensiv und häufig sie sich über die Eigenschaften eines Managers Gedanken machten, dann zeigten sich signifikante Unterschiede zwischen den hoch identitätsbedrohten Möchtegernmanagern und den nichtbedrohten Teilnehmern. Das plötzliche Bewusstwerden, dass die bisherigen Leistungen offenbar nicht an die professionellen Standards heranreichen, führte bei den in ihrer Zielorientierung bedrohten Studenten dazu, dass sie signifikant häufiger über die Eigenschaften eines Managers, wie beispielsweise sein gesellschaftliches Ansehen, nachdachten als die in ihrer Zielorientierung nicht bedrohten Teilnehmer, für die es keinen Unterschied machte, ob sie sich in ihrer Kompetenz bedroht fühlten oder nicht.

Wicklund und Braun (1987) konnten mit den Ergebnissen aus weiteren Studien die Hypothese belegen, dass Menschen, die sich in Bezug auf einen Leistungs- oder Handlungsbereich inkompetent oder bedroht fühlen, sich selbst und andere bevorzugt mittels stabiler Personenkategorien beschreiben. Menschen aber, die mit den Erwartungen ihrer Umwelt gut zurechtkommen, d. h. gleichsam eine harmonische Passung zwischen ihren selbst gesetzten Zielen und ihren Fähigkeiten erzielen, greifen in ihren Erklärungen weniger häufig auf globale Kategorien zurück, d. h. Arbeitslosigkeit wird nicht erklärt durch den Rückgriff auf globale Persönlichkeitskategorien, sondern sie wird verstanden als eine Folge von ökonomischen oder sozialen Bedingungen.

# Teil 2: Soziale Kognitionen

# 4 Soziale Wahrnehmung und die Verarbeitung sozialer Informationen

> »Meistens schauen wir nicht zuerst und definieren dann, wir definieren erst und schauen dann«.
> (Walter Lippmann 1964, S. 63).

## 4.1 Unsere wahrgenommene Welt ist eine konstruierte Welt

»Wie erkenne ich meine Welt« ist die zentrale Frage, die seit Jahrhunderten Philosophen beschäftigt. Die Art und Weise, wie wir unsere Welt wahrnehmen, sie interpretieren und in ihr handeln, wird in erster Linie bestimmt von unseren Sinnesorganen und den spezifischen Funktionen unseres Gedächtnisses. Ohne unsere Sinnesorgane hätten wir keinen Kontakt zur äußeren Welt. Die Untersuchung der Sinnesapparate und ihrer Wahrnehmungsleistungen ist Gegenstand der Forschungsinteressen von Physiologen und Wahrnehmungspsychologen. Sozialpsychologen richten ihr Interesse auf den sozialen Aspekt der Wahrnehmung. Sie untersuchen, wie der soziale Kontext und spezifische Vorerfahrungen die soziale Wahrnehmung beeinflussen.

Bei der Wahrnehmung unserer Welt stehen wir zunächst vor einem Paradoxon. Einerseits erfahren wir sie als unmittelbar gegeben, und zwar so, als würden wir die äußeren Eindrücke gleichsam wie eine Filmkamera abbilden. Andererseits zeigt eine kurze Überlegung, dass diese Erfahrung der Unmittelbarkeit nicht stimmen kann. Würden wir beispielsweise alle Reize, die auf uns einwirken, wie eine Kamera passiv registrieren, dann wären unsere Erfahrungen ziemlich ungeordnet. Während Sie dieses Buch lesen, richten Sie Ihre Aufmerksamkeit fast ausschließlich auf den Inhalt, und Sie nehmen beispielsweise den Druck Ihrer Kleidung und die Sie umgebenden Geräusche nicht wahr. Wir sind uns immer nur eines Teils der Reize bewusst, die uns umgeben und wählen zur weiteren Verarbeitung diejenigen aus, die im Augenblick wichtig zu sein scheinen. Wie aber treffen wir diese Auswahl? Bei der Beantwortung dieser Frage werden wir weiter erkennen, dass wir die auf unsere Sinnesorgane einwirkenden Reize nicht passiv registrieren, sondern dass wir bestimmte Reize auswählen und sie in einer typischen Art und Weise verarbeiten. Die Welt, wie wir sie wahrnehmen, ist uns nicht einfach so vorgegeben, sondern die Art und Weise, wie wir sie wahrnehmen, wird erst durch die Funktionsweise unserer Sinnesorgane und durch unsere Erfahrung mit der Welt bestimmt. Die wahrgenommene Welt ist gleichsam eine konstruierte und interpretierte Welt. Alltägliche Beobachtungen zeigen, dass derselbe Hergang, wie beispielsweise ein Verkehrsunfall, von den Beteiligten sehr unterschiedlich wahrgenommen und interpretiert werden kann und sie zu unterschiedlichen Reaktionen veranlasst. Wie schon im vorangegangenen Kapitel über die Perspektive des sozialpsychologischen Situationismus dargelegt wurde, müssen wir von der Prämisse ausgehen, dass nicht die objektiven Stimulusbedingungen unser Handeln bestimmen, sondern die subjektive Interpretation der Stimulussituation.

»Wenn Menschen Situationen als real definieren, dann sind sie real in ihren Konsequenzen«, so lautet das berühmte Diktum der Sozialpsychologen William Thomas und Dorothy Thomas (1928, S. 73). So wie die Welt uns subjektiv erscheint oder phänomenal gegeben ist, so wird sie von uns gedeutet. Schon aus den Untersuchungen zu optisch-geometrischen Wahrnehmungstäuschungen und aus den Ergebnissen der Gestaltpsychologie wissen wir, dass es keine notwendige Eins-zu-Eins-Beziehung zwischen dem physikalischen Stimulus und der Welt der Wahrnehmung gibt. Menschen versuchen beispielsweise, aus unverbundenen Strichen sinnvolle Gestalten wahrzunehmen, und mehrere gegen einen Menschen gerichtete Faustbewegungen werden nicht als eine Reihe von Einzelbewegungen wahrgenommen, sondern als feindseliges Verhalten interpretiert. Die Interpretation einer Situation beruht auf den

Stimulusgegebenheiten und Vorerfahrungen, Zielen und Absichten, die wir gleichsam in die Situation hineintragen. Die Ereignisse um uns herum wären irrelevant, wenn wir nicht in zielgerichteter Weise auf sie bezogen wären.

## 4.2 Begrenzungen und Verzerrungen der sozialen Wahrnehmung

Im Zentrum des Interesses von Psychologen und Sozialpsychologen steht seit Jahren die Erforschung der kognitiven Prozesse. Gegenstand der sozialen Kognitionsforschung ist die Analyse der mentalen Konstruktionsprozesse, mit deren Hilfe Menschen die Welt verstehen und ihren Prozessen Sinn zuschreiben. Es hat sich eingebürgert, diese Funktionen und Prozesse unter der Metapher der Informationsverarbeitung zu subsumieren. Nicht selten wird versucht, die Prozesse der menschlichen Informationsverarbeitung in Analogie zur Funktionsweise eines Computers zu beschreiben. Dieses Bild ist schon aufgrund des vorher Gesagten falsch oder zumindest irreführend.

Wir wollen uns im nachfolgenden Kapitel mit einigen wichtigen Erkenntnissen der sozialen Kognitionsforschung beschäftigen. Sie nimmt heute einen zentralen Platz in der Sozialpsychologie ein und wird häufig unter der Überschrift *Soziale Kognitionen (social cognition)* behandelt. In einem weiteren Sinne schließt Soziale Kognition auch die Untersuchung des Zusammenspiels von Kognitionen, Motivationen und Affekten ein. Dabei werden wir auf Befunde stoßen, die überraschend oder sogar paradox sind, weil sie unseren Alltagserfahrungen widersprechen. Und es ist gerade dieser Widerspruch zwischen alltagspsychologischer Erfahrung und wissenschaftlichen Befunden, der Sozialpsychologen reizt und selbst zum Gegenstand sozialpsychologischer Forschung geworden ist.

Vorwegnehmend sollen zwei zentrale Erkenntnisse der sozialen Kognitionsforschung erwähnt werden: 1. Unsere Wahrnehmung ist begrenzt und sie ist 2. Ergebnis eines Konstruktionsprozesses. Einerseits können Menschen angesichts ihrer begrenzten Kapazität zur Verarbeitung von Informationen sich nur mit einem sehr kleinen Ausschnitt ihrer komplexen Umwelt auseinandersetzen, sie sind aber andererseits in einem erstaunlichen Maße fähig, den vielfältigen Erfordernissen ihrer sozialen Umwelt nachzukommen. Das heißt, Menschen entwickeln je nach den Erfordernissen ihrer Umwelt erstaunliche Fähigkeiten, die sie zu hohen kreativen Schöpfungen beispielsweise in Kunst und Wissenschaft beflügeln. Beispielsweise sind Menschen in der Lage, beim Schachspiel äußerst komplizierte Strategien zu entwickeln, andererseits aber zeigen alltägliche und wissenschaftliche Beobachtungen die Begrenzungen und Fehler menschlicher Informationsverarbeitung mit ihren trivialen, aber auch schwerwiegenden Konsequenzen. Aus unserer subjektiven und häufig fehlerhaften Interpretation sozialer Ereignisse entstehen Missverständnisse, Konflikte und Katastrophen. So leben die Dramen Shakespeares im Grunde von den fehlerhaften Interpretationen der Akteure, dass etwas wahr sei, was in Wirklichkeit nicht der Fall ist. Romeo nimmt Gift, weil er irrtümlicherweise geglaubt hatte, dass Julia sich vergiftet hat. Beispiele aus dem Alltagsleben ließen sich zu Hunderten finden.

Menschliches Denken und Handeln bewegt sich innerhalb dieser Begrenzungen. Die Aufgabe der Psychologie ist die Untersuchung dieser Fähigkeiten, die einerseits an vorgegebene, starre biologische Strukturen gebunden sind, die aber andererseits eine erstaunliche Flexibilität aufweisen, um vorgegebene Aufgaben oder Situationen kreativ zu bewältigen. Warum Menschen ihre Welt so und nicht anders wahrnehmen, ergibt sich somit aus den Begrenzungen der kognitiven Kapazität einerseits und den Strukturen psychosozialer Kontexte andererseits. Wir werden uns in den folgenden Abschnitten mit dem Phänomen der Wahrnehmungsselektivität beschäftigen und darlegen, wie Menschen aufgrund ihrer Vorerfahrungen identische Ereignisse unterschiedlich interpretieren.

Zur Erfahrung einer sinnvollen Welt gehört die Fähigkeit, dem Chaos von potentiell verfügbaren Informationen Struktur und Stabilität zu verleihen. In anderen Worten, Beobachter müssen externe Stimuli und eigene Erfahrungen so verarbeiten, dass sie sinnvoll aufeinander bezogen sind (DeGrandpre, 2000). Das bedeutet u. a., dass Beobachter aus scheinbar disparaten und begrenzten externen Informationen auf Zusammenhänge schließen, die aufgrund von vorhandenen Informationen nicht notwendig logisch begründbar sind. Darauf aufbauend entwickeln Menschen Hypothesen über mögliche verursachende Bedingungen, die sie allerdings nur

## 4 Soziale Wahrnehmung u. Verarbeitung sozialer Informationen

erschließen können, und treffen Vorhersagen über zukünftige Ereignisse. Es geht also um die Frage, weshalb unsere subjektive Wahrnehmung die externen Gegebenheiten nicht so abbildet, wie sie (möglicherweise) sind. Die nachfolgenden Untersuchungen zeigen, dass die »äußere Realität« bzw. dieselben Stimulusbedingungen von verschiedenen Beobachtern unterschiedlich wahrgenommen werden. Unsere Wahrnehmung reflektiert also immer nur einen ausgewählten Ausschnitt der »äußeren Realität«.

Eine Reihe von Theoretikern führt die Gründe von Wahrnehmungsfehlern und -verzerrungen auf die begrenzte Informationsverarbeitungskapazität des kognitiven Systems zurück. Hier sind vor allem die Arbeiten von George Miller (1956) und Herbert Simon (1983) zu nennen. Miller zeigte u. a., dass Menschen in ihrem Kurzzeitgedächtnis nicht mehr als »7 plus 2 oder minus 2« Informationsstücke oder Kognitionen (»chunks«) gleichzeitig präsent halten können. Diese Form der kognitiven Begrenztheit hat er mit dem Slogan »The magical number seven, plus or minus two« berühmt gemacht. Darüber hinausgehende Informationen werden ausgeblendet oder verzerrt wahrgenommen.

Simon (1983) argumentierte, dass Menschen aufgrund ihrer begrenzten kognitiven Kapazität bei komplexen Entscheidungen nur begrenzt rationale Ergebnisse erzielen können. Menschen benutzen vereinfachende Entscheidungsstrategien, die von optimalen Entscheidungsstrategien systematisch abweichen. Im Vergleich zu normativ-rationalen Entscheidungsstrategien, die ein rationaler Akteur verwenden würde, sind die empirisch vorfindbaren Entscheidungen suboptimal bzw. allenfalls befriedigend. Eine befriedigende Entscheidung berücksichtigt die wichtigsten Bedürfnisse, auch wenn die getroffene Wahl nicht optimal ist. Wenn z. B. jemand ein Appartement mietet, dann hält er nach verschiedenen Alternativen Ausschau, die bestimmte Erwartungen erfüllen sollen (Preis, Größe, Lage etc.). Menschen schauen sich nicht endlich viele Appartements an, um alle Faktoren abzuwägen, sondern entscheiden sich an einem bestimmten Zeitpunkt für ein Appartement mit einem befriedigend hohen Gesamtnutzen. Simon erhielt 1978 den Nobelpreis für Ökonomie, weil er gezeigt hatte, dass Menschen aufgrund ihrer begrenzten Rationalität Entscheidungen treffen, die nach dem Modell des homo oeconomicus nicht rational, sehr wohl aber befriedigend für den Entscheidungsträger sind.

Obwohl Simons Modell der begrenzten Rationalität einen großen heuristischen Wert hat und uns zu verstehen hilft, weshalb wir die Welt so wahrnehmen wie sie angesichts unserer mentalen Begrenztheit erscheint, so erklärt dieses Modell jedoch nicht die zugrunde liegenden mentalen Prozesse. In den nächsten Abschnitten wird deutlich gemacht, wie unterschiedliche Stimuli bzw. Kontextbedingungen die Aktivierung von spezifischen Entscheidungs- und Schlussfolgerungsprozessen auslösen.

### 4.2.1 Das Phänomen des Ersteindrucks

Das Repertoire alltagspsychologischen Wissens besteht nicht nur aus aktuellen Erfahrungen über einen realen Sachverhalt, sondern ist auch angereichert mit alltagspsychologischen Annahmen, die mit dem realen Sachverhalt nichts zu tun haben. Wenn wir beispielsweise der Überzeugung sind, dass höfliche Menschen eher warmherzig und unhöfliche eher kalt sind, dann erwarten wir von höflichen Menschen möglicherweise mehr Hilfe als von unhöflichen. Alltagspsychologische Theorien enthalten Annahmen über die Verknüpfung von Eigenschaften mit anderen Eigenschaften oder Objekten. Wie unsere subjektive Interpretation von vorgegebenen Persönlichkeitseigenschaften bestimmt wird, soll folgende klassische Untersuchung verdeutlichen. Harold Kelley (1950) konnte zeigen, dass minimale Veränderungen der Stimulussituation zu dramatischen Unterschieden in der Interpretation eines beobachteten Sachverhaltes führen können.

Kelley kündigte Studenten die Vorlesung eines Gastdozenten an. Um sie auf den Besucher vorzubereiten, erhielten sie eine kurze Beschreibung seiner Person. Der Hälfte der Studenten wurde folgende Information gegeben: »Er sei 26 Jahre alt, Kriegsveteran und verheiratet. Er werde von seinen Bekannten als ziemlich kalt, fleißig, kritisch, praktisch und entschlossen eingeschätzt.« Die andere Hälfte der Studenten bekam dieselbe Persönlichkeitsbeschreibung – allerdings mit einem kleinen Unterschied: Statt »ziemlich kalt« wurde ihnen die Charakterisierung »sehr warmherzig« genannt. Daraufhin kam der Dozent in den Raum und leitete eine 20-minütige Diskussion. Anschließend wurden die Studenten gebeten, ihre Eindrücke über ihn niederzuschreiben. Obwohl sie alle denselben Mann gesehen und gehört hatten, beschrieben sie ihn in sehr unterschiedlicher Weise. Die »kalte« Gruppe empfand ihn im Vergleich zur »warmherzigen« Gruppe signifikant stärker selbstzentriert, formaler, unsozialer, unpopulärer, irritierbarer, humorloser, rücksichtsloser (s. Abb. 4.1). Noch erstaunlicher aber war das Verhalten der Studenten gegenüber diesem Dozenten. Von der Gruppe, die einen »warmherzigen« Dozenten vor sich hatte, nahmen 56 Prozent an der anschließenden Diskussion teil, während nur 32 Prozent der »kalt«-Gruppe mit ihm diskutierten. Die Erwartung einer warmherzigen Person erzeugte also nicht nur einen positiveren Gesamteindruck, sondern führte auch zu einer intensiveren sozialen Interaktion mit ihr.

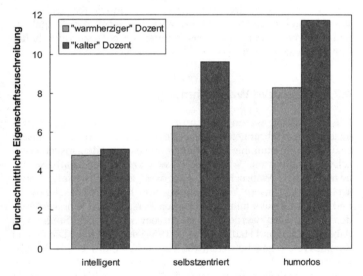

Abb. 4.1: Die zugeschriebenen Eigenschaften für den »warmherzigen« bzw. »kalten« Dozenten (nach Kelley, 1950).

Diese Untersuchung macht deutlich, dass die Einschätzungen von anderen Personen nicht nur von äußeren Merkmalen abhängen, sondern auch von alltagspsychologisch »impliziten« Annahmen beeinflusst werden, die das nachfolgende Verhalten beeinflussen können. Alltagspsychologische Annahmen basieren auf einem

Netz von sogenannten »impliziten Persönlichkeitstheorien« oder impliziten Hypothesen über vermutete Korrelationen zwischen Persönlichkeitseigenschaften. Alltagspsychologische Erklärungen gehen häufig über die vorgegebenen Informationen hinaus und verleiten zu Schlussfolgerungen über Eigenschaften, die sich im Verhalten objektiv nicht manifestieren. So werden intelligenten Menschen auch häufig andere Eigenschaften wie z. B. Kompetenz und Effizienz zugeschrieben. Zentrale Eigenschaften können, wie in der Studie von Kelley (1950) gezeigt wurde, auf andere Eigenschaften gleichsam ausstrahlen. Man spricht dann von einem *halo effect*. So werden beispielsweise äußerlich attraktive Menschen häufig auch als intelligent eingeschätzt und gering attraktive als weniger intelligent. Der *halo effect* ist ziemlich resistent, denn selbst wenn Probanden über seine Wirkungsweise zuvor aufgeklärt und gewarnt worden waren, verteidigten sie noch ziemlich heftig ihre »Beobachtungen« (Wetzel, Wilson & Kort, 1981).

## 4.2.2 Selektive Wahrnehmung

Die meisten Menschen werden der Behauptung zustimmen, dass unsere Vorerfahrungen, Einstellungen und Vorurteile unsere soziale Wahrnehmung beeinflussen. Dies ist alltagspsychologisches Grundwissen. Wie stark diese verzerrenden Einflüsse auf unsere soziale Wahrnehmung sind, wird allerdings häufig unterschätzt. Dass unsere Wahrnehmung von Ereignissen selektiv ist und Ereignisse aus unterschiedlichen Perspektiven sehr verschieden interpretiert werden, wurde in der klassischen Studie von Albert Hastorf und Hadley Cantril (1954) demonstriert. Die beiden Sozialpsychologen befragten die Zuschauer eines Footballspiels, das zwischen den Mannschaften der benachbarten Universitäten Princeton und Dartmouth stattgefunden hatte. Aufgrund traditioneller Rivalitäten zwischen den beiden Universitäten und der Wichtigkeit des Spiels waren die Erwartungen auf beiden Seiten hoch gespannt und von entsprechend starken Emotionen begleitet. Das Spiel war, wie nicht anders zu erwarten, ziemlich rau, und die Parteigänger auf beiden Seiten beschuldigten die Spieler der jeweils gegnerischen Mannschaft unfairer Tricks und Fouls. Auch die jeweiligen Universitätszeitungen schienen nicht dasselbe Spiel gesehen zu haben, denn sie berichteten in völlig unterschied-

Hans-Werner Bierhoff/Michael Jürgen Herner

# Begriffswörterbuch Sozialpsychologie

2002. XI, 333 Seiten. Kart.
€ 28,–
ISBN 3-17-016982-3

Dieses Wörterbuch berücksichtigt neben häufig verwendeten Begriffen der Sozialpsychologie auch eine Behandlung ihrer wichtigsten Theorien, Modelle und Hypothesen. Ein enges Bezugssystem und eine hohe Verweisdichte zwischen den verwendeten Begriffen und Theorien ermöglichen den Benutzern, selbstständig ein umfangreiches Wissen herzuleiten. Zahlreiche Beispiele verdeutlichen die Stichworte, die ebenfalls Bereiche der Klinischen Psychologie, der Motivations- und Organisationspsychologie berücksichtigen. Ein umfangreiches Literaturverzeichnis macht dieses Wörterbuch zu einer wertvollen Arbeitshilfe der grundlagenbezogenen und angewandten Sozialpsychologie.

„Was ist schon wieder genau der Sleeper-Effekt, die Effektanz-Motivation, die Rekognitions-Heuristik oder die Tit-for-Tat-Strategie? Wer in der sozialpsychologischen Fachsprache nicht ganz sattelfest ist, kann hier rasch rund tausend solcher Begriffe nachschlagen. [...] Eine Stärke dieses Nachschlagewerkes liegt darin, dass bei vielen Stichwörtern Alltagssituationen veranschaulichen, was gemeint ist. Durchwegs ist immer auch die englische Übersetzung angegeben (bzw. der englische Originalausdruck)."

*Swiss Journal of Psychology*

*Prof. Dr.*
**Hans-Werner Bierhoff**
ist Leiter der Abteilung Sozialpsychologie an der Fakultät für Psychologie der Ruhr-Universität Bochum.

*Dipl.-Psych.*
**Michael Jürgen Herner**
ist als selbstständiger Psychologischer Psychotherapeut und Organisationsberater in Duisburg tätig.

## 4 Soziale Wahrnehmung u. Verarbeitung sozialer Informationen

licher Weise vom Spielverlauf. Aufgrund dieser Beobachtung zeigten Hastorf und Cantril (1954) kurz darauf – jeder in seiner Universität – studentischen Zuschauern einen Film über das Spiel. Die Studenten wurden gebeten, die Rolle eines objektiven Beobachters einzunehmen, jede Regelverletzung zu notieren und festzustellen, wer dafür verantwortlich war. Obwohl die Studenten zu objektiver Beurteilung verpflichtet worden waren, notierten sie beim jeweils anderen Universitätsteam mehr Regelübertretungen und Fouls als beim eigenen Team. Der objektiv identische Sachverhalt wurde durch die subjektive Brille der jeweiligen Beobachter gefärbt.

Warum wurde das Spiel von den beiden Parteien so unterschiedlich wahrgenommen? Eine plausible Alltagserklärung haben wir sogleich bei der Hand: Zuschauer z. B. bei Fußballspielen sind meistens parteiisch. Sie wollen »ihre« Mannschaft gewinnen sehen und spornen diejenige Mannschaft an, mit der sie sich identifizieren. Wenn ihre Mannschaft gewonnen hat, dann bestärkt dies das Selbstwertgefühl, und nicht selten fallen ganze Nationen in einen Freudentaumel. So gesehen ist die parteiische Wahrnehmung motiviert durch das Bedürfnis, sich mit dem Sieger zu identifizieren, um so am Erfolg auf indirekte Weise teilzuhaben.

Sind also die Studenten von Princeton aufgrund ihrer Motivation blind gegenüber den Fouls der eigenen Mannschaft und umgekehrt die Dartmouth Studenten ebenso? So gesehen wären die verzerrten Wahrnehmungen aus dem Bedürfnis nach Selbstwertstabilisierung oder gar Selbstwerterhöhung motiviert. Wir sprechen hier von motivational bedingter Verzerrung bei der Informationsverarbeitung. Wir »wollen« die Dinge so sehen, dass sie für unseren Selbstwert günstig sind, und negative Aspekte ausblenden oder ignorieren, sobald sie unseren Selbstwert gefährden.

Diese an sich plausible Hypothese von der selbstwertdienlichen Verzerrung wird nicht von allen Sozialpsychologen geteilt. Lee Ross und Richard Nisbett (1991) behaupten, dass Erklärungen von Verzerrungen durch den Bezug auf die Motivation von Akteuren häufig nicht mehr als plausible Scheinbegründungen sind. Nach ihrer Ansicht liegen die Ursachen für Verzerrungen eher in der Art und Weise, wie Informationen wahrgenommen und verarbeitet werden. Sie argumentieren, dass solche Faktoren wie z. B. selektive Aufmerksamkeit, ungleiche Vorerfahrungen oder unterschiedliches Wissen über den Sachverhalt den Prozess der Informationsverarbeitung beeinflussen.

Wir haben es hier mit zwei kontroversen Positionen zu tun, die in vielfältiger Weise die sozialpsychologische Theorienbildung beeinflussen (Tetlock & Levi, 1982). Die *kognitive* Position, welche die Ursache der Verzerrung im Prozess der Informationsaufnahme und Verarbeitung postuliert, soll an einer Untersuchung demonstriert werden, die Ross und seine Kollegen durchgeführt haben.

Wenn es so ist, dass Zuschauer nicht in der Lage sind, einen Sachverhalt aufgrund vorgefasster Meinungen objektiv zu beurteilen, dann muss man sich fragen, ob Medien in den Augen von engagierten Zuschauern überhaupt als neutral wahrgenommen werden? Sind nicht viele Menschen davon überzeugt, dass Medien häufig parteiisch sind? Lesen wir nicht diejenige Tageszeitung, die von vornherein unserer politischen Einstellung entspricht? Ein Konservativer hat vermutlich keine liberale Zeitung abonniert, und ein liberal Denkender liest vermutlich keine konservative Tageszeitung. So wurde auch die Einführung des sogenannten Privatfernsehens u. a. damit begründet, dass die Öffentlichkeit ein Recht auf Meinungsvielfalt habe. Gedacht ist dabei an einen unvoreingenommenen und interessierten Zuschauer, der sich seine Informationen aus den unterschiedlichsten Nachrichtenquellen holt und sich dann seine Meinung bildet. Gibt es überhaupt diesen Zuschauertypus, oder ist dieses Argument nur eine Rechtfertigung für die Kommerzialisierung des Fernsehens?

Dreißig Jahre nach der Veröffentlichung der Untersuchung von Hastorf und Cantril (1954) sind Robert Vallone, Lee Ross und Mark Lepper (1985) der Frage nachgegangen, ob ein »unparteiisches Fernsehen« überhaupt möglich und ob der informationshungrige neutrale Zuschauer eine Fiktion sei. Sie untersuchten auch die Frage, ob das Fernsehen möglicherweise zur Festigung bestehender Vorurteile beiträgt.

Ausgangspunkt ihrer Überlegungen waren die bekannten Klagen, dass das Fernsehen bei kontroversen Themen nicht objektiv berichte, sondern viel mehr Aufmerksamkeit der gegnerischen Seite widme. In ihrer Untersuchung haben Vallone et al. (1985) studentischen Zuschauern einen Videofilm gezeigt, der aus Fragmenten von Fernsehnachrichten verschiedener Kanäle über ein Massaker aus dem Libanonkrieg zusammengesetzt war. Die Zuschauer bestanden aus zwei Gruppen von Studenten, die unterschiedliche Standpunkte zur Nahostpolitik einnahmen. Die Zuschauer waren Studenten, die entweder »pro-arabische« oder

»pro-israelische« Einstellungen hatten. Beide Gruppen schienen unterschiedliche Videofilme gesehen zu haben. Die Mitglieder der jeweiligen Gruppen gaben nach der Vorführung an, dass die Berichterstattung die jeweils andere Seite positiv darstelle, die eigene Seite hingegen negativ. Pro-arabische Studenten waren der Meinung, dass die Filmausschnitte einen pro-israelischen Charakter, und die pro-israelischen Studenten glaubten, dass die Filmausschnitte einen pro-arabischen Charakter hätten. Darüber hinaus wiesen Vallone et al. (1985) nach, dass diese Unterschiede nicht nur unterschiedliche Einstellungen zu dem Sachverhalt spiegelten, sondern auch Unterschiede in der Wahrnehmung. Zum Beispiel unterschieden sich die pro-arabischen und die pro-israelischen Studenten u. a. dahingehend, wie häufig in ihrer Erinnerung die israelische Seite positiv bzw. negativ erwähnt wurde. Im Durchschnitt berichteten die pro-arabischen Studenten, dass für Israel 42 Prozent der Anmerkungen positiv und nur 26 Prozent negativ waren, während die pro-israelischen Studenten glaubten, sich daran zu erinnern, dass in Bezug auf Israel 57 Prozent der Erwähnungen negativ und nur 16 Prozent positiv waren. Beide Gruppen waren darüber hinaus überzeugt, dass die Art der Darstellung sogar neutrale Zuschauer für die jeweils andere Seite einnehmen könnte.

In ihrer theoretischen Analyse führen die Autoren die Wahrnehmungsverzerrung auf bekannte kognitive Assimilations- bzw. Polarisationsphänomene zurück, d. h. jede Gruppe akzeptiert oder assimiliert spontan und ungeprüft Sachverhalte, die ihre Position untermauern, unterzieht aber gegenteilige Meinungen einer gründlichen Nachprüfung.

Diese Studie ergänzt die Untersuchung von Hastorf und Cantril (1954) insofern, als Vallone et al. (1985) zeigten, dass Medien als parteiisch gelten, wenn sie auf fest gefügte Meinungen treffen und diesen nicht entsprechen. Nach diesen Ergebnissen muss man sich fragen, ob das Fernsehen bei der Behandlung kontroverser Themen überhaupt die Rolle eines unparteiischen Mediums spielen kann.

### 4.2.3 Was ich mache, machen doch alle – der falsche Konsensuseffekt

Wie Menschen ihre Welt wahrnehmen, hängt auch davon ab, was sie für richtig halten, insbesondere dann, wenn ihnen Informationen darüber fehlen, was in einer Situation angemessen oder richtig ist. In solchen Situationen nehmen sie ihr eigenes Verhalten als Maßstab und vermuten, dass andere sich ähnlich verhalten würden. Diese Wahrnehmungsverzerrung wurde von Lee Ross, David Greene und Pamela House (1976) falscher Konsensuseffekt genannt. In ihrer Studie wurden Studenten in einer angeblichen Untersuchung über Kommunikationstechniken gefragt, ob sie bereit wären, mit einer Reklametafel über den Campus der Universität zu laufen, welche die Aufschrift trug »Eat at Joe's«. Den Studenten wurde klar gemacht, dass sie dieser Bitte zustimmen oder sie auch ablehnen konnten. Dann wurden sie gebeten anzugeben, ob sie der Bitte nachkommen oder nicht, ferner zu schätzen, inwieweit andere Studenten ihrer Universität der Bitte nachkommen würden und einige Persönlichkeitscharakteristika sowohl derjenigen Studenten einzuschätzen, welche die Reklametafeln herumtrugen als auch derer, die der Bitte nicht nachkommen wollten.

Wie Tab. 4.1 zeigt, glauben diejenigen Teilnehmer, die bereit waren, die Reklametafeln herumzutragen, dass dies eine Mehrheit auch tun würde, während diejenigen, die ablehnten, davon überzeugt waren, dass auch eine Mehrheit dies ablehnen würde. Weil die Teilnehmer glaubten, dass ihre Entscheidung normal und üblich war, müssten andere, die nicht so entschieden hatten, irgendwie »anders« sein. Dies zeigte sich in den Einschätzungen. Den Studenten, die jeweils anders entschieden als sie selbst, wurden extremere Eigenschaften zugeschrieben, die sie signifikant vom Durchschnittsstudenten ihrer Universität unterschieden.

Der falsche Konsensuseffekt ist ein weiteres Beispiel dafür, dass bestimmte soziale Kontexte spezifische Interpretationen fördern. Da den Beteiligten dies nicht bewusst ist, wissen sie auch nicht, dass andere Beteiligte aufgrund ihrer Position dieselbe Situation anders konstruieren.

Wie u. a. in Kapitel 3 erwähnt, ist pluralistische Ignoranz ein Zustand, in dem Gruppenmitglieder glauben, sie stünden mit ihren Überzeugungen oder Verhaltensweisen allein, doch denkt jedes Gruppenmitglied ebenso, ohne dass alle übrigen Mitglieder davon Kenntnis haben. Dies geschieht besonders dann, wenn wir unsicher sind und ein entsprechendes Gefühl bei anderen nicht zu entdecken vermögen. Die falsche Konsensusverzerrung hingegen besagt, dass der Akteur eigenes Verhalten als Informationsquelle heranzieht und er annimmt, dass viele andere ebenso handeln werden wie er.

Tab. 4.1: Falscher Konsensus (nach Ross, Greene & House, 1977, Studie 3).

| Eigene Entscheidung | Geschätzter Prozentsatz von Teilnehmern, welche | | Eigenschaftsschätzung von Teilnehmern, welche | |
|---|---|---|---|---|
| | die Tafel tragen würden | die Tafel nicht tragen würden | die Tafel tragen würden[a] | die Tafel nicht tragen würden[a] |
| Tafel tragen (52 %) | 61, 4 | 8,2 | 133,3 | 132,6 |
| Tafel nicht tragen (48 %) | 30,4 | 69,6 | 169,6 | 109,2 |

a) Je größer die Zahl, umso stärker ist die Vermutung, dass die beurteilte Person von einer gedachten Durchschnittsperson abweicht.

Beispiel: »Die Person, die sich geweigert hat die Reklametafel zu tragen, liebt Konversation.«

| −50 | −40 | −30 | −20 | −10 | 0 | +10 | +20 | +30 | +40 | +50 |
|---|---|---|---|---|---|---|---|---|---|---|
| s. viel weniger als Durchschnitt | | | | | Durchschnitt | | | | | sehr viel mehr als Durchschnitt |

Es ist wichtig zu betonen, dass dies nur scheinbar widersprüchliche Vorhersagen sind und beide Phänomene gleichzeitig auftreten können. Falscher Konsensus ist ein relativer Effekt; auf der Basis des eigenen Verhaltens wird das Ausmaß von Übereinstimmung mit anderen überschätzt. Pluralistische Ignoranz ist ein absoluter Effekt, weil die Akteure annehmen, dass ihre Einstellungen oder Gefühle von anderen nicht geteilt werden. Wenn im Zustand der pluralistischen Ignoranz der Gruppendruck nicht aufgebrochen wird, dann besteht die Gefahr, dass sich die Gruppenmitglieder den scheinbar gültigen Normen annähern und das eintritt, was die Mehrheit möglicherweise nicht gewollt hat, oder dass es zu einer Entfremdung der Gruppenmitglieder kommt.

Bedeuten diese Befunde, dass wir als Einzelne keinen Zugang zu den Einstellungen, Verhaltensweisen und Wertvorstellungen von anderen haben? Die Studien zum falschen Konsensus und zur pluralistischen Ignoranz zeigen menschliche Wahrnehmungsverzerrungen auf. Sie zeigen nicht, dass wir gänzlich unfähig wären, die Welt so wahrzunehmen wie sie ist, oder dass Menschen ihre Welt überwiegend idiosynkratisch interpretieren. Diese Einschränkung gilt auch für das Phänomen, auf das im nächsten Abschnitt eingegangen wird.

### 4.2.4 Der naive Realismus

Die Tragik menschlicher Informationsverarbeitung liegt in der Unfähigkeit zu erkennen, dass unsere wahrgenommene Welt nicht das Abbild dieser Welt ist, sondern das Produkt einer Konstruktion, die durch unseren Wahrnehmungsapparat und Vorerfahrungen vermittelt wird. Weil Menschen nicht bewusst ist, dass ihre Urteile nicht die äußere Realität unvermittelt reflektieren, sondern vermittelt sind, nehmen sie an, dass andere Beobachter die äußere Realität genauso wahrnehmen müssen wie sie selbst. Dieser falsche Konsensus führt zu Irritationen, Missverständnissen und Konflikten. Ob es tatsächlich eine objektive Realität gibt, ist eine schwierige erkenntniskritische Frage und nicht Gegenstand der psychologischen Forschung. Die mangelnde Einsicht über die Begrenztheit unserer Wahrnehmung und die daraus resultierenden Täuschungen werden erkenntnistheoretisch unter dem Begriff des »naiven Realismus« oder des »phänomenalen Absolutismus« behandelt.

Platos Höhlengleichnis vermittelt uns das Dilemma naiv-realistischer Wahrnehmung: Die Gefangenen in der Höhle halten – weil sie es nicht besser wissen – die Schatten für die Wirklichkeit. Der naive Beobachter ist in einer analogen Situation, weil er seine Wahrnehmung der Welt für objektiv richtig hält. Die englischen Philosophen Locke und Berkeley illustrierten die Relativität unserer sinnlichen Wahrnehmung mit der Beobachtung, dass in lauwarmes Wasser getauchte Hände die Temperatur des Wassers unterschiedlich wahrnehmen, je nachdem, ob die eine Hand vorher in kaltes Wasser und die andere in heißes Wasser getaucht worden war. Diese paradoxe Erfahrung lehrt, dass die Annahme, die Temperatur sei ein Attribut des Wassers, eine Täuschung ist. Vielmehr werden unsere

## 4 Soziale Wahrnehmung u. Verarbeitung sozialer Informationen

Wahrnehmungen vermittelt. Die englischen Philosophen des 17. Jahrhunderts haben darauf hingewiesen, dass wir als Wahrnehmende häufig »vergessen«, dass es Unterschiede zwischen den Qualitäten eines Objekts und der Bewertung dieses Objekts gibt. Qualitäten eines Objekts sind beispielsweise sein Gewicht, Farbe, Größe oder Umfang, die unabhängig vom Beobachter existieren. Bewertungen hingegen sind die zugefügten Attribute wie schön, wertvoll, angenehm. Menschen trennen häufig nicht zwischen dem internalen bzw. externalen Eigenschaften von Objekten und nehmen fälschlicherweise an, dass ihre Bewertungen »objektive« Bestandteile seien. Auf diesen Fehlschluss weist Hamlet seinen Freund Rosenkranz hin: »... denn an sich ist nichts weder gut noch böse, das Denken erst macht es dazu.« Dieser »Fehler« führt häufig zu sozialen Vorurteilen gegenüber Minderheiten, wenn ihnen angebliche »objektive« Eigenschaften zugeschrieben werden, die aber nur in der Wahrnehmung des Beobachters liegen.

Wie aufgrund scheinbar nebensächlicher Aspekte eine Situation von den Beteiligten als völlig anders »konstruiert« bzw. wahrgenommen wird, illustriert eine Studie Lee Ross und seinen Kollegen. (Liberman, Samuels & Ross, 2004). Diese Untersuchung, die unter dem Namen »Wall-Street-Community Game« bekannt geworden ist, hatte zwei Teile. Im ersten Teil wurden ältere studentische Tutoren, die in Studentenwohnheimen für die Betreuung jüngerer Studenten eingesetzt waren, gebeten, deren vermutliche Kooperationswilligkeit bei einem Spiel einzuschätzen. Bei dem Spiel, das den Tutoren beschrieben wurde, handelte es sich um das sogenannte Gefangenen-Dilemma, das den Teilnehmern erlaubt, mit dem Spieler auf der Gegenseite zu kooperieren oder nicht mit ihm zu kooperieren (s. Kap. 11): In diesem Spiel können beide Spieler gewinnen, wenn sie sich auf eine kooperative Strategie einlassen oder verlieren, wenn sie auf eine für sie scheinbar günstigere Strategie setzen, d. h. nicht kooperieren und dann beide einen Verlust erleiden. Die Tutoren wurden gebeten anzugeben, ob ein Student aus ihrem Wohnheim bei dem ersten Spielzug eher kooperieren würde oder eher nicht.

Im zweiten Teil der Untersuchung spielten jeweils zwei Studenten zusammen, von denen der eine Student als kooperationswillig und der andere als nicht kooperationswillig eingeschätzt worden war. Bevor die beiden ihr Spiel begannen, wurde der Name des Gefangenen-Dilemma-Spiels für die Hälfte der Teilnehmer als »Wall

Street Game« etikettiert, während für die andere Hälfte das Spiel als
»Community Game« vorgestellt wurde. Die Teilnehmer kannten das
zugrunde gelegte Gefangenen-Dilemma-Spiel nicht. Auf diese
Weise konnte man beobachten, ob die Teilnehmer in der ersten
Runde sich für eine kooperative oder eine nichtkooperative Strategie
entscheiden, obwohl sie keinerlei Erfahrung miteinander hatten.
Somit hatte die Untersuchung vier Bedingungen. Zwei Fragen waren
von besonderem Interesse: 1. Welchen Unterschied machten die
beiden Etiketten für die Kooperationsbereitschaft der Spieler? 2.
Welchen Unterschied machten die Etiketten im Vergleich zu den
eingeschätzten Kooperationsbereitschaften der Spieler?

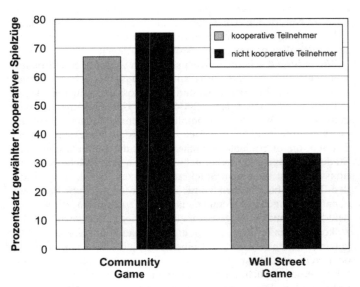

Abb. 4.2: Kooperation in der ersten Runde durch die als »kooperationswillig« bzw. als »nicht-kooperationswillig« nominier-
ten Teilnehmer (nach Liberman, Samuels & Ross, 2004).

Die Unterschiede waren dramatisch. Nur etwa ein Drittel der
Spieler kooperierte beim ersten Zug, wenn das Spiel die Etikette
»Wall Street Game« trug, während mehr als zwei Drittel im ersten

Durchgang kooperierten, wenn es »Community Game« hieß. Diese Unterschiede blieben bei den nachfolgenden Durchgängen bestehen. Die Einschätzungen der Tutoren über den Grad der Kooperationswilligkeit der Studenten korrelierte nicht mit dem Grad der tatsächlichen Kooperation (s. Abbildung Abb. 4.2).

Die Ergebnisse zeigen, dass die von Bezugspersonen vermuteten Persönlichkeitsunterschiede keinen Einfluss auf das Verhalten der beteiligten Studenten hatten. Die als kooperativ eingeschätzten Studenten waren genauso kooperativ wie die als nichtkooperativ eingeschätzten Teilnehmer. Diese Beobachtung gehört zum zentralen Erkenntnisgewinn der Sozialpsychologie: Scheinbar triviale Veränderungen in einer sozialen Situation können Persönlichkeitsunterschiede überlagern. Das heißt aber nicht, dass Persönlichkeitsunterschiede nicht existierten oder unwichtig seien; sie existieren und sind in bestimmten Kontexten von großer Wichtigkeit.

Für unsere soziale Wahrnehmung hat dies nach Ross und Samuels (1993) folgende Implikationen:
1. Beobachter erleben die Wahrnehmung der Welt als unmittelbar gegeben, d. h. unvermittelt.
2. Unsere Wahrnehmung reflektiert nicht notwendigerweise die äußere Realität.
3. Wir müssen bezweifeln, dass alle Beobachter den gleichen Sachverhalt gleich wahrnehmen.
4. Unsere Wahrnehmung ist hoch selektiv.
5. Wir interpretieren oder konstruieren Situationen und Personen auf der Basis unserer Vorerfahrungen oder Assoziationen, ohne dass wir uns dessen bewusst sind.
6. Kontextinformationen können u. U. mehr Einfluss haben als Persönlichkeitsunterschiede.

Dem naiven Laienpsychologen bleiben diese Implikationen indes regelmäßig verborgen. Er folgt stattdessen seinen naiv-realistischen Anschauungen, die sich nach Ross und Ward (1995) durch die folgenden Postulate auszeichnen:
1. Ich nehme die Welt so wahr wie sie objektiv gegeben ist.
2. Andere vernünftige Beobachter teilen meine Wahrnehmung.
3. Sollten andere Beobachter zu einer anderen Weltsicht gelangen, dann hat dies drei mögliche Ursachen:
   a) Die anderen Personen verfügen über andere Informationen als ich.

b) Die anderen Personen sind möglicherweise unwillig oder irrational, weil sie aufgrund der objektiven Fakten zu denselben Schlussfolgerungen hätten gelangen müssen.

c) Die anderen Beobachter haben eine verzerrte Wahrnehmung, weil sie entweder ideologisch verblendet sind oder aufgrund von Eigeninteressen oder kognitiven Defiziten handeln.

Die Forschungen zum naiven Realismus zeigen nicht nur, inwieweit unsere Wahrnehmung von minimalen Stimulusvariationen beeinflusst wird, sondern ebenso wichtig ist die Erkenntnis, dass wir als naive Realisten über keine Einsichtsfähigkeit verfügen, inwieweit unsere wahrgenommene Welt eine vermittelte und konstruierte Welt ist. Der Sozialpsychologe Gustav Ichheiser (1970) nannte diese Unfähigkeit »Grenzen der Einsichtsfähigkeit«. Dieses Thema wird im Abschnitt 4.3 (automatische Prozesse) nochmals aufgenommen.

Die begrenzte Einsichtsfähigkeit kann dramatische Konsequenzen für das soziale Miteinander haben. Wir projizieren gleichsam unsere eigenen Erkenntnismängel auf andere Beobachter. Überzeugt davon, dass unsere eigene Wahrnehmung die äußere Realität unvermittelt widerspiegelt, werden andere fast zwangsläufig als unfähig oder unwillig charakterisiert, wenn sie zu anderen Einschätzungen der Realität gelangen. Auf der Grundlage des naiven Realismus gewinnen wir neue Einsichten über die Ursachen von schwer lösbaren Konflikten, auf die in einem späteren Kapitel eingegangen wird.

### 4.2.5 Soziale Polarisierung

Die Unfähigkeit zu erkennen, dass die Wahrnehmung der sozialen Welt eine eigene Konstruktion ist, und anzuerkennen, dass dies bei anderen Menschen ebenso ist, führt zu Missverständnissen, falschen Schlussfolgerungen und damit zu Konflikten. Daher liegt die Ursache vieler Konflikte häufig nicht im Streit über tatsächliche und objektive Sachverhalte, sondern in den unterschiedlichen Kognitionen der Streitparteien über einen Sachverhalt. Weil wir im Streit mit anderen bei diesen mögliche Eigeninteressen vermuten und nicht zubilligen, dass die Sicht der anderen Partei möglicherweise durch deren spezifische Wahrnehmung konstruiert ist, tendieren Mitglieder von Gruppen dazu, ihre unterschiedlichen

## 4 Soziale Wahrnehmung u. Verarbeitung sozialer Informationen

Positionen zu einem Sachverhalt als extremer wahrzunehmen als dies tatsächlich der Fall ist. Ross (Robinson, Keltner, Ward & Ross, 1995) nennt das Phänomen der Überakzentuierung von Unterschieden zwischen Gruppen *soziale Polarisierung*. Tatsächlich sind die unterschiedlichen Positionen von Parteien häufig näher als die Mitglieder dieser Parteien Gruppen vermuten. In einer Studie über den angeblichen »mentalen Graben« zwischen Ost- und Westdeutschland haben Edgar Klinger und Günter Bierbrauer (unveröff.) Ostdeutsche und Westdeutsche nach ihren Einstellungen zu politischen, ökonomischen und sozialen Sachverhalten befragt. Dabei wurden sie nicht nur gebeten, ihre ganz persönlichen Einstellungen zum Ausdruck zu bringen, sondern auch anzugeben, wie vermutlich die Mehrheit ihrer Subgruppe (Ost bzw. West) zu diesen Sachverhalten denkt, und zusätzlich, wie die vermutete Mehrheit der jeweiligen anderen Subgruppe (West bzw. Ost) denkt.

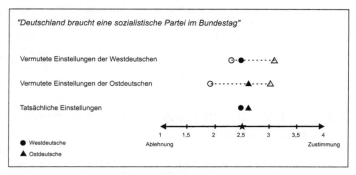

Abb. 4.3: Vermutete und tatsächliche Einstellungen von West- und Ostdeutschen zur Frage »Deutschland braucht eine sozialistische Partei im Bundestag« (nach Klinger & Bierbrauer, unveröff.).

Die Mittelwerte der Einstellungen sind in Abb. 4.3 in offenen und geschlossenen Kreisen bzw. Dreiecken dargestellt. Auf die Feststellung, »Deutschland braucht eine sozialistische Partei im Bundestag«, sind Westdeutsche (oberste Zeile) der Überzeugung, dass die Mehrheit der Ostdeutschen dies eher befürworten würde (offenes Dreieck), während sie der Meinung sind, dass die Mehrheit ihrer Subgruppe, nämlich der Westdeutschen, eher ablehnend dazu steht (offener Kreis). Andrerseits sind die Mehrheit der Ostdeutschen (mittlere Zeile) der Meinung, dass die Mehrheit der Westdeutschen dies relativ stark ablehnen würde (offener Kreis), während die Mehrheit der Ostdeutschen einer sozialistischen Partei im Parlament eher positiv gegenüber stünden. Die untere Zeile zeigt die Mittelwerte der persönlichen Einstellung zu dieser Frage. Ost- und Westdeutsche unterscheiden sich, wenn sie nach ihrer persönlichen Meinung gefragt werden, kaum (geschlossener Kreis und geschlossenes Dreieck), aber sie sind davon überzeugt, dass sich in dieser Frage die Mehrheit der Ost- und Westdeutschen stark unterscheiden. Diese Untersuchung über wichtige Fragen, die angeblich kontrovers zwischen Gruppen oder Streitparteien diskutiert werden, zeigt, dass die öffentliche bzw. veröffentlichte Meinung sich u. U. nicht mit den tatsächlichen Meinungen der Gruppenmitglieder deckt. Nicht selten gibt es eine größere Basis von Gemeinsamkeiten zwischen Parteien als sie selbst wissen oder zu hoffen wagen. Diese Erkenntnis ist wichtig bei der Lösung von Konflikten, weil häufig die Positionen der Konfliktparteien näher beieinander liegen als die streitenden Parteien vermuten (s. Kap. 11).

## 4.3 Automatische Prozesse: Denken ohne Nachzudenken

Eine Grundannahme des naiven Realismus ist das mangelnde Wissen des Wahrnehmenden, dass seine phänomenale Welt eine konstruierte Welt ist. Dem naiven Realisten fehlen Einsichten über die Funktionen seiner kognitiven Prozesse. Unabhängig von den Forschungen über den naiven Realismus beschäftigen sich kognitive Psychologen und Sozialpsychologen seit den achtziger Jahren des vorigen Jahrhunderts mit der Frage, inwieweit Menschen in der Lage sind, ihre kognitiven Prozesse bewusst zu kontrollieren oder ob ein Teil dieser Prozesse nicht-bewusst verläuft und somit nur begrenzt gesteuert werden kann. Mittlerweile führen Forschungsergebnisse verstärkt zu der Einsicht, dass mentale Prozesse offenbar auch automatisch, d. h. nicht bewusst und ohne Intention erfolgen. Zweifellos verwenden wir viel Zeit und Mühe bei wichtigen

Lebensfragen, wie beispielsweise bei der Wahl des Studienfachs, alle möglichen Gesichtspunkt abzuwägen, um die richtige Entscheidung zu treffen. Dieser Denkmodus verläuft kontrolliert und erfordert mentale Anstrengung. Forschungsergebnisse zeigen jedoch, dass wir häufig entscheiden und handeln ohne nachzudenken, gleichsam automatisch, d. h. ohne bewusste Einflussnahme auf unser Denken.

Die Postulierung nicht-bewusster Prozesse ist nicht zu verwechseln mit Sigmund Freuds Konzept des sogenannten Unbewussten. Danach wird Gedächtnismaterial ins Unbewusste verschoben, wenn es zu bedrohlich ist. Im Gegensatz dazu steht im Zentrum der modernen Kognitionsforschung die Annahme, dass ein aktiver Verdrängungsprozess nicht postuliert werden muss. Vielmehr wird die Überzeugung vertreten, dass Menschen nur begrenzten Zugang zu ihren kognitiven und affektiven Prozessen haben und häufig unfähig sind, auf diese Einfluss zu nehmen.

Die empirische Forschung nicht-bewusster automatischer Prozesse begann in den siebziger Jahren des vorigen Jahrhunderts (z. B. Shiffrin und Schneider, 1977). Wie erwähnt, verlaufen automatische Prozesse nicht-bewusst und werden ohne Absicht ausgeführt. Sobald sie eingesetzt haben, sind sie hoch effizient, d. h. sie beanspruchen nur geringe kognitive Ressourcen und können parallel zu anderen Prozessen ablaufen. Kontrollierte Prozesse zeichnen sich durch die gegenteilige Merkmale aus – sie sind bewusst, sie können absichtlich beeinflusst werden und erfordern kognitive Ressourcen. Sie verlaufen langsam wegen serieller Verarbeitung und sie werden als anstrengend und ermüdend erlebt. Viele Prozesse verlaufen zeitweise automatisch, sind aber andrerseits auch der bewussten Kontrolle zugänglich. Wenn Sie beispielsweise ein erfahrener Autofahrer sind, können Sie weite Strecken fahren, ohne dass ihnen das Lenken und Schalten bewusst ist, und können sich gleichzeitig unterhalten oder sich in Musik vertiefen. Bei einer plötzlich veränderten Verkehrssituation können Sie ohne Verzögerung in den bewussten Modus zurückkehren und absichtsvoll ihr Fahrverhalten ändern. Obgleich für die einzelnen Merkmale von dualen Prozessmodellen unterschiedliche Begriffe verwendet werden, sind ihnen allen die in Tab. 4.2 dargestellten Charakteristiken gemein.

Viele soziale Urteile sind das Resultat nicht-bewusster und bewusst kontrollierbarer Prozesse. Wenn Sie beispielsweise mit einer Muslimin mit Kopftuch zusammentreffen, kann dies unbeabsichtigt bestimmte Stereotypen aktivieren und – falls Sie über ausreichend kognitive Ressourcen verfügen – können Sie bewusst auf diese Stereotypen einwirken. Auf die Prozesse der automatischen Stereotypenbildung wird später noch näher eingegangen (s. Kap. 10).

Tab. 4.2: Merkmale von automatischen und kontrollierten Prozessen

| Automatische Prozesse | Kontrollierte Prozesse |
| --- | --- |
| Schnell (wegen paralleler Verarbeitung) | Langsam (wegen serieller Verarbeitung) |
| Unabsichtlich (unwillkürlich) | Absichtlich (willkürlich) |
| Nicht der Selbstbeobachtung zugänglich | Der Selbstbeobachtung zugänglich |

In einer Reihe von Studien konnten Richard Nisbett und Timothy Wilson (1977) zeigen, dass Menschen nur einen begrenzten Zugang zu ihren höheren mentalen Prozessen haben und unwissend darüber sind, welche Faktoren ihre Urteile beeinflussen. Beispielsweise kann es sein, dass wir uns mit einem Freund über einen bestimmten Politiker unterhalten und »vergessen« haben, weshalb wir plötzlich anders über diesen Politiker denken. Oder wir wählen eine bestimmte Zahnpasta deshalb aus, weil sie griffbereit auf der rechten Seite des Regals liegt. Häufig – so zeigen die Ergebnisse der Studien von Nisbett und Wilson (1977) – haben wir eine plausible Erklärung für diese Entscheidungen und Bewertungen, die aber falsch sind. In einer Untersuchung über den *halo effect* von Nisbett & Wilson (1977) wurde den amerikanischen Teilnehmern ein Video vorgeführt, das ein Interview mit einem belgischen Professor zeigt, der mit einem starken Akzent sprach. In einer Version wurde der Professor als warmherzig und freundlich dargestellt, in der anderen Version als kalt und unfreundlich. Diejenigen Teilnehmer, welche die »warmherzige« Version sahen, beurteilten seinen Akzent und seine Erscheinung positiv, während die Teilnehmer, welche die »kalte« Version sahen, die gleichen Attribute als irritierend empfanden. Die Teilnehmer wurden anschließend eingehend darüber befragt, ob die (identischen) Verhaltensweisen des Dozenten ihre Sympathieeinschätzung beeinflusst hätten. Beide Gruppen verneinten entschieden, dass dies der Fall war.

Wie wird das Entstehen automatischer Reaktion erklärt und weshalb wird sie durch bestimmte Reize in einer Situation ausgelöst und nicht in anderen? Nach Bargh (1997) werden automatische Reaktionen durch wiederholte Assoziationen mit einem Objekt geknüpft und die nachfolgenden Reaktionen werden automatisch ausgelöst, sobald wir wieder auf das Objekt treffen. Wenn wir beispielsweise eine Person wiederholt dabei beobachten, wie sie eine andere Person schlägt, dann verfestigt sich die Vorstellung »aggressive Person« und sie wird automatisch aktiviert, wenn wir diese Person wiedersehen. Zur Speicherung und Aktivierung von Gedächtnisinhalten wird häufig die Methode des *priming* angewandt. Dieses Verfahren bezieht sich auf alle bewussten und nichtbewussten Erfahrungen und Verfahren zur Aktivierung eines bestimmten mentalen Konzepts oder einer Wissensstruktur. In einer Studie von John Bargh und Paula Pietromonaco (1982) wurden einigen Teilnehmern einer Untersuchung neutrale Worte präsentiert (z. B. *Wasser*), während andere Teilnehmer aggressive Eigenschaftsbegriffe (z. B. *feindselig*) sahen. Dann lasen beide Gruppen die Verhaltensbeschreibung einer Person. Die Gruppe, die vorher die aggressiven Worte gelesen hatte (*priming*), interpretierte das Verhalten der Stimulusperson als aggressiver als die Teilnehmer, die vorher die neutralen Worte gelesen hatten. Selbst wenn die Wortpräsentationen auf einem Computerbildschirm so kurz waren, dass die Teilnehmer die Worte nicht erkennen konnten, beeinflusste diese Information die Interpretation späterer Information, d. h. der Priming-Effekt hatte einen automatischen nichtbewussten Einfluss auf das nachfolgende Stimulusmaterial.

Wenn es so ist, dass ein Teil unserer Entscheidungen nichtbewusst getroffen wird, dann wirft dies ein neues Licht auf die alte Frage, inwieweit Menschen für ihre Entscheidungen oder ihr Verhalten verantwortlich gemacht werden können. Einige Autoren verwenden den Begriff »gewöhnliches unethisches Fehlverhalten« (Bazerman & Banaji, 2004), um damit anzudeuten, dass unethisches Verhalten nicht nur einigen wenigen unmoralisch handelnden Menschen zuzuschreiben ist. Vielmehr können die Ursachen für ihr unmoralisches Verhalten in der begrenzten Zugänglichkeit ihrer mentalen Prozesse liegen.

Es besteht heute kein Zweifel mehr, dass subtile, ja sogar subliminale Stimuli die soziale Wahrnehmung, Motive und zum Teil Verhalten beeinflussen. Nach Kahneman (2003) bestimmt der Grad der *Zugänglichkeit* zu mentalen Inhalten, ob kognitive Prozesse intuitiv oder kontrolliert ablaufen. Die Zugänglichkeit hängt von einer Reihe von Faktoren ab wie dem Kontext in der aktuellen Wahrnehmungssituation, den Attributen eines Objekts, der selektiven Aufmerksamkeit, der Vorerfahrung und *priming*. Welcher Denkmodus, automatisch oder kontrolliert, ist wichtiger? Unter Sozialpsychologen gibt es darüber hitzige Debatten. Einige Forscher behaupten, dass die Bedeutung des bewussten, kontrollierten Denkens relativ begrenzt ist im Vergleich zum automatischen Denken (z. B. Bargh, 1999). Die Debatte über diese Frage wird vermutlich in den nächsten Jahren eine Menge neuer Studien hervorbringen.

## 5 Die Trilogie der psychischen Prozesse: Kognitionen, Motivationen und Affekte

Eine zentrale Annahme des sozialpsychologischen Situationismus ist das Konzept des psychischen Spannungssystems. Lewins (1951/1963) Feldtheorie beschreibt die Dynamik dieses Systems mit Begriffen wie Valenz, Region, Barriere und Ziel. Dies sind in der Hauptsache jedoch keine psychologischen Konzepte, sondern Analogien aus der Geophysik. Lewin hat uns zwar Einsichten in die Dynamik mentaler Prozesse geliefert, seine Terminologie hat sich jedoch nicht durchgesetzt. Um die Dynamik psychischer Prozesse zu beschreiben, werden in der Psychologie Konstrukte verwendet, die zunächst in der Philosophie entwickelt wurden, um dann später zu den zentralen Begriffen der Psychologie zu werden. Ernest Hilgard (1980) hat in einem aufschlussreichen Aufsatz nachgezeichnet, wie um 1700 die Diskussion um die Bedeutung der mentalen Kräfte oder psychischen Erscheinungen des Bewusstseins begann. Obwohl unsere moderne Terminologie von dem früheren Wortgebrauch und auch Bedeutungsgehalt dieser Konstrukte teilweise abweicht, unterteilt man üblicherweise die psychischen Prozesse und Funktionen in folgende Bereiche: 1. *Kognitionen*, 2. *Motivationen* und 3. *Affekte*. Im Einzelnen beziehen sich diese psychischen Erscheinungen auf folgende Aspekte unserer Erfahrung: 1. Kognitionen betreffen u. a. Aspekte des Wissens, Verstehens, Denkens, Urteilens und Schlussfolgerns, 2. Motivationen umfassen u. a. Absichten, Ziele, Wünsche und Handlungsintentionen, 3. Affekte beziehen sich u. a. auf Vorlieben, Abneigungen, und Gefühle wie Freude oder Schmerz.

Diese Konstrukte kennzeichnen hypothetische Prozesse und Funktionen, die ihren Platz auch in der Alltagssprache zur Beschreibung und Erklärung menschlichen Verhaltens gefunden haben. Ebenso wie in der Alltagssprache ist in der Wissenschaft der Gebrauch dieser Konstrukte nicht eindeutig, häufig gibt es Überschneidungen in ihren Bedeutungen. Zuweilen wird auch nicht deutlich, ob damit psychische Inhalte oder mentale Prozesse gemeint sind. Die Klassifikation psychischer Phänomene war seit Aristoteles ein Anliegen der Philosophie. In seiner Nikomachischen Ethik unterscheidet er drei psychische Phänomene: Affekte, Vermögen und Habitus. Die späteren Begriffe Denken, Fühlen und Wollen wurden von den Scholastikern als »Fähigkeiten der Seele« aufgefasst. Die daraus entwickelte »Vermögenspsychologie« des 18. und 19. Jahrhunderts erwies sich als eine wissenschaftliche Sackgasse, weil sie sowohl das Zustandekommen der einzelnen psychischen Phänomene als auch ihre wechselseitigen Beziehungen außer Acht ließ.

Die Differenzierung psychologischer Prozesse erlaubt es, das Bewusstsein als ein Spannungssystem zu postulieren, welches aus den unterschiedlichen psychischen Kräften und Funktionen seine Dynamik gewinnt. So ist z. B. die Untersuchung kognitiver Prozesse nicht sinnvoll, ohne den Einfluss von Motiven und Gefühlen zu berücksichtigen. Diese drei Klassen von Prozessen beeinflussen sich wechselseitig (s. Abb. 5.1). Nach unserem Verständnis des psychischen Spannungssystems steht der interdependente Charakter dieser mentalen Funktionen in Abhängigkeit von kontextuellen Veränderungen im Vordergrund des wissenschaftlichen Interesses der Sozialpsychologie. Wenn beispielsweise Motive, die als Ziele oder Pläne kognitiv repräsentiert sind, durch sich ändernde Kontextbedingungen neu interpretiert werden, ist anzunehmen, dass sich auch das nachfolgende Verhalten in entsprechender Weise ändern wird.

In der Geschichte der Psychologie und der Sozialpsychologie können wir beobachten, dass entweder der eine oder der andere Prozess dieser Trias im Vordergrund des theoretischen Interesses stand und damit sozusagen das Primat beanspruchte. Über die Frage, welchem Prozess konzeptuelle und zeitliche Vorrangigkeit eingeräumt werden muss, gibt es heftige wissenschaftliche Kontroversen. So hebt beispielsweise Robert Zajonc (1984) die relative Unabhängigkeit von kognitiven und affektiven Prozessen hervor und behauptet, dass Gefühle zeitlich vor den kognitiven Prozessen der Informationserkennung und Verarbeitung einsetzen (Ulich & Mayring, 1992). Im Vordergrund der Forschungsinteressen standen und stehen die kognitiven Prozesse. Ein Grund dafür ist ihre offensichtliche Bedeutung für die Natur des homo sapiens. Zu seinem Wesen gehört die Fähigkeit rationalen Entscheidens und vernunftgemäßen Handelns. Hierbei spielen die kognitiven Prozesse eine zentrale Rolle.

Für den klassischen Behaviorismus war die Beschäftigung mit kognitiven Prozessen von geringer Bedeutung. Nach behavioristischem Verständnis folgte menschliches Verhalten den gleichen Gesetzmäßigkeiten wie tierisches. Das behavioristische Interesse bezog sich eindeutig auf die Analyse des Verhaltens auf der Grundlage motivational-affektiver Prozesse als Konsequenzen von Belohnung und Bestrafung. Dazu im Gegensatz stehen die Ansätze, welche den kognitiven Prozessen höchste Priorität einräumen: Menschliches Handeln erfolgt nach den – mehr oder weniger – rationalen Prinzipien vernünftiger Entscheidungen. Abweichungen von den Prinzipien rationaler Urteilsbildung sind dadurch erklärbar, dass motivationale oder affektive Kräfte gleichsam auf die kognitiven Prozesse einwirken, die das Denken und Urteilen verändern und zu Wahrnehmungsverzerrungen führen. In der psychoanalytischen Tradition wiederum kommt den Affekten und ihren Einflüssen auf das Handeln, Denken und Urteilen primäre Bedeutung zu.

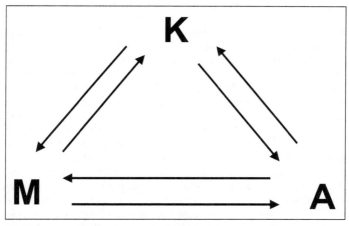

Abb. 5.1: Die Beziehungen zwischen den drei Klassen von Prozessen als Determinanten der gegenseitigen triadischen Beeinflussung. M repräsentiert die Motivation, A die affektiven Prozesse und K repräsentiert die kognitiven Prozesse.

## 5.1 Die Dynamik der kognitiven Dissonanz

Die Art und Weise, wie Kognitionen, Motivationen und Affekte dynamisch zusammenwirken, finden wir beispielhaft in der Theorie der kognitiven Dissonanz beschrieben, die von Leon Festinger (1957), einem Schüler Lewins, entwickelt wurde. Nach dieser Theorie gehen Kognitionen zunächst Motivationen voraus, welche wiederum Gefühle und Einstellungen beeinflussen. Festinger und seine Mitarbeiter zeigten in vielen Untersuchungen, dass das in den behavioristischen Lerntheorien dominierende Verstärkungsprinzip, wonach große Belohnung bzw. deren Ankündigung eine stärkere Wirkung haben müssten als geringe, keine allgemeine Gültigkeit hat. Viel entscheidender ist die Interpretation des gesamten Kontextes, in den eine Handlung eingebettet ist, durch den Handelnden. Dies bezieht sich u. a. auf den Zusammenhang von vorangegangenen Entscheidungen, ihren möglichen Konsequenzen und bestimmten Motivlagen der Person.

Die simple Beobachtung, die auch schon frühere Philosophen und Psychologen gemacht hatten, dass Menschen danach streben, Widersprüche in ihren Überzeugungen aufzulösen bzw. Inkonsistenzen zwischen Einstellungen und Verhalten zu leugnen, war der Ausgangspunkt von Festingers Überlegungen. Obwohl eine Übereinstimmung zwischen Sagen und Tun sozial hoch geschätzt wird, beobachten wir dennoch gelegentlich Widersprüche zwischen dem, was wir tun und dem, was wir sagen oder glauben. Auch Kettenraucher wissen, dass Rauchen das individuelle Krebsrisiko steigert. Sie müssen mit diesen dissonanten Kognitionen fertig werden – es sei denn sie verfolgen selbstmörderische Absichten. Bestimmte mentale Konflikte werden in der Sprache Festingers als kognitive Dissonanzen erlebt. Wir müssen uns jedoch davor hüten, alle mentalen Widersprüche zwischen zwei Kognitionen als dissonant zu bezeichnen. Nach der ursprünglichen Formulierung der Theorie der kognitiven Dissonanz stehen zwei Kognitionen dann in einer dissonanten Beziehung zueinander, wenn, einzeln betrachtet, aus der einen Kognition das Gegenteil der anderen folgt, und wenn die beiden Kognitionen in irgendeiner Weise psychologisch zusammengehören. Es wird weiterhin postuliert, dass kognitive Dissonanz ein psychischer Spannungszustand ist, der als unangenehm erlebt wird, und dass Menschen motiviert sind, diesen Spannungszustand zu reduzieren. Wie können sie das tun? Eine Möglichkeit besteht darin, eine oder beide Kognitionen so zu verändern, dass sie miteinander kompatibel bzw. konsonant sind. Eine weitere Möglichkeit besteht darin, ergänzende Kognitionen hinzuzufügen, um Widersprüche zwischen den Kognitionen zu vermindern. Ferner kann die Glaubwürdigkeit der Quelle einer Kognition in Zweifel gezogen werden.

Zurück zum Beispiel des Rauchers. Am wirksamsten ließe sich die kognitive Dissonanz beim Raucher vermindern, wenn er das Rauchen aufgäbe. Die Kognition »Ich rauche nicht« und die Kognition »Rauchen steigert das Krebsrisiko« wären dann konsonant. Da es Rauchern häufig schwer fällt, das Rauchen aufzugeben, behelfen sie sich mit zusätzlichen »konsonanten« Kognitionen, indem sie etwa den postulierten Zusammenhang zwischen Rauchen und Lungenkrebs herunterspielen und darauf verweisen, dass der Zusammenhang rein statistischer Natur sei und ihnen Leute bekannt seien, die trotz Rauchens ein hohes Alter erreicht hätten.

## 5.2 Empirische Befunde

Die Implikationen dieser Widersprüche und die Dynamik ihrer möglichen Veränderungen haben Festinger und seine Mitarbeiter in einer Reihe von Studien untersucht, die unter dem Forschungsparadigma der sogenannten *erzwungenen Einwilligung* (forced compliance) bekannt wurden. Dieses Paradigma bezieht sich auf die folgende experimentelle Manipulation: Untersuchungsteilnehmer wurden dazu verleitet, eine Handlung auszuüben oder eine Aussage zu machen, die zu den von ihnen vorher geäußerten Überzeugungen oder Einstellungen – oft in geradezu schockierender Weise – diskrepant ist und sie unglaubwürdig erscheinen lässt. Wichtig ist hierbei der subtile Charakter der »Verführung«: Die Teilnehmer müssen dabei das Gefühl der Wahlfreiheit haben und der Überzeugung sein, ohne Zwang eingewilligt zu haben. Unter solchen Bedingungen ist es für Akteure möglich, ursprünglich diskrepante Überzeugungen, Einstellungen oder Bewertungen in Übereinstimmung zu bringen.

In der klassischen Dissonanzstudie von Festinger und Carlsmith (1959) wurde erstmals demonstriert, wie der Konflikt zwischen

Verhalten und Einstellungen dissonanztheoretisch gelöst wird. Studenten nahmen an einer Untersuchung teil, in der sie eine langweilige und monotone Aufgabe zu erledigen hatten. Unter dem Vorwand, dass es ihre Fingerfertigkeit zu untersuchen galt, mussten sie Spulen auf ein Brett stecken. Eine ganze Stunde lang taten sie immer das Gleiche. Dann wurden sie vom Untersuchungsleiter gefragt, ob sie bereit wären, bei der nachfolgenden Untersuchung als Helfer mitzuwirken, weil der dafür vorgesehene Assistent nicht erschienen sei. Die Teilnehmer wurden gebeten, den nachfolgenden Untersuchungsteilnehmern zu erzählen, dass das Aufstecken der Spulen eine wirklich interessante und herausfordernde Tätigkeit sei. Außerdem wurden sie gefragt, ob sie bereit wären, an einem späteren Zeitpunkt nochmals auszuhelfen, falls der Assistent nicht erscheine.

Um die Wirkung unterschiedlicher Belohnungshöhe für das gewünschte Handeln zu demonstrieren, erhielt eine Gruppe der Teilnehmer dafür einen Dollar, während eine andere dafür zwanzig Dollar bekam, was zur damaligen Zeit einem Gegenwert von ca. vierzig Euro entsprach. Rechtfertigt eine derart hohe Belohnung diese »Notlüge«? Nachdem die Teilnehmer den nachfolgenden Studenten, wie gewünscht, berichtet hatten, dass das Spulenaufstecken eine wirklich herausfordernde Aufgabe sei, mussten die Probanden auf einem Fragebogen angeben, wie interessant sie das Spulenaufstecken wirklich gefunden hätten. Wer würde die vorangegangene langweilige Tätigkeit interessanter finden? Die Gruppe, die für ihre Ausflucht zwanzig Dollar erhalten hatte oder die Gruppe der Probanden, die sich mit nur einem Dollar begnügen mussten? Die Ergebnisse widersprachen sowohl unserem gesunden Menschenverstand als auch den Prinzipien der Verstärkungstheorie. Diejenigen Teilnehmer, die für ihre Ausflucht nur einen Dollar erhielten, beurteilten die monotone Tätigkeit als signifikant interessanter als jene, die zwanzig Dollar erhalten hatten. Mit anderen Worten: Es war nicht die relativ hohe Belohnung, welche die Teilnehmer veranlasst hatte, eine Rechtfertigung zwischen Tun und Sagen herzustellen, sondern es war gerade die geringe Belohnung, welche die Dissonanz auslöste. Aus der Perspektive der Dissonanztheorie mit ihrem Postulat der kognitiven Balance ist dies nur ein scheinbarer Widerspruch. Für die Teilnehmer, die nur einen Dollar erhielten, war das, was sie öffentlich sagten (»Die Tätigkeit ist interessant«) dissonant zu ihrer eigenen Erfahrung. Sie reduzierten diese Diskrepanz in der nur einen möglichen Form: Sie empfanden die zuvor ausgeführte Tätigkeit als gar nicht so uninteressant. Im Gegensatz dazu war für die Teilnehmer der Gruppe, die zwanzig Dollar erhielten, keine derartige »mentale Gymnastik« notwendig. Zwanzig Dollar waren ausreichend, um eine derartige Ausflucht zu rechtfertigen. Folglich erlebten sie nur eine geringe Dissonanz und änderten ihre Einstellung zur langweiligen Aufgabe nicht.

Die in der Theorie der kognitiven Dissonanz angelegte kontraintuitive Dynamik zwischen Kognitionen, Motivationen und Affekten wurde in weiteren Zusammenhängen in Hunderten von Untersuchungen variiert. Im Laufe der Zeit hat die Theorie, bedingt durch empirische Befunde, eine Reihe von Modifikationen und Ergänzungen erfahren. Kognitive Dissonanz braucht zu ihrer Entstehung nicht nur zwei inkonsistente Kognitionen, sondern des Weiteren Entscheidungsfreiheit, Selbstverpflichtung und das Gefühl der persönlichen Verantwortung.

Spätere Modifikationen bzw. Ergänzungen haben die Geltungsgrenzen der Theorie beträchtlich eingeengt. Trotz dieser Einschränkung zeigt die Theorie der kognitiven Dissonanz in exemplarischer Weise, wie auf der Basis des Zusammenwirkens von Kognitionen, Motivationen und Affekten Menschen aktiv ihre Umweltbedingungen interpretieren und sie in Gesamtzusammenhänge betten, die für sie sinnvoll sind.

# 6 Kausalattribution: Person oder Situation?

»Wenn wir über viel Erfahrung verfügen, wenn unsere Beobachtung stets darauf gerichtet ist, die wechselseitige Beziehung zwischen Ursache und Folge in den menschlichen Handlungen zu suchen, dann werden wir finden, dass, je treffender wir die Folgen mit den Ursachen verbinden, die Handlungen der Menschen mehr notwendige und weniger freie sind« (Leo Tolstoi, Krieg und Frieden).

Die oft geistreichen, aber doch sehr unterschiedlichen Beobachtungen und Analysen von Dichtern und Philosophen über die Natur menschlicher Denk- und Urteilsprozesse zeigen, dass es keine einfache Formel dafür gibt, wie Menschen ihre soziale Welt erklären und ursächlich begründen. Wie wir zu Erkenntnissen über uns und andere gelangen und nach welchen Regeln das kognitive System soziale Informationen sammelt, verändert, ergänzt und bewertet, ist zentraler Gegenstand der Sozialpsychologie. Damit Menschen einander verstehen und sinnvoll interagieren können, müssen sie zu begründeten Erklärungen über die Beziehung zwischen beobachtbaren Ereignissen und zugrunde liegenden Ursachen gelangen. Ferner ist die Art und Weise, wie soziale Interaktion erfolgt, weitgehend davon bestimmt, welche Ursachen wir dem Verhalten des Interaktionspartners zuschreiben. Daher interessiert Sozialpsychologen, wie soziale Interaktion über die Zuschreibung von Ursachen gesteuert wird.

Um den Ursachenzusammenhang zu ergründen, muss der Beobachter, der das Verhalten eines Akteurs wahrnimmt, dessen innere Zustände oder Prozesse erschließen und dessen Beweggründe interpretieren. Der Beobachter muss also von den beobachtbaren Worten und Taten sowie dem wahrgenommenen Kontext auf die nichtbeobachtbaren inneren Prozesse oder Zustände schließen. Und hier liegt sein Problem: Da ihm die inneren Prozesse und Zustände des Akteurs nicht direkt zugänglich sind, muss er sie erschließen. Motive, Absichten, Ziele, Überzeugungen und vor allem Charaktereigenschaften bzw. Persönlichkeitsdispositionen sind psychologische Konstrukte, die als erschlossene Ursachen mit dem beobachteten Verhalten korrespondieren müssen. Das Herstellen der Korrespondenz zwischen äußeren Bedingungen, beobachtetem Verhalten und inneren Vorgängen und Zuständen ist das Resultat eines komplizierten Konstruktionsprozesses auf der Basis unserer mentalen Funktionen. Sozialpsychologen verwenden den Begriff Kausalattribution, um diesen Prozess des intuitiven Schlussfolgerns zu kennzeichnen. Streng genommen müssen wir hier immer von phänomenaler Kausalität sprechen. Gemeint ist damit die auf der Erscheinungsebene vermutete Ursache, die mit der tatsächlichen Ursache eines Ereignisses nicht identisch sein muss. Attributionstheorien enthalten Annahmen darüber, wie dieser Prozess verläuft und von welchen Rahmenbedingungen er beeinflusst wird.

## 6.1 Die hypothetischen Stufen bei der Kausalattribution

Obwohl sich diese Theorien in vielen Details unterscheiden, gehen sie doch alle von derselben Ausgangslage aus: Unsere äußere Hülle ist gleichsam die Grenze zwischen externalen und internalen Kausalfaktoren. Auf der äußeren Seite der Epidermis wirken die externalen, situativen Faktoren auf die Person ein, und auf der inneren Seite der Epidermis wirken die internalen, dispositionellen Personenfaktoren, die nach außen wirken. Manchmal wirken diese Kräfte in die gleiche Richtung, manchmal wirken sie gegeneinander und das, was wir beobachten, ist das Resultat dieses dynamischen Zusammenspiels. Eine ähnliche Logik benutzen wir auch bei der Erklärung von Naturvorgängen, wenn wir die internen (dispositionalen) Eigenschaften eines Objekts von dessen externen Einflussfaktoren trennen. Beispielsweise muss bei einer Regatta der Bootsführer die Eigenschaften seines Bootes mitsamt seiner Takelage (die Dispositionen seines Bootes) auf die Wind- und Strömungsverhältnisse (die Kontextfaktoren) abstimmen, um einen optimalen Kurs zu segeln.

Abb. 6.1: Die hypothetischen Stufen bei der Kausalattribution

Die Reihenfolge der hypothetischen Prozesse beim kausalen Schließen lässt sich folgendermaßen skizzieren (s. Abb. 6.1): Zunächst muss der Beobachter die Situation wahrnehmen, in der der Handelnde agiert (z. B. »Der Lehrer gehorcht dem Untersuchungsleiter.«). Der Beobachter hat individuell und kulturell geformte Erwartungen darüber, wie man sich in solchen Situationen typischerweise verhält (z. B. »Die meisten Menschen würden dies nicht tun.«). Diese Erwartungen beeinflussen die Bewertung oder Kategorisierung des Verhaltens des spezifisch Handelnden (z. B. »Vermutlich wird der Lehrer auch noch andere Menschen quälen.«). Dann steht der Beobachter vor der Frage, ob das beobachtete Verhalten die eigenen Erwartungen verletzt oder nicht (z. B. »Das Ausmaß an Gehorsamsbereitschaft ist größer als ich normalerweise erwarten würde.«), um dann eine dispositionelle Schlussfolgerung über den Lehrer zu ziehen (z. B. »Ich denke, der Lehrer ist ein Sadist.«). Wenn er nicht zu diesem Urteil gekommen ist, dann verzichtet der Beobachter auf eine dispositionelle Schlussfolgerung über den Lehrer (z. B. »Der Lehrer tut nur das, was jede Person in einer solchen Situation tun würde.«) und erklärt damit sein Verhalten aufgrund des situativen Drucks. Als Regel gilt: Wenn wir ein Verhalten beobachten, das situationsuntypisch oder in auffälliger Weise vom Verhalten einer gedachten Durchschnittsperson abweicht, dann wird dies zu einer dispositionellen Schlussfolgerung führen. Obwohl sich die verschiedenen Attributionstheorien in wesentlichen Vorannahmen unterscheiden, so postulieren sie alle eine ähnliche Sequenz. Im nachfolgenden Abschnitt werden die wichtigsten Modelle vorgestellt.

## 6.2 Der naive Verhaltenstheoretiker nach Heider

Der Sozialpsychologe Fritz Heider (1958) hat als erster das Problem der naiv-phänomenalen Zuschreibung von Verhaltensursachen systematisch behandelt. Er wird deshalb häufig als Vater der Attributionstheorie bezeichnet, weil es ihn im Rahmen seiner »naiven Psychologie« interessierte, wie Menschen zu einem Verständnis ihrer selbst und ihrer Welt gelangen. Menschen sind nach Heider motiviert, ihrer wahrgenommenen Welt Stabilität und Ordnung zu verleihen, um kontrollierte Vorhersagen über Personen und Sachverhalte zu machen. Dies ist dann möglich, wenn es gelingt, trotz situativer Variabilität Verhalten und Verhaltensergebnisse in ein wahrgenommenes Netz invarianter kausaler Verknüpfungen, der sogenannten dispositionalen Eigenschaften, einzubetten. Dann erscheint unsere Welt als weniger chaotisch, sie wird sinnvoll interpretier- und vorhersagbar. Im Rahmen attributionstheoretischer Annahmen kann man untersuchen, wie subjektive Sinndeutung auf der Basis direkter oder indirekter Erfahrung möglich ist.

Die Figur des naiven Verhaltenstheoretikers und dessen naive Verhaltenstheorie wurde von Heider (1958) analog zum wissenschaftlich analysierenden Psychologen entworfen. Wie der Mensch zu Erkenntnissen über sich und andere kommt, muss nach Heider Grundlage jeder wissenschaftlichen Verhaltenstheorie sein, wenn deren Erkenntnisinteresse darauf abzielt zu erfahren, nach welchen Gesetzmäßigkeiten Menschen unter dem Einfluss ihrer Intuitionen entscheiden und handeln. Damit kann die Attributionstheorie zudem die Funktion einer psychologischen Erkenntnistheorie übernehmen.

Nach Heider unterscheidet der naive Verhaltenstheoretiker, ob ein Verhalten entweder internalen Personenfaktoren oder nichtpersonalen Faktoren oder einer Kombination von beiden zugeschrieben werden kann (s. Abb. 6.2). Die Personfaktoren unterteilt Heider in einen Fähigkeitsfaktor (alltagssprachlich: Können) und einen motivationalen Faktor (alltagssprachlich: Wollen). Die nichtpersonalen Faktoren beziehen sich auf die externalen Bedingungen, die eine Handlung begleiten (z. B. das Rudern eines Bootes in turbulentem Wasser oder die schwierigen Fragen bei einer Prüfung). Das mögliche Zusammenwirken dieser Faktoren soll an folgendem Beispiel verdeutlicht werden: Angenommen, wir beobachten eine Person, die mit einem Kanu versucht, auf das andere Ufer eines reißenden Flusses zu rudern. Um diese Aufgabe zu vollbringen, sind Können und Wollen erforderlich, denn Können bezieht sich auf die körperlichen und geistigen Kräfte, um ein Handlungsresultat zu erzielen und Wollen auf die Anstrengungsbereitschaft bzw. auf die Motivation, etwas zu vollbringen.

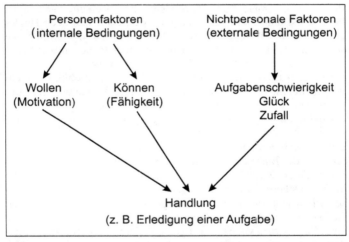

Abb. 6.2: Die Ursachenfaktoren einer Handlung (nach Heider, 1958)

Bei der Beurteilung, ob ein Akteur eine Aufgabe erfolgreich erledigt hat oder ob er mit einiger Anstrengung ein Ereignis oder eine Handlung hätte vermeiden können, müssen nach Heider noch die Faktoren Aufgabenschwierigkeit bzw. Situationskräfte sowie Glück und Zufall berücksichtigt werden. Die Vermutung, dass Wollen oder Absicht bei einer Handlung eine Rolle spielen, ist zentral bei der Unterstellung von persönlicher Verantwortung und steht im Mittelpunkt bei der moralischen Bewertung einer Handlung.

Bernhard Weiner (1972) hat gezeigt, dass bei der Bewertung leistungsrelevanten Verhaltens nicht nur die jeweilige Kombination von internalen und externalen Faktoren eine entscheidende Rolle spielt, sondern auch das Ausmaß ihrer relativen zeitlichen und situationsüberdauernden Stabilität. (s. Tab. 6.1):

Tab. 6.1: Ursachenzuschreibung in Leistungssituationen (nach Weiner, 1972)

| Dimension | Ursache |
|---|---|
| Internal – Stabil | Fähigkeit |
| Internal – Instabil | Anstrengung |
| External – Stabil | Aufgabenschwierigkeit |
| External – Instabil | Zufall, Glück |

Wie die unterschiedlich zugeschriebenen Ursachenmuster soziale Interaktionsverläufe beeinflussen können, soll folgendes Beispiel illustrieren: Wenn Sie z. B. mit einer anderen Person zusammen an einer wichtigen Aufgabe arbeiten und diese Person nur eine unterdurchschnittliche Leistung erbringt und Sie zur Auffassung gelangen, dass ihr geringer Beitrag auf mangelnde Fähigkeiten (internal – stabil) zurückzuführen ist, dann sind Sie geneigt, zukünftige Leistungen dieser Person ebenfalls als mangelhaft einzuschätzen und stellen vermutlich die weitere Zusammenarbeit mit ihr ein. Wenn Sie jedoch ihre schlechten Leistungen auf zeitweisen Mangel an Anstrengungsbereitschaft zurückführen (internal – instabil) oder auf Pech (external – instabil), dann sind Sie vermutlich eher geneigt, es mit ihr noch einmal zu versuchen.

Auf der Grundlage von Heider hat Kelley (1967) zwei Attributionsmodelle entwickelt, und zwar das Kovariationsmodell und das Konfigurationsmodell. Ebenso haben Jones & Davis (1965) ein ganz anderes Modell postuliert, nach dem naive Beobachter schlussfolgern. Alle Modelle zeigen die logisch-normativen Prinzipien des Zuschreibens auf.

## 6.3 Das Kovariationsmodell von Kelley – die Zuschreibung aufgrund mehrfacher Beobachtungen

Kelleys Kovariationsmodell war u. a. deshalb so anregend für die attributionstheoretische Forschung, weil es die Möglichkeit eröffnete, zwischen der normativen Ebene (der Entscheidung analog eines idealen Modells) und der empirisch-deskriptiven Ebene (Entscheidungen aufgrund alltagstheoretischer Regeln) zu trennen. Aus der Abweichung der empirisch gewonnenen Daten von den Vorhersagen des Modells lassen sich Aussagen über Art und Typus von Attributionsverzerrungen machen, die in Kapitel 7 behandelt werden.

Wie bereits erwähnt, ist die Metapher des naiven Verhaltenstheoretikers mit Bedacht gewählt worden. Um bei ihren experimentell gewonnenen Daten Kausalgewissheit herstellen zu können, wenden Wissenschaftler und Statistiker eine Methode an, die man Varianzanalyse nennt. Nach Kelleys Theorie versucht der naive Verhaltenstheoretiker, ähnlich wie der Wissenschaftler, Ursachen zu erschließen. Dabei geht er nach dem Prinzip der Kovariation vor, das auch der Varianzanalyse zugrunde liegt. Nach diesem Prinzip wird eine Ursache dann einem Verhaltensresultat zugeschrieben, wenn Ursache und Resultat mehrfach zusammen auftreten bzw. kovariieren.

Formalisiert kann man dieses Prinzip folgendermaßen darstellen: Wenn Y immer auf X folgt und nicht-Y immer auf nicht-X, dann kann der Beobachter mit einiger Gewissheit annehmen, dass X die Ursache von Y ist. Dieses Modell induktiver Logik geht auf die Methoden des induktiven Schlussfolgerns des englischen Philosophen John Stuart Mill (1872/1973) zurück, wonach die einzige Erkenntnisquelle und das einzig zulässige Erkenntnisverfahren die Induktion ist.

In Anlehnung an Heider entwirft Kelley (1973) ein Attributionsmodell analog einer einfachen Varianzanalyse (ANOVA). Nach diesem Modell wird ein beobachteter Effekt (die abhängige Variable in der ANOVA) drei möglichen Ursachen (den unabhängigen Variablen in der ANOVA) zugeschrieben: 1. der Person – etwas in der betreffenden Person kann den Effekt verursacht haben, 2. der Entität oder der Stimulussituation – etwas Charakteristisches der betreffenden Situation kann den Effekt bewirkt haben oder 3. den Zeitpunkten

## 6 Kausalattribution: Person oder Situation?

– besondere Umstände zu bestimmten Zeitpunkten mögen den betreffenden Effekt verursacht haben. Das Kovariationsprinzip besagt, dass ein Effekt (z. B. Verhalten) derjenigen möglichen Ursache zugeschrieben wird, mit der er über die Zeit hinweg kovariiert.

Wenn ein Beobachter nach den Prinzipien des Kovariationsmodells von Kelley verstehen will, weshalb ein bestimmter Akteur sich in einer bestimmten Situation in einer bestimmten Weise verhalten hat, dann versucht er – wenn möglich – nach drei Informationsquellen zu fragen:

1. *Konsensus:* Haben sich andere Personen in ähnlichen Situationen ähnlich dem Akteur verhalten oder nicht?
2. *Distinktheit*: Hat sich der Akteur in unterschiedlichen Situationen unterschiedlich verhalten oder nicht?
3. *Konsistenz*: Hat sich der Akteur in ähnlichen Situationen in der Vergangenheit und zu anderen Zeitpunkten ähnlich verhalten oder nicht?

Dabei ist zu beachten, Distinktheit und Konsistenz nicht zu verwechseln. Distinktheit fragt, inwieweit sich die Person in unterschiedlichen Situationen unterschiedlich verhält. Wenn eine Person sich in gleicher Weise in ähnlichen Situationen ähnlich verhält, dann ist der Grad der Distinktheit gering. Konsistenz hingegen fragt, inwieweit sich eine Person in ähnlichen Situationen zu unterschiedlichen Zeitpunkten ähnlich verhält oder nicht. Tab. 6.2 enthält einige Vorhersagen, die nach Kelley zu Person-, Stimulus- oder Umständezuschreibung führen.

Tab. 6.2: Informationsmuster, die nach Kelleys Attributionsmodell zu Person-, Stimulus- oder Umständezuschreibung führen (nach Orvis, Cunningham & Kelley, 1975)

| Ursachen | Informationsmuster | | |
|---|---|---|---|
| | **Konsensus** (Vergleich über Personen) | **Distinktheit** (Vergleich über Entitäten) | **Konsistenz** (Vergleich über Zeitpunkte) |
| **Person** | niedrig | niedrig | hoch |
| **Stimulus (Entität)** | hoch | hoch | hoch |
| **Umstände** | niedrig | hoch | niedrig |

Die Kelleyschen Prinzipien gelten gleichermaßen für Fremdattributionen und Selbstattributionen. Zum besseren Verständnis soll die Zuschreibung internaler bzw. externaler Ursachen nach dem Kovariationsmodell am folgenden Beispiel veranschaulicht werden.

Mein Freund Jörn hat eine Aufführung der Oper Aida in der Arena von Verona gesehen und empfiehlt mir voller Begeisterung, eine Vorstellung zu besuchen, weil es die beste Aida-Inszenierung sei, die er jemals gesehen habe. Da ich mich zufällig in der Nähe von Verona aufhalte, ziehe ich in Erwägung, mir tatsächlich eine Aufführung anzusehen, weil ich Jörn glaube, dass sie wirklich so hervorragend ist (dies wäre eine externale oder Stimulusattribution). Da aber andererseits mein Freund dafür bekannt ist, bei italienischen Opern leicht in Enthusiasmus zu verfallen, überlege ich mir, ob seine Aussage möglicherweise nur etwas mit seiner leicht entflammbaren Begeisterungsfähigkeit zu tun hat und nichts mit der Qualität der Inszenierung (dies wäre eine sogenannte Personenattribution). Um zu einer Entscheidung zu gelangen, versuche ich, eine möglichst optimale Informationssammlung aus den drei oben genannten Informationsquellen anzustreben und die Informationen einzeln gegeneinander abzuwägen.

Nach Kelleys Kovariationsmodell erfolgt eine Stimulusattribution (Opernaufführung), wenn Distinktheits-, Konsistenz- und Konsensusinformationen maximal sind. Das heißt, wenn Jörn unterschiedliche Aufführungen von Verdi-Opern unterschiedlich beurteilt (hohe Distinktheit), wenn ich erfahre, dass Jörn von einer zweiten Aufführung der Aida in Verona ebenso begeistert war (hohe Konsistenz), und wenn ich auch über andere Quellen (Personen oder Kritiken) erfahre, dass diese Inszenierung besonders gelungen sei (hoher Konsensus). Bei einer solchen Datenkombination bin ich geneigt anzunehmen, dass Jörns Begeisterung tatsächlich etwas über die Qualität der Aufführung (Stimulusattribution) aussagt, und man wird mich vermutlich in der Schlange vor der Theaterkasse in Verona wiederfinden. Wenn ich hingegen aus früheren Erfahrungen weiß, dass Jörn jede Verdi-Oper, die er sieht, mit Begeisterung kommentiert (geringe Distinktheit), dass Jörn bei jeder Aufführung von Aida in Verzückung gerät (hohe Konsistenz) und dass nur wenige Leute diesen Enthusiasmus teilen (geringer Konsensus), dann bin ich geneigt, Jörns Entzücken seinem persönlichen Geschmack zuzuschreiben

(Personenattribution). In diesem Falle werde ich mir die Reise nach Verona vermutlich sparen.

Eine der ersten empirischen Untersuchungen über Kelleys ANOVA-Modell wurde von Leslie McArthur (1972) durchgeführt. Sie konnte zeigen, dass Beurteiler weitgehend, mit geringen Abweichungen vom normativen Modell, dem Kovariationsprinzip folgten. Sie fand z. B. heraus, dass Konsensusinformationen nicht angemessen von den Beurteilern berücksichtigt wurden. In Kapitel 7 werden wir uns ausführlich mit den Abweichungen von den normativen Prinzipien des Schlussfolgerns beschäftigen.

## 6.4 Das Konfigurationsmodell von Kelley – die Zuschreibung aufgrund einmaliger Beobachtung

Für die Ursachenzuschreibung nach dem Kovariationsmodell benötigt der Beobachter logischerweise stets Informationen aus mehrfachen Beobachtungen. Uns fehlt jedoch häufig die Möglichkeit, einen Sachverhalt mehrmals oder unter verschiedenen Bedingungen zu beobachten. Folgten wir nur den Prinzipien des Kovariationsmodells, dann müssten wir uns in einem solchen Falle des Urteils enthalten. Trotz des Fehlens von kovarianten Informationen gelangen wir dennoch zu Stimulus- oder Personenattributionen. Dazu greifen wir auf frühere Erfahrungen mit ähnlichen Situationen oder Sachverhalten zurück. Wir haben bestimmte Vorstellungen über das Zusammenwirken von wahrscheinlichen Ursachenfaktoren und »kombinieren« in ähnlicher Weise wie Sherlock Holmes.

Folgende Anekdote, die Freud zugeschrieben wird, soll diesen Kombinationsprozess illustrieren. Die kleine Geschichte, die den Titel trägt »Das ist doch logisch«, enthält folgende Begebenheit:

Ein alter Jude war auf der Rückreise mit der Eisenbahn von Budapest in sein kleines Dorf. Vor ihm saß ein vornehm gekleideter junger Mann, der ein Buch las. Als der Zug die vorletzte Station verlassen hatte, bemerkte der alte Mann, dass der junge Mann noch immer zugegen war. Das schien dem Alten doch sehr ungewöhnlich, denn das Dorf, zu dem der Zug fuhr, war doch ziemlich ärmlich und primitiv. »Da er ein Buch liest«, so dachte der alte Mann, »muss er ein Jude sein. Und weil er so gut gekleidet ist, muss er wohlhabend sein. Aber was führt einen jungen, wohlhabenden Juden in mein kleines Dorf? Ich vermute, dass er dort Verwandte hat ... möglicherweise ist es Cohns Sohn, der in Budapest Medizin studiert. Aber wenn er tatsächlich Cohns Sohn ist, dann kann er unmöglich zu Besuch kommen, denn sowohl Cohn als auch seine Frau sind tot. Welchen anderen Grund mag er wohl haben, in unser Dorf zu kommen? Vermutlich will er heiraten. Aber wen? Schull hat zwei Töchter; seine älteste ist bereits verheiratet, deshalb muss es die jüngere sein. Und Schull wollte immer einen wohlhabenden Doktor zum Schwiegersohn. Aber ein Doktor kann in Budapest unmöglich wohlhabend sein mit einem Namen wie Cohn. Vermutlich änderte er ihn in die ungarische Übersetzung, nämlich Covax.

Als der Zug sich der Station näherte, stand der alte Jude auf und sagte: »Dr. Covax, wenn Herr Schull Sie nicht am Bahnhof erwartet, dann würde ich Sie gerne in sein Haus begleiten.« Entgeistert starrte ihn der junge Mann an und sagte: »Woher kennen Sie meinen Namen und wissen, dass ich Herrn Schull treffen will?« »Das ist doch logisch«, kam spontan als Antwort.

Wie erschloss der alte Mann diese Zusammenhänge? Er kombinierte ähnlich wie ein scharfsinniger Detektiv oder wie ein kluger Alltagspsychologe. Trotz fehlender Informationen ergänzt und interpretiert er einen bruchstückhaften Sachverhalt mit Hilfe impliziter Annahmen – oder wie Kelley es formuliert – mittels kognitiver Schemata. Kognitive Schemata sind abrufbare dynamische Wissensstrukturen oder Wissenselemente, die aus früheren Erfahrungen mit einer Klasse von Stimuli oder Ereignissen stammen und die auf eine neue Situation angewandt werden können.

Kelley hat für den Fall einmaliger Beobachtung verschiedene Konfigurationsmuster von kausal-kognitiven Schemata entwickelt, auf die der Beobachter je nach Kontextbedingungen zurückgreift. Bei nur einmaliger Beobachtung versucht der Beobachter, sich gleichsam nacheinander alle in Frage kommenden Ursachen vorzustellen und sie nach dem Grad ihrer Plausibilität zu gewichten. Diejenigen Ursachen, welche die geringste Plausibilität besitzen, werden als Möglichkeiten ausgeschlossen. Kelley spricht hier von der Wirksamkeit des Abwertungsprinzips, d. h. eine Ursache wird aufgrund der Möglichkeit weiterer plausibler Ursachen abgewertet oder ganz ausgeschlossen.

Bezogen auf unser früheres Beispiel mit dem Opernliebhaber wäre folgender Schluss nahe liegend: Wenn Jörn sagt, dass er die Opernaufführung in Verona hinreißend findet, obwohl er früher noch nie etwas über Opern hat verlauten lassen, dann werte ich die Qualität der Inszenierung als potentielle Ursache für seine Begeisterung in dem Maße ab, wie ich andere plausible Gründe für seinen Enthusiasmus finde. Zum Beispiel, dass er einen Vorwand sucht, um mich für ein paar Tage nach Verona zu locken.

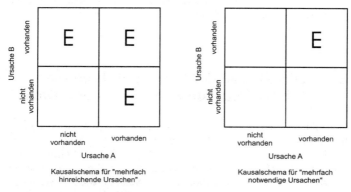

Abb. 6.3: Kausalschemata (nach Kelley, 1973).

Aus der Vielzahl der von Kelley (1973) entwickelten kognitiven Schemata sollen die beiden bekanntesten beschrieben werden, nämlich die Kausalschemata für »mehrfach notwendige Ursachen« und für »mehrfach hinreichende Ursachen«. Das Schema »mehrfach notwendige Ursachen« besagt, dass das Vorhandensein von wenigstens zwei verschiedenen Ursachenfaktoren notwendig ist, damit ein Effekt (E) eintritt. Das Kausalschema für »mehrfach hinreichende Ursachen« besagt, dass jede der Ursachen für sich allein genommen ausreicht, um einen Effekt (E) zu fördern (s. Abb. 6.3). Beim Gebrauch des Schemas »mehrfach hinreichende Ursachen« ist für die Beobachter eine gewisse Unsicherheit gegeben, ob A oder B oder A und B als Ursachen gelten können. Die plausibelste Ursache wird nach Kelley mit Hilfe des Abwertungsprinzips ermittelt, d. h. bei alltäglichen Ereignissen wird nach Kelley (1973) üblicherweise das Kausalschema für »mehrfach hinreichende Ursachen« angewendet werden, während bei extremen und ungewöhnlichen Ereignissen oder Effekten das Kausalschema für

»mehrfach notwendige Ursachen« zur Interpretation herangezogen wird. Wenn beispielsweise jemand eine ganz hervorragende Leistung erbringt, geht man davon aus, dass dies nicht allein aufgrund hoher Begabung oder allein aufgrund ungewöhnlicher Anstrengung möglich wurde, sondern dass diese Person sowohl begabt oder fähig ist als auch sich anstrengen musste, um dieses Ergebnis zu erreichen. In einem solchen Kontext müssen beide Ursachen gegeben sein, um einen Handlungseffekt zu erzielen.

## 6.5 Das Modell der korrespondierenden Schlussfolgerung von Jones und Davis

Ein anderes, jedoch ebenfalls einflussreiches Attributionsmodell haben Jones und Davis (1965) entwickelt. In ihrem Modell werden die Bedingungen postuliert, die eine dispositionelle Schlussfolgerung ermöglichen und die Annahme beschrieben, mit welcher Gewissheit dieser Schluss möglich ist. Nehmen Sie an, Sie hören von einem wohlhabenden Mann, der einer Wohltätigkeitsorganisation viel Geld zukommen ließ. Daraus könnte man schließen, dass dieser Mann in besonders großzügiger Weise soziale Belange unterstützt. Die hohe Spende korrespondiert mit den Persönlichkeitseigenschaften »Großzügigkeit« und »Hilfsbereitschaft«. Später hören Sie allerdings, dass dieser Mann sein Geld mit Waffengeschäften gemacht hat und mit seiner Spende auf ein politisches Mandat spekuliert. Ihre erste Interpretation korrespondierte mit den Merkmalen Großzügigkeit und Hilfsbereitschaft. Ihre zweite Interpretation korrespondierte nicht mit diesen Merkmalen, sondern Sie gelangten zu einer völlig anderen Einschätzung seiner Persönlichkeitseigenschaften. Diese sind von externen Absichten geprägt, und Sie sehen diesen Mann möglicherweise nunmehr als Opportunisten.

Im Mittelpunkt des Modells von Jones und Davis (1965) steht der Prozess der korrespondierenden Inferenz, der die Erschließung von stabilen, zeitinvarianten Persönlichkeitseigenschaften erlaubt. Das Konzept der Korrespondenz bezieht sich auf das Ausmaß an Information, die im Hinblick auf ein Merkmal über das Verhalten eines Handelnden gewonnen werden kann. Ein hohes Maß an

## 6 Kausalattribution: Person oder Situation?

Korrespondenz und damit Gewissheit über die zugrunde liegende Eigenschaft eines Handelnden hat ein Beobachter dann, wenn der Handelnde in Bezug auf das betreffende Merkmal von einer gedachten Durchschnittsperson auf dieser Merkmalsdimension stark abweicht.

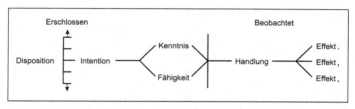

Abb. 6.4: Das Handlungs-Ursachenmodell (nach Jones & Davis, 1965).

Welche Bedingungen fördern eine korrespondierende Schlussfolgerung oder schließen sie von vornherein aus? Zunächst einmal muss der Beobachter zu der Überzeugung kommen, dass der Akteur sowohl die Absicht hat als auch die notwendigen Kenntnisse und Fähigkeiten besitzt, das in Frage kommende Verhalten herbeizuführen. Erst wenn dies bejaht wird, kann der Schlussfolgerungsprozess fortgesetzt werden (s. Abb. 6.4). Zwei weitere Bedingungen erleichtern und fördern den Prozess des korrespondierenden Schließens: 1. soziale Erwünschtheit des Verhaltens und 2. Grad der Wahlfreiheit des Akteurs.

Ein Verhalten, das sozial positiv bewertet wird und dem Akteur bei seiner Ausführung Vorteile bringt, ist für den Beobachter relativ uninformativ und hat damit einen geringen diagnostischen Wert im Hinblick auf die zugrunde liegenden Eigenschaften oder Motive des Handelnden, weil viele Menschen sich vermutlich ähnlich verhalten würden. Im Gegensatz dazu sind sozial nichterwünschte oder nicht-normative Handlungsalternativen, die möglicherweise für den Handelnden Nachteile erbringen, von größerem diagnostischen Wert und daher von größerer Aussagekraft, weil vermutlich nur wenige Menschen dieses Verhalten wählen würden. Daher postulieren Jones und Davis (1965), dass ein Beobachter eher zu einer korrespondierenden Schlussfolgerung kommt, wenn das beobachtete Verhalten nicht-normativ oder rollendiskrepant ist, als wenn es normativ, erwünscht oder rollenkonsistent ist. Fazit: Wenn in einer bestimmten Situation alle das gleiche tun, können wir keine validen Aussagen über die Persönlichkeitseigenschaften von einzelnen Personen machen.

Weiß ein Beobachter, dass das Verhalten eines Akteurs ohne äußeren Zwang erfolgt, dann kann er dem Handelnden Absicht unterstellen und entsprechende korrespondierende Persönlichkeitseigenschaften erschließen. Weiß der Beobachter aber andererseits, dass situative Kontextfaktoren dem Handelnden keine andere Wahl ließen, dann sollte er keine korrespondierenden Schlussfolgerungen über die Persönlichkeitseigenschaften des Akteurs ziehen.

Aufgrund dieser Hypothesen konzipierten Edward Jones und Victor Harris (1967) eine folgenreiche Untersuchung. In dieser Studie wurde die Wirkungsweise der beiden Variablen soziale Erwünschtheit und Wahlfreiheit analysiert. Die Teilnehmer dieser Untersuchung wurden gebeten, die Protokolle von Reden zu beurteilen, welche angeblich von Studenten ihrer Universität stammten, die an einem Rhetorikwettbewerb teilgenommen hatten. Bei Rhetorikwettbewerben, die an amerikanischen Universitäten sehr populär sind, wird den Rednern aufgetragen, über ein Thema, das sie entweder frei wählen dürfen oder das ihnen vorgegeben wird, so überzeugend wie möglich zu argumentieren. In dieser Untersuchung lasen die Beurteiler die Rede eines Kommilitonen, dessen angebliche Aufgabe darin bestand, über die Politik des kubanischen Revolutionsführers Castro zu sprechen. Zur damaligen Zeit war Castros Politik in den USA ein sehr kontroverses Thema. Die Aufgabe der Beurteiler bestand darin, die ganz persönliche Einstellung des Redners aufgrund der Protokolle einzuschätzen. In dieser Studie wurden insgesamt vier Bedingungen variiert. Die Manipulation der Variablen soziale Erwünschtheit bestand darin, dass die eine Hälfte der Probanden eine Rede zu beurteilen hatte, die positiven Inhalts über Castro war, der anderen Hälfte wurde eine Rede vorgelegt, die negativen Inhalts in Bezug auf Castros Politik war. Da die Mehrheit der Studenten der Universität, an der diese Studie durchgeführt wurde, negativ gegenüber Castro eingestellt war, reflektierte das Protokoll mit den negativen Äußerungen den normativen Standard dieser Population. Pro-Castro Äußerungen waren dementsprechend nicht normativ. Zusätzlich zu dieser Manipulation wurde die Variable Wahlfreiheit variiert. Einer Hälfte der Beurteiler wurde mitgeteilt, dass der Redner sein Thema frei gewählt habe (Wahlfreiheit), während der anderen Hälfte mitgeteilt wurde, dass die Aufgabe des Redners darin bestanden hätte, sich positiv bzw. negativ über Castros Politik zu äußern (keine Wahlfreiheit). Nachdem die Beurteiler der vier Gruppen ihre jeweiligen Protokolle gelesen hatten, wurden sie gebeten, die »wahre« Einstellung des Redners in Bezug auf Castros Politik auf einer Skala einzuschätzen, die markiert war mit den Endpunkten 10 (extrem Anti-Castro) bis 70 (extrem Pro-Castro). Diese Skala war so konstruiert, dass die Beurteiler korrespondierende Schlussfolgerungen über den Redner ziehen konnten.

Tab. 6.3: Mittelwerte der dem Redner zugeschriebenen Redeeinstellungen. Ein hoher Wert bedeutet eine Pro-Castro Einstellung (nach Jones & Harris, 1967)

| Bedingung | Pro-Castro | Anti-Castro |
|---|---|---|
| Wahlfreiheit | 59.6 | 17.4 |
| Keine Wahlfreiheit | 44.1 | 22.9 |

Die Mittelwerte sind in Tab. 6.3, dargestellt, wobei hohe Werte positiv wahrgenommene Einstellungen gegenüber Castro ausdrücken. Drei Effekte sind bemerkenswert. Erstens hat die Ausrichtung der Rede einen deutlichen Einfluss auf die zugeschriebene Einstellung des Redners. Zweitens war dieser Effekt besonders ausgeprägt unter der Bedingung Wahlfreiheit. Drittens zeigen die Ergebnisse, dass sogar unter der Bedingung der fehlenden Wahlfreiheit dem Redner positive bzw. negative Einstellungen gegenüber Castros Politik zugeschrieben wurden. Dies war unerwartet und ist dennoch das wichtigste Ergebnis dieser Untersuchung. Selbst wenn die Redner ihren Standpunkt nicht frei wählen konnten und sich entweder positiv oder negativ gegenüber Castros Politik äußern mussten, wurde ihnen dieses Verhalten persönlich zugerechnet. Unter der Bedingung »keine Wahlfreiheit« gibt es vernünftigerweise keinen Grund anzunehmen, dass die Äußerungen irgendetwas mit dem persönlichen Standpunkt des Redners zu tun hätten. Dennoch wurde von seinem Verhalten auf angeblich zugrunde liegende Einstellungen geschlossen. Logischerweise hätten die Beurteiler auf der Einstellungsskala den mittleren Skalenwert ankreuzen müssen, um anzudeuten, dass unter der Zwangsbedingung keine Aussagen über die wahren Einstellungen des Redners möglich sind. In der Terminologie von Jones und Davis (1965) machten die Beurteiler eine korrespondierende Schlussfolgerung, obwohl dies nicht gerechtfertigt war. Wie konnte dieses Ergebnis zustande kommen? Offenbar ignorierten die Beurteiler die Rollenzuweisung bzw. den Aufgabenkontext und damit die Einschränkung der Wahlfreiheit und schlossen direkt vom Verhalten auf anscheinend zugrunde liegende Einstellungen.

Nachdem man diese Tendenz, den Kontext bei der Zuschreibung von Ursachen zu vernachlässigen und stattdessen direkt vom Verhalten auf zugrunde liegende Dispositionen zu schließen, mehrfach gefunden hatte, wurden die Studie von Jones und Harris (1967) und viele andere klassische Untersuchungen aus der Sozialpsychologie in einem neuen Licht gesehen. Die Attributionsmodelle von Kelley (1967; 1973) sowie von Jones und Davis (1965) zeigen die logisch-normativen Regeln auf, nach denen naive Beobachter schlussfolgern. Die empirischen Ergebnisse zeigen jedoch, dass die Schlussfolgerungen des naiven Wissenschaftlers von diesen normativen Prinzipien in systematischer Weise abweichen können. Dieser Aspekt berührt das weite Feld der Attributionsverzerrungen und Attributionsfehler, dem wir uns nunmehr zuwenden wollen.

# 7 Attributionsverzerrungen und Urteilsheuristiken – die Abweichungen vom normativen Modell der Urteilsbildung

Die klassische Studie von Jones und Harris (1967), welche die Regeln des korrespondierenden Schlussfolgerns demonstrieren sollte, zeigte ein verblüffendes und unerwartetes Ergebnis, dessen Konsequenzen für die weitere Forschung zunächst nicht abzusehen waren. Das unvorhergesehene Ergebnis bestand darin, dass Beobachter die situativen Rollenzwänge, die die Redner bei ihren Ausführungen beachteten, weitgehend ignorierten. Sie interpretierten vielmehr das gesehene Verhalten als Evidenz für korrespondierende Einstellungen der Handelnden, berücksichtigten dabei jedoch nicht die situativen Zwänge, unter denen sie handelten. Die Beurteiler hatten, nachdem sie mit den Aussagen von anderen Studenten konfrontiert worden waren, gleichsam zu sich selbst gesagt: »Ich weiß ja, dass sie nur ihre vorgegebene Rolle spielten, aber trotzdem glaube ich, dass sie irgendwie davon überzeugt sind, was sie sagen.«

## 7.1 Der fundamentale Attributionsfehler

Viele nachfolgende Untersuchungen und die spätere Analyse anderer sozialpsychologischer Untersuchungen (Ross, 1977) bestätigen das gleiche Muster: Wenn Menschen das Verhalten eines anderen beobachten, neigen sie zu dem Schluss, dass der Handelnde hierzu prädisponiert war. In anderen Worten: Sie vermuten, dass das beobachtete Verhalten mit spezifischen Dispositionen des Akteurs korrespondiert. Und sie neigen selbst dann zu solchen Schlussfolgerungen, wenn zwingende Gründe gegen sie sprechen. Wenn ein Verhalten das Ergebnis von vermutlich starken externalen Kräften ist, sollte ein Beobachter nicht schlussfolgern, dass das Verhalten nicht von internalen Dispositionsfaktoren verursacht ist. Da die Tendenz zur »Überattribuierung« von Dispositionsfaktoren so verbreitet ist, wurde sie von Lee Ross (1977) als *fundamentaler Attributionsfehler* bezeichnet. Der fundamentale Attributionsfehler ist die Tendenz, weitgehende Schlussfolgerungen über stabile Persönlichkeitsdispositionen eines Akteurs zu machen, obwohl sein Verhalten durch Situationsbedingungen ausreichend erklärt werden kann. In der englischsprachigen Literatur wird dieses Phänomen auch unter der Bezeichnung *correspondence bias* diskutiert.

Ein besonders instruktives Beispiel für die fatale Wirkung und Verwirrung, die durch den fundamentalen Attributionsfehler ausgelöst worden ist, stellt die Gehorsamkeitsstudie von Milgram (1963) dar, die im ersten Kapitel behandelt wurde. Wir erinnern uns: Die Tatsache, dass sich die Mehrzahl aller Teilnehmer in der Milgramschen Gehorsamkeitsstudie total gehorsam zeigte, war unerwartet und verwirrend zugleich. Weshalb? Wie bereits erwähnt, hat Bierbrauer (1979) die Milgram-Studie in allen ihren Details nachgestellt (s. Kap. 1) und sowohl Teilnehmer, welche die Rolle des Lehrers spielten als auch Beobachter am Ende der Simulation um eine Schätzung gebeten, wie viel Prozent aller Teilnehmer die höchste Schockstufe einsetzen würden. Ihre Einschätzungen lagen weit unter der tatsächlichen Gehorsamkeitsrate. Wie konnte es zu einer so deutlichen Fehleinschätzung kommen? Für Beobachter ist das geforderte Verhalten derart undenkbar, dass sie annehmen, nur unmoralische, sadistische oder extrem unterwürfige Menschen würden sich dazu bereit finden. Normale Menschen wie Du und Ich würden dies indes niemals tun. Offenbar werden die Zwänge der Untersuchungssituation von außenstehenden Beobachtern völlig unterschätzt. Stattdessen werden stabile Persönlichkeitsdispositionen der Teilnehmer für ihr Verhalten verantwortlich gemacht.

Wenn es so ist, dass Menschen zu dispositionellen Schlussfolgerungen neigen, obwohl sie unangemessen sind, dann müssen wir uns fragen, weshalb sie nicht den von Kelley beschriebenen normativen Prinzipien folgen. Es sollen zwei Gründe diskutiert werden: 1. das Unsichtbarkeitsproblem und 2. unrealistische Verhaltenserwartungen.

## 7.1.1 Das Unsichtbarkeitsproblem

Akteure kann man filmen, man kann sie messen und wiegen, aber wer Situationen oder Situationskräfte auch nur benennen will, steht vor einer kaum lösbaren Aufgabe. Situationen haben oft keine physischen Manifestationen. Beispielsweise kann man »Gruppendruck« weder sehen, riechen noch hören; er existiert nur im Erleben der Gruppenmitglieder. Viele situative Zwänge oder Kräfte existieren sogar außerhalb der Verhaltensepisode nur in den Köpfen der Beteiligten. Wir haben während unserer Sozialisation gelernt, welche Verhaltensnormen in bestimmten Situationen Geltung haben. Frühere Strafandrohungen von Eltern werden durch bestimmte Situationsmerkmale virulent, bleiben aber als potentielle Verhaltenskräfte für den Beobachter unsichtbar. Wie rasch verschiedene Rollenzuweisungen »vergessen« wurden und die Beobachter zu unterschiedlichen Schlussfolgerungen über die Fähigkeiten der beteiligten Akteure gelangen, lässt sich an einer Studie von Lee Ross, Teresa Amabile und Julia Steinmetz (1977) illustrieren. In dieser Untersuchung nahmen Studenten an einem Fragespiel teil. Nach Zufall wurde ihnen entweder die Rolle des Fragenden oder die des Ratenden zugewiesen. Der Fragende wurde gebeten, sich besonders knifflige Fragen auszudenken und, wie nicht anders zu erwarten, konnten die Ratenden nur einen geringen Teil davon beantworten. Sie waren in einer viel schwierigeren Situation als die Fragenden, denn diese haben sich natürlich nur solche Fragen ausgedacht, deren Antworten sie selbst wussten. Beobachter wurden anschließend gefragt, wer von den Beteiligten intelligenter sei. Sie kamen zu dem Schluss, dass die Frager signifikant intelligenter seien als ihre jeweiligen Partner. Weil Beobachter sich die unsichtbaren Zwänge in dieser Situation nicht vergegenwärtigten und den Einfluss der zufälligen Rollenzuweisung zu berücksichtigen »vergaßen«, interpretierten sie die Situation falsch. Häufig können sich Beobachter nicht in die Position des Akteurs versetzen oder sie kommen gar nicht erst auf die Idee dies zu tun und sind dann unfähig, die Situation aus seiner Perspektive zu sehen.

## 7.1.2 Unrealistische Verhaltenserwartungen

Selbst wenn Beobachter über eine realitätsangemessene Einschätzung der situativen Kräfte verfügen, können sie immer noch unrealistische Vorstellungen darüber entwickeln, welches Verhalten in dieser Situation angemessen ist. Wie genau ist unser Wissen über das typische Verhalten von Durchschnittsmenschen in einer bestimmten Situation? In anderen Worten: Welche Verhaltensmuster hält der Mann auf der Straße in einer bestimmten Situation für angemessen?

Wenn ein Verhalten vom vorgestellten Muster abweicht, kann dies zu ungerechtfertigten dispositionellen Schlussfolgerungen über den beobachteten Akteur führen. Viele sozialpsychologische Untersuchungen zeigen empirisch, dass sowohl Beobachter als auch involvierte Teilnehmer unangemessene Vorstellungen über die Verhaltenspotentiale von Akteuren haben. In der Milgram-Situation erwarten sie von den Akteuren ein größeres Maß an Widerstandskraft, um sich den Anweisungen des Untersuchungsleiters zu widersetzen. Von Zuschauern wird erwartet, dass sie anderen beistehen, die in Notsituationen Hilfe brauchen (Latané & Darley, 1970).

## 7.2 Wie »stark« sind situative Kräfte?

Wie schon angedeutet ist es schwierig, das Ausmaß von Situationskräften zu erfassen, und in den seltensten Fällen wissen wir etwas über das tatsächliche Ausmaß ihrer Dynamik. Erst in der Gegenüberstellung von tatsächlichen Situationskräften und den von Beobachtern vermuteten Kräften wissen wir etwas über diese Diskrepanz. Eine Möglichkeit, etwas über das Ausmaß von tatsächlichen Situationskräften zu erfahren, besteht darin, empirisch zu untersuchen, welcher Anteil von Personen in einem definierten Kontext ein bestimmtes Verhalten ausführt oder nicht.

Wie lässt sich die Stärke von wahrgenommenen Kontextkräften empirisch erfassen? Eine Möglichkeit besteht darin, sich der Logik des Kelleyschen (1973) Kovarianzmodells zu bedienen, indem man beispielsweise Beobachter fragt, wie hoch der vermutliche Prozentsatz von Menschen sein wird, die in einer bestimmten Situation ein bestimmtes Verhalten zeigen oder unterlassen. Dies ist im Kelleyschen Sinne eine Konsensusinformation.

Aus den Prinzipien des Kelleyschen (1973) Kovarianzmodells und der Theorie der korrespondierenden Schlussfolgerung (Jones & Davis, 1965) lassen sich noch weitere Möglichkeiten der Messung von wahrgenommenen Situationskräften ableiten. In der bereits erwähnten Untersuchung von Bierbrauer (1979) (s. Kap. 7) über den fundamentalen Attributionsfehler bei Beobachtern der Milgram-Situation wurde beispielsweise gefragt, welcher Prozentsatz von Studenten bereit wäre, einen 450-Volt Schock zu verabreichen. Wenn die Schätzung hoch ist, vermuten Beobachter, dass die Akteure in der Milgram-Situation einem hohen Situationsdruck ausgesetzt sind. Ist der geschätzte Prozentsatz vergleichsweise gering, dann vermuten Beobachter einen geringen Situationsdruck. Tatsächlich schätzten die von Bierbrauer (1979) befragten Beobachter, dass nur ca. 10 Prozent aller Teilnehmer bis zur maximalen Schockstufe von 450 Volt gehen würden. Wir erinnern uns: In der Originalstudie von Milgram (1963) waren es 65 Prozent!

Eine andere Möglichkeit zur Messung des wahrgenommenen Situationsdrucks ist auf der Grundlage einer weiteren Variante der Konsensusregel möglich. In der Simulationsstudie wurden die Beobachter auch gefragt, bis zu welcher Höchstschockstufe sie selbst, ihr bester Freund und der Durchschnittsstudent ihrer Universität gehen würden. Ihre durchschnittliche Schätzung: ca. 170 Volt. Auch dieser Befund zeigt, dass Beobachter sich selbst und anderen ein größeres Potential an Widerstandskraft zuschreiben als empirisch beobachtet wurde.

Das Modell der korrespondierenden Schlussfolgerung eröffnet eine weitere Möglichkeit zur Erfassung des Umfangs an zugeschriebenen Persönlichkeitsdispositionen. Wenn ein Beobachter gefragt wird, ob er etwas über die stabilen Persönlichkeitsattribute des beobachteten Lehrers (der alle Schockstufen bis 450 Volt einsetzt) im Vergleich zu einer Durchschnittsperson sagen kann, dann zieht er eine korrespondierende Schlussfolgerung. Wenn also Beobachter vermuten, dass das Verhalten des Lehrers aufgrund unwiderstehlicher Situationskräfte verursacht wurde, sollten sie es unterlassen, etwas über die charakteristischen Persönlichkeitsattribute der beobachteten Lehrer-Personen auszusagen. Das war aber nicht der Fall. Wenn Beobachter gefragt wurden, inwieweit der Lehrer beispielsweise in Bezug auf Aggressionsneigung, Egoismus oder Autoritarismus von einer hypothetisch gedachten Durchschnittsperson abweicht, dann fiel es ihnen nicht schwer, ihm solche Persönlichkeitsattribute zuzuschreiben (Bierbrauer, 1979).

## 7.3 Weshalb neigen Menschen zum fundamentalen Attributionsfehler?

Selbst wenn man Beobachter explizit auf die besonderen Zwänge in einer Situation aufmerksam macht, wie dies in der Studie von Bierbrauer (1979) geschehen ist, sind sie nicht bereit, diese in ihrer Beurteilung zu berücksichtigen. Wenn diese Tendenz zum fundamentalen Attributionsfehler so stark ist und in ihrer Folge zu unangemessenen Situationsinterpretationen führt, müssen wir uns fragen, welchen möglichen Nutzen diese Wahrnehmungsverzerrung hat. Vermutlich haben dispositionelle Schlussfolgerungen insofern einen Vorteil, als die Verarbeitung dispositioneller Informationen einen geringeren kognitiven Aufwand erfordert. Dispositionelle Schlussfolgerungen werden möglicherweise auch deshalb bevorzugt, weil sie die Aufmerksamkeit des Beobachters entlasten und seine Wahrnehmung für andere Aspekte der Umwelt frei machen. Schon Heider (1977) betonte, dass man mittels dispositioneller Eigenschaften bzw. Persönlichkeitscharakteristiken »eine unbegrenzte Vielzahl von Manifestationen im Verhalten durch ein einziges Konzept, z. B. Freundlichkeit, erfassen (kann)« (S. 43).

Dass diese Verzerrung nicht fundamental im Sinne von universal, d. h. in allen kulturellen Kontexten vorzufinden ist, wurde durch eine kulturvergleichende Studie von Joan Miller (1984) belegt. Sie beobachtete, dass nordamerikanische Teilnehmer in ihrer Untersuchung im Vergleich zu indischen Teilnehmern für ein deviantes Verhalten dreimal so häufig dispositionelle Erklärungen nannten (s. Abb. 7.1). Es liegt also nahe anzunehmen, dass der fundamentale Attributionsfehler eine Möglichkeit darstellt, Kontrollbedürfnisse zu befriedigen. Dies scheint bevorzugt in modernen westlichen Kulturen der Fall zu sein.

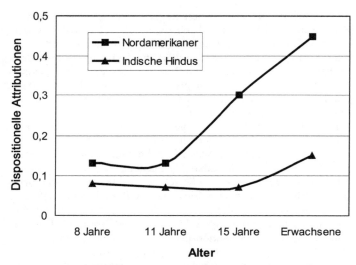

Abb. 7.1: Dispositionelle Attributionen für deviantes Verhalten als eine Funktion von Alter und kulturellem Hintergrund (nach Miller, 1984)

In diesem Abschnitt haben wir uns mit einigen typischen Mustern von Verzerrungen bei der Kausalattribution beschäftigt. Wir wollen uns im nächsten Abschnitt mit weiteren »Abweichungen« vom Modell der rationalen Urteilsbildung beschäftigen, die ebenfalls für die Wahrnehmung und Interpretation der sozialen Welt von Bedeutung sind.

## 7.4 Die Auswirkung des Kontexts auf soziale Urteile: Heuristiken und Entscheidungsrahmen

Im vierten Kapitel wurde auf die Begrenzungen der menschlichen Informationsverarbeitungskapazität hingewiesen. Wir haben bei der Diskussion des fundamentalen Attributionsfehlers die Vermutung geäußert, dass die bevorzugte Verarbeitung dispositioneller Personeninformationen es erleichtert, mit der Fülle von Informationen fertig zu werden. Die Auswahl oder Reduktion von Information erfolgt natürlich nicht willkürlich oder ungeordnet, sondern nach bestimmten Regeln, die folgenden Erfordernissen entsprechen müssen: 1. Sie müssen große Mengen von Informationen relativ effizient verarbeiten, und 2. diese Prozesse müssen zu problemangemessenen Resultaten führen.

Kognitiv orientierte Psychologen haben sich seit den achtziger Jahren des letzten Jahrhunderts intensiv mit der Frage beschäftigt, nach welchen Regeln Menschen Entscheidungen aufgrund vorgegebener Informationen fällen (Kahneman, Slovic & Tversky, 1982). Gleichzeitig haben die Forschungen von Sozialpsychologen über Attributionsprozesse zu Einsichten geführt, die mit den kognitionspsychologischen Befunden problemlos in Übereinstimmung zu bringen sind. Insbesondere haben die einfallsreichen Untersuchungen der beiden Kognitionspsychologen Daniel Kahneman und Amos Tversky (1973) in einer neuartigen Weise gezeigt, wie Kontexte und Informationskonfigurationen intuitive Entscheidungen und Prognosen systematisch beeinflussen. Auch ihr Interesse richtet sich auf die Prinzipien, die der naive Verhaltenstheoretiker benutzt, um Entscheidungen zu fällen. Ihr Forschungsparadigma basiert auf der Analyse der Abweichungen von einem statistisch-rationalen Modell der Urteilsbildung. Sie haben eine Reihe von Ableitungs- oder Interpretationsregeln beschrieben, die sie als Heuristiken bezeichnen. Heuristiken sind vereinfachende kognitive Regeln, die der naive Verhaltenstheoretiker bei bestimmten Informationstypen oder Kontexten verwendet, um Entscheidungen in komplexen Situationen zu fällen. Heuristiken sind sozusagen mentale Faustregeln, auf die naive Verhaltenstheoretiker (leider aber auch Experten) bei bestimmten Fragestellungen oder Problemfigurationen zurückgreifen. Letztere wirken wie Auslöser, um bestimmte Heuristiken in Gang zu setzen.

An sich sind Heuristiken sinnvolle und nützliche mentale Routineprogramme, die jedoch in bestimmten Situationen zu fehlerhaften Urteilen führen können. Wir wollen uns hier auf die Darstellung der zwei bekanntesten beschränken: 1. der Repräsentativitätsheuristik und der 2. Verfügbarkeitsheuristik.

## 7.4.1 Die Repräsentativitätsheuristik: Die Beurteilung nach Ähnlichkeit

Die relative Nichtbeachtung kontextueller Informationen und die Übergewichtung dispositioneller Personenfaktoren ist die Lektion des fundamentalen Attributionsfehlers. Phänomenologisch sind Personen und ihr Verhalten in unserem Gedächtnis besser verhaftet als vorübergehende Situationen, und deshalb sind diese auch weniger präsent oder mental verfügbar, wenn es gilt, kausale Gründe für ein Handlungsergebnis zu finden. Kahneman und Tversky (1973) haben gezeigt, dass bestimmte Urteile und Entscheidungen von der sogenannten Repräsentativitätsheuristik beeinflusst werden. Diese Urteilsheuristik bezieht sich auf die Tendenz, besonders auffällige Merkmale von A als zugehörig oder repräsentativ für Kategorie B zu halten. Wenn zu beurteilen ist, ob Bedingung A das Ereignis B verursacht hat oder mit ihm verbunden ist, dann tendieren Menschen dazu, bei konkreten Informationen A als repräsentativ für B zu halten, ohne B in seiner Auftretenswahrscheinlichkeit angemessen zu berücksichtigen.

Heuristiken führen bei alltäglichen Entscheidungen zu zufrieden stellenden Lösungen. Sie produzieren aber bei bestimmten Kontexten schwerwiegende Fehler. Viele Untersuchungen haben mittlerweile deutlich gemacht, dass eine Reihe disparater Phänomene wie z. B. implizite Perönlichkeitstheorien, Halo-Effekte, Stereotypenbildung und nicht zuletzt der fundamentale Attributionsfehler durch die Prinzipien und Wirkungsweisen der Heuristiken besser verstanden werden können.

Die Funktionsweise der Repräsentativitätsheuristik soll an folgender Untersuchung beispielhaft verdeutlicht werden. In einer Studie von Kahneman und Tversky (1973) wird den Probanden die folgende Beschreibung vorgelegt:

»Hans ist 39 Jahre alt; er ist verheiratet und hat zwei Kinder. Er ist aktiv in der Gemeindepolitik engagiert. Sein Hobby ist das Sammeln seltener Bücher. Er ist ferner ehrgeizig, liebt es zu diskutieren und ist ein glänzender Rhetoriker.«

Ferner wurde den Probanden mitgeteilt, diese Persönlichkeitsbeschreibung sei zufällig einer Mappe entnommen worden, in der sich insgesamt 100 Beschreibungen dieser Art befänden, und zwar von 70 Ingenieuren und 30 Rechtsanwälten. Anschließend wurden die Probanden gefragt, welchen Beruf Hans habe. Im Durchschnitt betrug die von den Probanden geschätzte Wahrscheinlichkeit, Hans sei ein Rechtsanwalt, 95 Prozent. Einer zweiten Gruppe von Probanden wurde die gleiche Aufgabe vorgelegt, mit dem Unterschied, dass die Mappe die Persönlichkeitsbeschreibungen von 30 Ingenieuren und 70 Rechtsanwälten enthält. Auch bei dieser Konstellation schätzten die Probanden, dass die Persönlichkeitsbeschreibung mit 95 prozentiger Wahrscheinlichkeit von einem Rechtsanwalt stammte.

Unabhängig von der relativen Verteilung der in der Mappe enthaltenen Berufsgruppen wurde in beiden Fällen überwiegend auf einen Rechtsanwalt getippt. Weshalb blieben die sogenannten Grundrateninformationen, d. h. die a priori Häufigkeitsverteilungen der beiden Populationen völlig unberücksichtigt? Die Antwort auf diese Frage legt eine dritte Variante dieser Untersuchungsreihe nahe. Wenn Teilnehmern nur die Grundrateninformation (70 vs. 30 und 30 vs. 70) präsentiert wird, und zwar ohne die stereotype Beschreibung eines Berufsbildes, werden Ausgangshäufigkeiten durchaus berücksichtigt. Offenbar dominierte in den Köpfen der Teilnehmer der beiden ersten Gruppen das typische Bild eines Rechtsanwaltes, sodass sie die sehr viel zuverlässigeren Basisinformationen der Häufigkeitsverteilung völlig übersahen, obwohl doch die Grundrate der einen Berufsgruppe jeweils mehr als doppelt so hoch war wie die Grundrate der anderen Berufsgruppe. Die Missachtung von Grundrateninformationen verletzt die Forderung nach der Berücksichtigung von Konsensusinformationen beim kausalen Schlussfolgern. Konsensusinformationen haben einen engen Bezug zu a priori Wahrscheinlichkeiten von Grundrateninformationen. Je größer die Anzahl von Personen ist, die ein bestimmtes Verhalten zeigen, umso höher ist die Grundrate dieses Verhaltens.

Die Vermutung einer hohen Korrelation von zwei Variablen, zwischen denen empirisch kein Zusammenhang besteht, ist bekannt als *illusionäre Korrelation*. Solche illusionären Korrelationen sind Teil von alltagstheoretischen Vermutungen über angebliche kausale Zusammenhänge. In den Alltagstheorien, aber auch in den Überzeugungen von klinischen Psychologen, finden wir solche illusionären Korrelationen (s. Kap. 4). Wenn beispielsweise Mitgliedern von Minderheiten stereotype Merkmale zugeschrieben werden, sind solche Zusammenhänge auch dann nicht zu entkräften, wenn diese Merkmale bei konkreten Einzelpersonen aus dieser

## 7 Attributionsverzerrungen und Urteilsheuristiken

Gruppe nicht nachzuweisen sind; sie werden zu den »Ausnahmen« gerechnet. Viele Menschen sind davon überzeugt, dass zwischen den Menstruationszyklen einer Frau und ihren Stimmungen ein enger Zusammenhang besteht. Es gibt Personalfachleute, die der Überzeugung sind, dass sich aufgrund von Handschriftenmerkmalen die besondere Eignung für eine berufliche Position vorhersagen lässt. Nicht wenige Menschen (und sogar Psychologen) sind der festen Überzeugung, dass zwischen sogenannten Sternkreiskonstellationen und dem »Charakter« eines Menschen eine schicksalhafte Fügung besteht. Empirische Forschungen konnten in diesen und in vielen anderen Fällen keine Zusammenhänge nachweisen. Diese in der Illusion existierenden Korrelationen sind Ausdruck der Repräsentativitätsheuristik, weil einzelne Ereignisse als typisch oder repräsentativ für eine Klasse anderer Ereignisse angesehen werden.

Aufgrund vieler Beobachtungen kommen Nisbett und Ross (1980) zu der Feststellung, dass intuitive Urteile und Entscheidungen sehr viel stärker von individualisierenden Personeninformationen beeinflusst und damit verfälscht werden als durch abstrakte Informationen, die auf Häufigkeiten oder statistischen Wahrscheinlichkeiten basieren. Wer beispielsweise einmal versucht hat, mit einem starken Raucher über die Gefährlichkeit seiner Gewohnheit mittels statistischer Erkrankungs- und Todesraten zu diskutieren, weiß, wie gering die Überzeugungskraft statistisch-abstrakter Informationen ist.

Eine der Ursachen für den fundamentalen Attributionsfehler wird in der geringen Beachtung der Kontextfaktoren bei gleichzeitiger Übergewichtung von konkreten und anschaulichen Personenfaktoren gesehen. Lässt sich diese Verzerrung aufheben, wenn Beobachtern explizite Informationen über die Größe von Situationszwängen gegeben werden? In einer bemerkenswerten Untersuchung von Arthur Miller, Barry Gillen, Charles Schenker und Shirley Radlove (1974) wurde den Teilnehmern die Milgram-Studie geschildert und ihnen mitgeteilt, dass die Mehrzahl aller Lehrerprobanden, nämlich 65 Prozent, in diesem Experiment bis zur maximal höchsten Schockstufe ging. Anschließend wurde den Teilnehmern von zwei Personen berichtet, die angeblich auch an der Milgram-Untersuchung mitgewirkt hatten, und ihre Fotos wurden gezeigt. Dann wurden die Teilnehmer gebeten, die beiden Lehrerprobanden im Hinblick auf einige Persönlichkeitsmerkmale, wie z. B. Warmherzigkeit, Aggressivität etc. zu beurteilen. Welchen Einfluss hatte nun die Konsensusinformation auf die Persönlichkeitsbeurteilung?

Obwohl die Teilnehmer darüber informiert worden waren, dass die Verabreichung des Maximalschocks die modale Handlungsform, d. h. das typische Verhalten war und somit wenig oder nichts über die individuellen Eigenschaften der Akteure aussagte, hatte diese Grundrateninformation keinerlei Bedeutung. Die Teilnehmer an der Studie von Miller et al. (1974) waren von dem untypischen Charakter der (fiktiven) Akteure überzeugt und schrieben ihnen in starkem Maße negative Persönlichkeitseigenschaften zu. Persönlichkeitsdispositionen sind möglicherweise deshalb repräsentativer als Situationen, weil Akteure manifeste Handlungen begehen. Und es scheint für Menschen schwierig zu sein, abstrakte Informationen von einem Kontext in einen anderen ähnlichen Kontext zu übertragen und zu verwerten. Trotz des Wissens um den Einfluss massiver situativer Zwänge halten Beobachter an der Fiktion des Anders-Handeln-Könnens unbeirrt fest.

### 7.4.2 Die Verfügbarkeitsheuristik: Was fällt uns zuerst ein?

Nach Tversky und Kahneman (1973) hängt die Einschätzung der Häufigkeit oder Wahrscheinlichkeit eines Ereignisses davon ab, wie leicht uns Beispiele aus der Klasse dieser Ereignisse einfallen. Wenn wir z. B. gefragt werden, wie hoch die Scheidungsrate ist, dann kann diese Schätzung beeinflusst sein durch die Anzahl von Scheidungen, die es in unserem Bekanntenkreis gibt. Fallen uns spontan drei oder gar vier Scheidungen von Freunden oder Bekannten ein, dann sind wir geneigt, die allgemeine Scheidungsrate relativ hoch anzusetzen; haben wir andererseits nur intakte Ehen in unserem Freundes- und Bekanntenkreis, dann fällt die Schätzung möglicherweise niedriger aus. Wir machen also, ohne uns darüber bewusst zu sein, bei einer bestimmten Klasse von Häufigkeitseinschätzungen eine Reihe von Annahmen, die sich in den nachfolgenden Einschätzungen und Urteilen wiederfinden. Kontextfaktoren wie beispielsweise kurz zuvor stattgefundene Ereignisse, die lebhaft im Gedächtnis verfügbar sind, aber nicht mit der Häufigkeit des Ereignisses korrelieren, können Häufigkeitseinschätzungen systematisch verändern (obwohl mentale Verfügbarkeit und Häufigkeit nicht selten miteinander korrelieren). Ebenso wie durch die Repräsentativitätsheuristik werden durch die Verfügbarkeitsheuristik die üblichen statistischen Kriterien wie Reliabilität, Validität und Grundrateninformation missachtet. Beispielsweise sind Menschen, die Angst vor dem Fliegen haben, aber nicht vor dem Autofahren, Opfer der Verfügbarkeitsheuristik, wenn sie fälschlicherweise annehmen, dass Flugzeugunfälle häufiger vorkommen als Autounfälle. Diese fehlerhafte Überzeugung ist dadurch bedingt, dass Flugzeugabstürze im Vergleich zu Autounfällen eine ungleich höhere Publizität genießen.

Auch eigene Verhaltensweisen werden häufig als typisch oder situationsangemessen eingeschätzt, weil eben dieses Verhalten im Gedächtnis leicht verfügbar ist, wie in den Studien zum falschen Konsensuseffekt (Ross et al., 1997) demonstriert wurde (s. Kap. 4). Der fundamentale Attributionsfehler kann teilweise auf die Wirkungsweise der Verfügbarkeitsheuristik zurückgeführt werden. Insofern wird die kausale Potenz von einfach verfügbaren Daten überschätzt. Da der Akteur bei der Beobachtung phänomenal im Vordergrund steht, während Situationen sich im Zeitverlauf verändern, sind die Merkmale des Akteurs als Kausalgründe leichter verfügbar.

### 7.4.3 Der Entscheidungsrahmen

Die Bedeutung kontextbedingter Faktoren bei der Urteilsbildung ist zu einem zentralen Forschungsinteresse sowohl in der kognitiven Psychologie als auch in der Sozialpsychologie geworden (Nisbett & Ross, 1980). Ein weiterer Kontextfaktor, der die Konstruktion unserer sozialen Welt beeinflusst, ist die Art und Weise, wie eine Entscheidungssituation formuliert wird. Ob wir ein Glas Bier als halb voll oder als halb leer bezeichnen, ändert nichts an der Flüssigkeitsmenge, sondern hat möglicherweise etwas mit der Motivlage des Trinkers (oder seines Trunkenheitsgrades) zu tun. Wir können viele Entscheidungsprobleme so formulieren, dass sie entweder einen potentiellen Verlust oder einen potentiellen Gewinn in Aussicht stellen. Wenn beispielsweise Gewerkschaften für eine Lohnerhöhung von vier Prozent kämpfen, sich aber letztlich mit zwei Prozent begnügen müssen, dann kann dies als ein negatives

Ergebnis gesehen werden. Andererseits wird ein »Gewinn« daraus, wenn die Verhandlungsführer mit dem erreichten Lohnzuwachs von zwei Prozent prahlen (Verhandlungsführer wählen daher meist die letzte Variante).

Kahneman und Tversky (1979) haben eine Entscheidungstheorie entwickelt, die Bezug auf die Tatsache nimmt, dass durch das Erlebnis einer relativen Zustandsveränderung Entscheidungen weit stärker beeinflusst werden als bisher angenommen. Anders ausgedrückt: Wie Menschen entscheiden, hängt u. a. davon ab, mit welchen Entscheidungsalternativen sie konfrontiert werden. Im Gegensatz zu den traditionellen, rein normativ konzipierten Entscheidungsmodellen sind Entscheidungen nach der Theorie des Entscheidungsrahmens Resultat eines aktiven Konstruktionsprozesses, in dem Kontexte, Affekte, Ziele und Entscheidungsverhalten in neuartiger Weise verknüpft sind. Diese kontextabhängige Entscheidungsstrategie motiviert zu erstaunlichen Verhaltenskonsequenzen. Kahneman und Tversky (1979) konnten zeigen, dass eine Asymmetrie zwischen Verlust- und Gewinnsituationen Menschen dazu motiviert, bei drohendem Verlust risikoreiche Verhaltensalternativen zu wählen (um den Verlust abzuwenden) und bei der Möglichkeit eines Gewinns eher eine risikomeidende Strategie einzuschlagen. Nach dem Modell der beiden Autoren werden die Entscheidungsergebnisse als positive oder negative Abweichungen von einem neutralen Bezugspunkt auf einer Wertefunktion dargestellt. Weil subjektive Gewinne sich immer auf einen Bezugspunkt beziehen – was nicht den Annahmen der Nützlichkeitstheorie entspricht – ändern sich Präferenzen, wenn sich die Bezugspunkte ändern. Die Wertefunktion für Verluste hat eine andere Form als diejenige für Gewinne. Wie in Abb. 7.2 ersichtlich, verläuft die Wertefunktion für Verluste (die Kurve unterhalb der Horizontalen) konvex und relativ steil, während die Wertefunktion für Gewinne (oberhalb der Horizontalen) konkav und weniger steil ist. In Aussicht stehende Verluste werden als dramatischer erlebt als in Aussicht stehende Gewinne. So wird beispielsweise ein Verlust von 1000 als emotional intensiver erlebt als die Freude beim Gewinn der gleich großen Summe.

# 7 Attributionsverzerrungen und Urteilsheuristiken

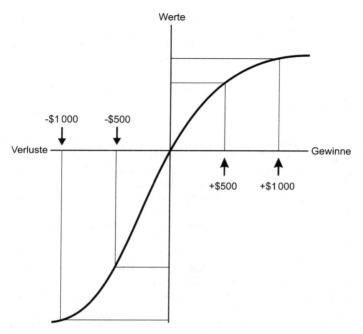

Abb. 7.2: Eine hypothetische Wertefunktion (nach Kahneman & Tversky, 1979)

Zur Illustration des Entscheidungsrahmeneffekts bearbeiten Sie die beiden folgenden Probleme, die Kahneman und Tversky (1979) ihren Probanden vorgelegt haben:

*Problem 1.* Wählen Sie bitte zwischen Alternative A und Alternative B.

*Alternative A:* Es besteht eine Wahrscheinlichkeit von 50 Prozent, $1000 zu gewinnen

*Alternative B:* Sie haben einen sicheren Gewinn von $500 zu erwarten

Von den Befragten entschieden sich 84 Prozent für den sicheren Gewinn. Wie die obere Hälfte der Abb. 7.2 zeigt, ist diese Entscheidung auch sinnvoll, denn die Wertefunktion von $0 bis $500 steigt stärker als von $500 bis $1000.

Beurteilen Sie nun das zweite Problem, das einer anderen Gruppe von Probanden zur Entscheidung vorgelegt wurde:
*Problem 2.* Gehen Sie davon aus, dass Sie zusätzlich $ 1000 zur Verfügung haben. Wählen Sie bitte zwischen der Alternative C und D.
*Alternative C:* Es besteht eine Wahrscheinlichkeit von 50 Prozent, $1000 zu verlieren
*Alternative D:* Sie haben einen sicheren Verlust von $500 zu erwarten
In diesem Falle wählten nahezu 70 Prozent die risikoreichere Alternative C. Wie die untere Hälfte der Abb. 7.2 zeigt, ist mehr an Wert von $0 bis $500 verloren als von $500 bis $1000. Das heißt der sichere Verlust von $500 ist »schlimmer« als eine 50-prozentige Wahrscheinlichkeit, $1000 zu verlieren. Obwohl die beiden Probleme numerisch äquivalent sind, resultiert aus ihrer unterschiedlichen Formulierung ein sehr unterschiedliches Entscheidungsverhalten. Die S-förmige Wertefunktion deutet an, dass Menschen häufig risikoscheu sind, wenn ihnen Gewinne ins Haus stehen (Der Spatz in der Hand ...), sie sind aber risikogeneigt, wenn sie mit Verlusten zu tun haben. Häufig reagieren wir als Außenstehende mit Unverständnis, wenn Menschen hoch verschuldet sind und eigentlich bei weiteren Finanztransaktionen sehr vorsichtig handeln sollten, aber gerade dann zu unverständlich hohen Risiken neigen und dadurch ihre Situation noch prekärer machen als sie schon ist (Bierbrauer & Gottwald, 1988). Dieses »irrationale« Entscheidungsverhalten widerspricht dem postulierten Entscheidungsverhalten des homo oeconomicus, jenes Extrembildes des rationalen Menschen. Für diese und andere Arbeiten erhielt Kahneman 2002 den Nobelpreis für Ökonomie (Kahneman, 2003).

## 7.5 Kritische Anmerkungen zum konventionellen Kognitivismus in der Psychologie

Am Ende der beiden Kapitel über kognitive Theorien und Informationsverarbeitung in der Sozialpsychologie sollen einige kritische Anmerkungen stehen. Der kognitive Ansatz ist die »mainstream«-Perspektive der gegenwärtigen Psychologie. Der soziale

Kognitionsansatz weist sowohl Stärken als auch Schwächen auf. Die Stärke der sozialen Kognitionsforschung liegt in ihrem weiten Anwendungsfeld, innerhalb dessen sozialpsychologische Fragestellungen und Probleme umfassender behandelt werden als in anderen Ansätzen.

Die Schwäche der sozialen Kognitionsforschung liegt darin, dass der Blick der Forscher sich häufig auf die subjektive Perspektive der einzelnen Person beschränkt in der falschen Annahme, die soziale Welt wäre allein ein Produkt ihrer individuellen Konstruktion. Der Sozialpsychologe Heiner Keupp (1995) sieht auch in der gegenwärtigen Sozialpsychologie eine Dominanz der kognitivistischen Orientierung mit einer rationalistischen Prägung, die letztlich eine »Schönwetterpsychologie« sei und unfähig »die faktischen und immer wieder drohenden Rückfälle in die Barbarei oder die regressiven Verarbeitungen gesellschaftlicher Belastungen und Krisen erklären zu können oder wenigstens sich ihnen deutend zu nähern« (Keupp, 1995, S. 45).

Der amerikanische Sozialpsychologe Edward Sampson (1991) hat sich ebenfalls kritisch mit dem kognitivistischen Ansatz der heutigen Psychologie auseinandergesetzt. Er merkte an, dass die konventionelle Kognitionsforschung sich theoretisch und methodisch auf die Position beschränke, die Organisations- und Strukturprinzipien der Erfahrung seien im Individuum zu lokalisieren. Eine weitere implizite Annahme sei, dass diese Prozesse für alle Menschen nach denselben universalen Prinzipien erfolgen. Im Gegensatz zur konventionellen Sichtweise entwickelt er Argumente für eine sozialhistorische Perspektive der Sozialpsychologie, wonach die Funktion kognitiver Prozesse in die objektiven Quellen sozialhistorischer Erfahrungen eingebunden ist und auch von diesen Bedingungen her verstanden werden muss. Somit sei die kognitive Dynamik nicht im Individuum zu lokalisieren, sondern in der konkreten sozialen Welt. Die konventionelle kognitivistische Position verkenne nicht nur die Bedeutung tatsächlicher sozialer Einflussfaktoren und ihrer Organisationsprinzipien, sondern sei auch Ausdruck einer typisch westlichen Sichtweise. In der individualistischen Reduktion der kognitiven Psychologie erkennt Sampson (1991) letztlich eine versteckte Ideologie, die sich in der Überzeugung äußert, dass das Individuum seine Welt autonom kreiert und infolgedessen auch persönlich für den Erfolg oder den Misserfolg seiner Anstrengungen verantwortlich ist.

In der diesem Buch zugrunde gelegten Perspektive kommt ebenfalls das Unbehagen an einer individualistischen Psychologie zum Ausdruck, die von der Fiktion lebt, menschliches Denken und Handeln sei kontextunabhängig auf der Basis universaler Prinzipien zu erforschen. Die hier favorisierte wissenschaftliche Perspektive orientiert sich am Erkenntnisinteresse einer Sozialpsychologie, in deren Mittelpunkt die Analyse der kontextgebundenen subjektiven Deutung der sozialen Welt steht. Dieser Deutungs- bzw. Interpretationsprozess erfolgt auf der Grundlage mentaler Konstruktionsprinzipien, in deren Zentrum die dynamische Interaktion von internalen mentalen Strukturen und externalen Situationszwängen und ihren kontextuellen Veränderungen steht.

Das in den letzten Jahren zu beobachtende große Interesse an interkulturellen Fragestellungen ist nicht zuletzt Ausdruck des oben diskutierten Unbehagens an einer »Sozialblindheit« (Keupp 1995, S. 43) der Psychologie. Aus Platzgründen wird es in diesem Buch nicht möglich sein, die kulturellen Variationen der behandelten Phänomene gebührend zu behandeln (s. Kap. 12) und es kann nur auf die einschlägige Literatur verwiesen werden (Smith & Bond, 1993; Triandis, 1994).

# 8 Einstellungen und Einstellungsänderung

Sie sind ein Liebhaber alter Filme und freuen sich auf einen Leckerbissen: Ihr Kino zeigt »Casablanca«. Sie machen es sich im Kinosessel bequem und warten voller Vorfreude auf: »Baby ...« Doch bis es soweit ist, müssen Sie eine halbe Stunde Werbung über sich ergehen lassen. Dies war jedoch heute nicht der erste Versuch, Sie zu beeinflussen. Auf dem Weg ins Kino wurden Sie gefragt, ob Sie die Resolution gegen Ausländerfeindlichkeit unterschreiben wollen; beim Vorbeischlendern wurde Ihnen die Wahlbroschüre einer Partei aufgedrängt. Nach dem Ende des Films gehen Sie noch in ein Lokal. Dort wollen jungfröhliche Typen, die eine Zigarettenmarke promoten, Sie überreden, doch mal eine zu rauchen. Sie treffen dort auch einen Kommilitonen, der Sie überreden will, für das nächste Studentenparlament zu kandidieren. Zuhause angekommen, fallen Sie todmüde ins Bett und hören die letzten Nachrichten vom Tage, die mit dem Deutschlandlied enden.

Die auf Sie einwirkenden Einflussnahmen haben einen gemeinsamen Nenner: Man versucht auf direkte oder indirekte Weise, Ihre Einstellungen zu ändern. Noch mehr: man versucht, letztlich Ihr Verhalten zu beeinflussen. Sie sollen etwas kaufen, für oder gegen eine Anschauung Stellung nehmen oder sich für eine Sache engagieren. Wie reagieren Sie darauf? Verärgert, weil Sie endlich den Film sehen wollen oder dann doch belustigt, wenn die flippige Eiswerbung kommt? Vielleicht lassen Sie sich doch verleiten, einen Lolly zu schlecken, bevor Bogey endlich die Richtung andeutet: »Baby ...«

Ist es tatsächlich so, dass Werbespots, Wahlbroschüren, geschenkte Zigaretten oder das Abspielen des Deutschlandlieds ihre intendierte Wirkung haben, nämlich Ihre Einstellungen oder Ihr Verhalten in die gewünschte Richtung zu lenken? Diese Frage muss zunächst mit gutem Grund bejaht werden, denn sonst würden die Hersteller von Eiscremes und Zigaretten, die Public-Relations-

Manager von Parteien und Regierungen nicht Milliardenbeträge für Werbekampagnen ausgeben. Jedoch ist dieser Zusammenhang, wie Sie gleich sehen werden, sehr viel komplizierter, als es den Anschein hat. Bevor wir uns der Frage zuwenden, ob Einstellungen unser Verhalten beeinflussen, wollen wir uns kurz mit der Geschichte des Einstellungskonzepts befassen.

## 8.1 Zur Geschichte des Einstellungskonzepts

Vor 60 Jahren hat der Sozialpsychologe Gordon Allport (1935) festgestellt, dass das Einstellungskonzept zu den wichtigsten Konstrukten der amerikanischen Sozialpsychologie gehört, und einige seiner Zeitgenossen waren gar der Meinung, das Anliegen der Sozialpsychologie sei identisch mit der Erforschung von Einstellungen. Im Gegensatz zu den bis dahin dominierenden behavioristischen Überzeugungen seiner Kollegen stand für Allport außer Frage, dass menschliches Verhalten nicht so sehr von den objektiven Stimulusbedingungen beeinflusst wird, sondern von der Art und Weise, wie die einzelne Person ihre Situation wahrnimmt und interpretiert. Dass diese subjektive Interpretation nicht individuell-willkürlich erfolgt, sondern sozial verankert ist, zeigt sich u. a. darin, dass Gruppen zu einem Sachverhalt ziemlich übereinstimmende Meinungen oder Einstellungen haben.

Erstmals wird der Prozess der Entstehung und Veränderung von Einstellungen und deren Bedeutung für das Erleben und Verhalten in der monumentalen Studie »The Polish peasant in Europe and America« (1918) der beiden amerikanischen Sozialwissenschaftler William Thomas und Florian Znaniecki zum Gegenstand empirischer Forschung. Dies ist übrigens auch die erste empirische Untersuchung, die von der Akkulturationsproblematik einzelner Minoritäten handelt. Heute ist die Beschäftigung mit Einstellungen häufig eingebettet in den breiten Kontext der sozialen Kognitionsforschung, in deren Mittelpunkt die Analyse kognitiver Prozesse steht und Einstellungen die Funktion abhängiger Variablen eingenommen haben.

## 8.2 Definition und Merkmale von Einstellungen

Wenn Sie eine Reihe von Leuten befragen, welche Einstellungen sie zum Bundeskanzler haben, dann könnten Sie folgende Antworten bekommen: »Ich habe ihn gewählt, weil durch seine Politik die soziale Gerechtigkeit am besten verwirklicht wird« oder »Ich finde ihn unsympathisch und würde ihn nie wählen« oder »Ich finde ihn nicht toll, aber es gibt keine bessere Alternative« oder »Weil wir noch nie einen besseren hatten, werde ich ihn wieder wählen«. Mit anderen Worten, wenn Menschen nach ihren Einstellungen zu einer Person oder einem Objekt gefragt werden, dann enthalten ihre Antworten typischerweise eine positive oder eine negative Bewertung und häufig eine gleichzeitige Stellungnahme, weshalb sie für oder gegen einen Sachverhalt, sind und möglicherweise weitere Informationen, weshalb sie Handlungen oder Unterlassungen gegenüber der Person oder dem Sachverhalt beabsichtigen.

Der Begriff Einstellung meint in seiner ursprünglichen Bedeutung eine Stellungnahme zu etwas, und zwar gegenüber Personen, Gruppen, Objekten, Sachverhalten, ja selbst gegenüber Ideen oder Ideologien, und kann auf folgende Weise definiert werden: Einstellungen sind positive oder negative Bewertungen und Reaktionen gegenüber Personen, Objekten, Situationen oder Sachverhalten, einschließlich abstrakter Ideen oder sozialer Konstrukte (Bem, 1974).

Einstellungen sind hypothetische Konstrukte und verweisen somit auf theoretisch postulierte Kategorien, Zustände oder Prozesse, die nicht direkt beobachtbar sind, sondern sich nur als angenommene Verhaltensursachen erschließen lassen. Somit sind Einstellungen gewissermaßen psychologische Erfindungen, deren wissenschaftlicher Nutzen, wie später ausgeführt, von einigen Sozialpsychologen bezweifelt wird.

Wenn ich beispielsweise weiß, dass eine bestimmte Person Schwangerschaftsabbrüche strikt ablehnt, kann ich mit einiger Gewissheit vorhersagen, welche Partei sie vermutlich wählt bzw. nicht wählt. Wenn ich ferner weiß, dass diese Person eher konservativ orientiert ist, dann kann ich mit einiger Gewissheit vermuten, welche weiteren Einstellungen sie beispielsweise zur Rechtspolitik, zur Außenpolitik oder zur Wirtschaftspolitik hat – allerdings ist bei solchen Vermutungen höchste Vorsicht geboten, wie wir später sehen werden. Diese Extrapolation ist möglich, weil wir annehmen, dass Einstellungen eine zentrale Funktion bei der Organisation unserer kognitiven Prozesse erfüllen. Sie basieren auf grundlegenden Werthaltungen und stellen gleichsam assoziative Knoten in unserem mentalen Organisationsnetz dar, nach denen unsere Wahrnehmungen und Gedächtnisinhalte strukturiert werden. So aktiviert z. B. die Erwähnung einer Einstellung ähnliche Einstellungen oder Überzeugungen. Wird z. B. erwähnt, dass eine bestimmte Person Schwangerschaftsabbruch strikt ablehnt, dann liegt die Vermutung nahe, dass diese Person politisch konservativ wählt. Allerdings muss dies nicht so sein. In diesem Sinne bilden Einstellungsstrukturen kognitive Schemata, die als intervenierende Prozesse weitgehend nicht-bewusst das Denken beeinflussen. Kognitive Schemata beruhen auf Erfahrungen und bilden mentale Bezugssysteme, in deren Rahmen neue Informationen relativ überdauernd integriert werden.

Zusammenfassend lassen sich Einstellungen folgende Merkmale zuschreiben: 1. sie beziehen sich auf Personen, Objekte usw., 2. sie enthalten positive oder negative Bewertungen, 3. sie sind relativ überdauernd und 4. sie sind verhaltenswirksam.

## 8.3 Einstellungen als ein mehrdimensionales System

Unter den meisten Sozialpsychologen besteht Einigkeit darüber, dass Einstellungen aus einer komplexen Struktur von kognitiven, affektiven und handlungsintentionalen Komponenten bestehen. Die kognitive Komponente bezieht sich auf Wissenselemente wie z. B. Überzeugungen (»Die Einführungsvorlesung ist nützlich für mein weiteres Studium«), die affektive oder bewertende Komponente bezieht sich auf Gefühle (»Die Einführungsvorlesung regt mich an«) und die handlungsintentionale oder sogenannte konative Komponente ist Ausdruck einer Verhaltensabsicht (»Ich werde während des Semesters regelmäßig die Vorlesung besuchen und sie meinen Kommilitonen empfehlen«).

Wir treffen während unseres Lebens ständig auf andere Menschen, Objekte oder Situationen, die wir wahrnehmen und in unseren Wissensbestand einordnen, für die wir Gefühle empfinden und auf die wir unser Handeln ausrichten. Dieses mehrdimensionale System spiegelt in seiner Grundkonzeption die bereits erwähnte Trias psychischer Phänomene: Kognitionen, Affekte und Motivationen. Sie sind – wie bereits erörtert – die konstitutiven Elemente des postulierten psychologischen Spannungssystems (s. Kap. 5).

Die in Abb. 8.1 dargestellte »Drei-Komponenten-Struktur des Einstellungssystems« von Rosenberg und Hovland (1960) nimmt diese Konzeption auf. Die Autoren positionieren Einstellungen als intervenierende Variable zwischen Stimuli und beobachtbaren Reaktionen. Entscheidend für das Verständnis der Dynamik dieses Systems ist die Annahme einer konsistenztheoretisch begründeten Beziehung zwischen den postulierten Einstellungskomponenten. Danach sind Einstellungen ein System aufeinander bezogener Komponenten, die sich gegenseitig beeinflussen und die Tendenz haben, miteinander konsistent zu sein.

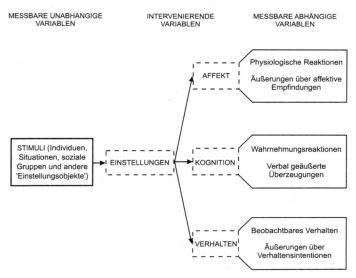

Abb. 8.1: Die Drei-Komponenten-Struktur von Einstellungen (nach Rosenberg & Hovland, 1960)

Nach diesem Modell sind Menschen motiviert, inkonsistente Beziehungen zu vermeiden. Der affektiven Komponente wird die größte Bedeutung beigemessen, denn die Bewertung einer Person, eines Objekts oder eines Sachverhalts verleiht Einstellungen ihren motivierenden Charakter zur Initiierung und Steuerung nachfolgenden Verhaltens. In der Tat messen viele der zur Einstellungsmessung entwickelten Skalen lediglich die affektive Dimension. Als Vater der modernen konsistenztheoretischen Entwürfe darf man Fritz Heider (1958) bezeichnen, dessen Balancetheorie die Grundlage für die anderen konsistenztheoretischen Einstellungsänderungstheorien wurde, wie z. B. Osgoods und Tannenbaums (1955) »Prinzip der Kongruenz« oder Rosenbergs (1960) »Theorie der affektiv-kognitiven Konsistenz.

Es soll hier kurz auf die Unterscheidung zwischen *Einstellung* (attitude) und *Überzeugung* (belief) eingegangen werden. Eine Überzeugung bezieht sich prinzipiell auch auf ein Objekt oder einen Sachverhalt, aber ihr fehlt im Gegensatz zur Einstellung die zentrale affektive Komponente. Eine Überzeugung entspricht im Wesentlichen der kognitiven Einstellungskomponente, da sie eine Beziehung zwischen einem Objekt und einer Eigenschaft herstellt, wie z. B. in der Aussage: »Professoren sind meistens weltfremd«. Wegen ihrer affektiven Bestimmtheit sind Einstellungen sehr viel widerstandsfähiger gegenüber Änderungen als Überzeugungen. Einstellungen verweisen auf grundlegende *Wertvorstellungen*, wie zum Beispiel Freiheit und Gerechtigkeit. Werte sind abstrakter als Einstellungen. Sie sind Standards, Ziele und Prämissen, aus denen sich Einstellungen ableiten.

## 8.4 Die Beziehung zwischen Einstellungen und Verhalten

Empirische Untersuchungen haben schon sehr früh gezeigt, dass die Annahme eines einfachen Konsistenzpostulats fragwürdig ist. Dies gilt insbesondere für die postulierte Beziehung zwischen Einstellung und Verhalten. Eine der klassischen Studien über diesen Zusammenhang wurde in den dreißiger Jahren von Robert LaPiere (1934) im Rahmen einer Studie über Vorurteile durch-

## 8 Einstellungen und Einstellungsänderung

geführt. LaPiere unternahm in Begleitung eines chinesischen Ehepaares eine Reihe von Reisen quer durch die Vereinigten Staaten. Während dieser Reisen kehrten sie in 251 Hotels und Restaurants ein, wobei sie nur einmal nicht bedient wurden. Später fragte er schriftlich bei den besuchten Häusern an, ob Chinesen als Gäste willkommen wären. Nur etwa die Hälfte der angeschriebenen Häuser antwortete und von diesen lehnten 92 Prozent ab, die chinesischen Gäste zu bewirten, obwohl den drei Gästen die Bewirtung vorher nicht verweigert worden war.

Eine der außergewöhnlichsten Untersuchungen über den losen Zusammenhang von abstrakten Einstellungen und Verhalten wurde von Darley und Batson (1973) im Zusammenhang mit ihren Studien über unterlassene Hilfeleistungen durchgeführt (s. Kap. 3). Die studentischen Teilnehmer an ihrer Untersuchung wurden gebeten, in ein nahe gelegenes Universitätsgebäude zu gehen, um dort eine kurze Rede zu halten. Einem Teil von ihnen wurde gesagt, dass sie sich Zeit lassen könnten, ein anderer Teil von ihnen musste sich beeilen, weil man sie dort schon erwartete. Auf dem Weg in das andere Gebäude kamen sie an einem schäbig gekleideten Mann vorbei, der die Augen geschlossen hatte und dessen Husten und Stöhnen andeutete, dass er offenbar Hilfe benötigte. Die Frage war, ob die Probanden Hilfe leisteten oder sie verweigerten. Einen zusätzlichen Dreh bekam die Studie dadurch, dass alle Probanden Theologiestudenten waren, von denen ein Teil den Auftrag hatte, in ihrer kurzen Rede über die Parabel vom Barmherzigen Samariter zu sprechen, dessen selbstloses Verhalten seit jeher als Gleichnis für Helfer in Not gilt. Die übrigen Studenten hatten über ein Thema zu sprechen, das nichts mit Hilfeverhalten zu tun hatte.

Die Ergebnisse zeigen, dass Zeitdruck der entscheidende Faktor dafür war, ob geholfen wurde oder nicht. In der nachfolgenden Befragung gaben alle Probanden an, das Opfer gesehen zu haben, aber nur 10 Prozent aller Probanden, die in Eile waren, leisteten Hilfe, im Vergleich zu 65 Prozent jener Probanden, die sich Zeit lassen konnten. Dieser Befund ergänzt die im Kapitel über den sozialpsychologischen Situationismus diskutierte Beobachtung (s. Kap. 3), dass Hilfeverhalten in einem hohen Maße von situativen Kräften beeinflusst wird. Aber ebenso überraschend war die Beobachtung, dass es keinen Unterschied machte, ob die Theologiestudenten den Auftrag hatten über die Parabel vom Guten Samariter zu sprechen oder nicht. Diese Studie illustriert auf dramatische

Weise, dass abstrakte Einstellungen keinen Einfluss auf das tatsächliche Verhalten haben.

Viele weitere Untersuchungen verweisen auf die mangelnde Konsistenz von Einstellungen und Handeln (Bierbrauer, 1976). In einer zusammenfassenden Analyse von 31 Untersuchungen kommt Allan Wicker (1969) zu dem Befund, dass die Korrelationen zwischen verbal geäußerten Einstellungsbekundungen und Verhalten selten über r =.30 hinausgehen und oft nahe Null sind. Die LaPiere-Studie und auch unsere Lebenserfahrung zeigen, dass zwischen Sagen und Tun, zwischen Wollen und Handeln oft Welten liegen. Ein offensichtlicher Faktor, der dieses Auseinanderbrechen fördert, sind Situationszwänge, die uns anders handeln lassen als wir wollen oder fühlen. Als Kinder essen wir den ungeliebten Spinat, als Erwachsene folgen wir einer Einladung, obwohl wir keine Lust dazu verspüren. Diese Inkonsistenz wird zum Problem, wenn Menschen beispielsweise bei einem Interview gefragt werden, welche Einstellung sie zu Minderheiten haben, und ihre ehrliche Überzeugung nicht preisgeben, weil es ihnen vor dem Interviewer unangenehm wäre.

Im Allgemeinen eignen sich Einstellungen zur Verhaltensvorhersage, wenn sie 1. auf eigener Erfahrung beruhen, 2. auf den spezifischen Einstellungsgegenstand konkret bezogen sind, und 3. wenn die Einstellung nahe und unvermittelt am vorherzusagenden Verhalten anknüpft und nicht durch situative Zwänge beeinflusst wird. Beispielsweise sind Wahlprognosen deshalb relativ genau, weil eine anonyme Befragung über die spätere Wahlentscheidung in einem ähnlich anonymen Kontext stattfindet wie das konkrete Wählen.

## 8.5 Einstellungen als eindimensionales Konzept

Eine Reihe von Theoretikern verzichtet auf die Unterstellung einer Tendenz zur Konsistenz zwischen affektiver, kognitiver und konativer Reaktion auf ein Objekt. Bereits 1931 hat einer der Wegbereiter der Einstellungsmessung, Louis Thurstone, pragmatisch postuliert, dass »Einstellungen gemessen werden können«. Er definierte Einstellungen als einen positiven oder negativen Affekt gegenüber einem psychologischen Objekt.

Als bedeutender Vertreter der eindimensionalen Konzeption gilt Icek Ajzen (1989), der in seiner »Theorie des geplanten Verhaltens« versucht, die wahrgenommenen externalen Einflüsse auf die Verhaltensintention explizit zu erfassen und ihre jeweiligen Beiträge separat mit einer Reihe zusätzlicher Indikatoren zu gewichten. Seinem Modell liegt die Annahme zugrunde, dass Menschen relativ rational und in Übereinstimmung mit ihren Absichten handeln. Rationale Überlegungen erlauben es Menschen, die Gründe für ihr Verhalten und die daraus folgenden Konsequenzen anzugeben. Das Modell, das in Abb. 8.2 dargestellt ist, enthält mehrere Komponenten:

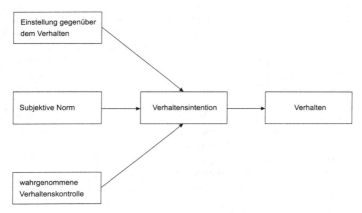

Abb. 8.2: Das Modell der Theorie des geplanten Verhaltens (nach Ajzen, 1989)

1. Die Handlung einer Person kann aufgrund ihrer Verhaltensintention vorhergesagt werden. Wenn beispielsweise ein Autofahrer bereits zu Beginn einer Party seine Absicht bekundet, sein Auto selbst nach Hause zu steuern, dann ist zu erwarten, dass er dieses Verhalten später auch ausführen wird und Verhaltensweisen unterlässt, die die Umsetzung seiner Absicht gefährden könnten. Beispielsweise wird er sich vom Alkohol fernhalten.
2. Die Verhaltensintention ist eine Funktion von drei unabhängigen Faktoren:

a) der Einstellung gegenüber dem Verhalten (»Es ist gut, nicht zu trinken.«)
b) der subjektiven Norm in Form von Bezugspersonen, die für den Handelnden wichtig sind (»Was erwarten die anderen (z. B. der Ehepartner, Freunde, Kinder usw.) von mir?«)
c) der wahrgenommenen Verhaltenskontrolle (»Gelingt es mir, während der Party auf den Konsum alkoholischer Getränke zu verzichten?«)

Die Gewichtung bzw. die Bedeutung der einzelnen Überzeugungs- bzw. Einflusskomponenten kann auf der Basis eines Erwartungs-Wert-Modells berechnet werden. Dieses Modell besticht durch seine Einfachheit. Es ist möglich, das Verhalten aufgrund einer begrenzten Reihe von Variablen vorherzusagen und die Gewichtung von Kontext- und Personeneinflüssen einzeln zu bestimmen. Die breite Anwendung des Modells hat dessen empirische Brauchbarkeit belegt, wie z. B. in der Risikoforschung, beim Drogenkonsum, beim Wahlverhalten im Bereich politischen Verhaltens und Entscheidens (Bierbrauer et al., 1987) und in der Akkulturationsforschung (Klinger & Bierbrauer, 2001; Kraft, Rise, Sutton & Roysamb, im Druck).

Das Modell des geplanten Verhaltens ist sicherlich ein Fortschritt gegenüber früheren Ansätzen. Unvereinbar mit den Postulaten des Modells ist jedoch die bereits diskutierte Problematik der möglichen kognitiven Verzerrungen bei Wahrnehmung und Informationsverarbeitung. Problematisch ist auch die zentrale Annahme, dass die Intention, ein Verhalten auszuführen, auch zum entsprechenden Verhalten führt.

## 8.6 Theorien der Einstellungsänderung

Unsere bisherige Diskussion über den Zusammenhang zwischen Einstellung und Handeln konzentrierte sich nur auf die eine Seite des Problems: Wir haben lediglich behandelt, inwieweit Einstellungen mit Verhalten korrespondieren. Die umgekehrte Beziehung, inwieweit Verhaltensänderungen zu korrespondierenden Einstellungsänderungen führen können, ist zunächst einmal von unserem alltagspsychologischen Verständnis her eher kontraintuitiv und geriet als wissenschaftliche Fragestellung auch erst sehr viel später ins Blickfeld der sozialpsychologischen Forschung. Die beiden einflussreichsten Theorien, die sich damit befassten, wie Handlungen unsere Einstellungen beeinflussen, sind die Theorie der kognitiven Dissonanz und die Selbstwahrnehmungstheorie. Beide Theorien postulieren, dass entscheidungsrelevante Einstellungen nicht vor, sondern nach einer Handlung gebildet werden.

### 8.6.1 Die Theorie der kognitiven Dissonanz

Wir haben bereits im sechsten Kapitel das Zusammenwirken von Kognition, Motivation und Affekten exemplarisch an der Theorie der kognitiven Dissonanz von Festinger (1957) illustriert. In dieser Theorie wird postuliert, dass eine Diskrepanz zwischen zwei oder mehreren inkonsistenten Einstellungen oder eine Diskrepanz zwischen Einstellung und Verhalten zu einem psychisch unangenehmen Spannungszustand führt. Bei einem dissonanten Zustand verspüren Handelnde das Bedürfnis, einen konsonanten Gleichgewichtszustand herzustellen, der im Fall der klassischen Studie von Leon Festinger und Merill Carlsmith (1959) zu einer Änderung der ursprünglichen Einstellung führt.

Die soziale Verankerung von Einstellungen wurde erstmals von Leon Festinger, Henry Riecken und Stanley Schachter (1956) am Beispiel einer Gruppe beschrieben, die das Ende der Welt prophezeit hat. Die Führerin dieser religiösen Gruppe hatte angeblich Botschaften von außerirdischen Wesen erhalten mit dem Inhalt, dass die Welt am 21. Dezember des betreffenden Jahres untergehen werde, aber ihre Gefolgsleute würden mit fliegenden Untertassen gerettet werden. Festinger und seine Kollegen beobachteten die Aktivitäten dieser Gruppe drei Monate vor und einen Monat nach dem angekündigten Weltuntergang. Wie ging die Gruppe mit dem blamablen Faktum um, dass die Welt nach dem 21. Dezember jenes Jahres noch immer existierte? Schließlich hatten sie sich öffentlich exponiert, ihre Jobs gekündigt und teilweise sogar ihre Familien verlassen. Sie verfielen auf einen genialen Gedanken, um mit diesen Inkonsistenzen fertig zu werden: Wegen ihres festen Glaubens und ihrer guten Taten, so verkündigten sie nunmehr, sei die Welt noch einmal vom Untergang verschont worden. Statt sich verschämt zurückzuziehen, taten die Gruppenmitglieder genau das Gegenteil: Sie missionierten verstärkt, um Anhänger zu finden, denn sie fühlten sich durch ihren festen Glauben bestätigt, und diese Bestätigung fällt umso überzeugender aus, je mehr Anhänger man gewinnt. Der Erfolg beim Proselytenmachen ist sozusagen der soziale Beweis für die Richtigkeit des eigenen Glaubens.

Es soll noch erwähnt werden, dass nicht alle mentalen Inkonsistenzen zur Klasse der hier beschriebenen Dissonanzen gehören. Durch eine Fülle von empirischen Untersuchungen wurden die Bedingungen spezifiziert, unter denen kognitive Dissonanz entsteht. Zu den beiden wichtigsten Faktoren gehören 1. die Überzeugung, dass ein attitüdendiskrepantes Verhalten nicht aufgrund eines äußerlich erkennbaren Zwangs, sondern freiwillig erfolgt und 2., dass der Akteur sich persönlich für sein Verhalten verantwortlich fühlt.

Festingers Theorie der kognitiven Dissonanz hat die sozialpsychologische Forschung enorm angeregt. Nicht wenige der im Rahmen dieser Theorie konzipierten Untersuchungen konnten bestimmte Postulate der Theorie nicht stützen, sodass Zusatzannahmen notwendig wurden, was erhebliche Revisionen des ursprünglichen Theorierahmens notwendig machte. Wir erinnern uns: Um den Prozess der Einstellungsänderung zu erklären, postuliert die Theorie ein Bedürfnis oder eine Motivation, die aufgetretene Dissonanz zu reduzieren. Dieses Postulat ist der zentrale Teil der Theorie und steht als hypothetisches Konstrukt mit anderen Konstrukten (z. B. wahrgenommene Wahlfreiheit) in einer theoretisch mehr oder weniger plausiblen Beziehung. Der ungeklärte Status dieser Beziehungen zwischen den einzelnen Konstrukten und die Möglichkeit, einzelne Befunde mit alternativen Hypothesen zu erklären, riefen schon frühzeitig eine Reihe von Kritikern auf den Plan.

### 8.6.2 Die Theorie der Selbstwahrnehmung

Daryl Bem (1965) stellte die Frage, ob es überhaupt notwendig sei, ein Motiv für Dissonanzreduktion zu postulieren, um den Zusammenhang zwischen Verhaltensänderung und nachfolgender Einstellungsänderung theoretisch abzuleiten. Er entwickelte Argumente für einen Prozess der Selbstwahrnehmung, der sowohl beim Akteur als auch beim Beobachter auf identische Weise erfolgt, wenn wir eigene und auch fremde Einstellungen erschließen wollen. Wenn ich nicht genau weiß, welche Einstellung ich zu einem Sachverhalt habe, so postuliert Bem, dann versetze ich mich in die Position eines außenstehenden Beobachters und erschließe unter Berücksichtigung des situativen Kontexts meine inneren Zustände wie z. B. meine Einstellungen.

In einer Simulation der Untersuchung von Festinger und Carlsmith (1959) (s. Kap. 5), bei der Zuhörern über den genauen Ablauf dieser Studie berichtet wurde, konnte Bem zeigen, dass Probanden, welche die Studie nur vom Zuhören kannten, ähnliche Einstellungen schlussfolgerten wie die Probanden der Originaluntersuchung. Wie war dies möglich? Hatten doch die Zuhörer weder die langweilige Aufgabe übernommen, noch hatten sie geschwindelt und folglich weder eine Dissonanz erlebt, noch ein Bedürfnis nach Dissonanzreduktion gespürt. Als außenstehende Beobachter sind sie aufgrund folgender Schlussfolgerungen zu den gleichen Ergebnissen gelangt: »Für einen Dollar wird der Akteur nicht schwindeln; offenbar gefällt ihm die Aufgabe.« Diese Überlegung führt zu einer dispositionellen Zuschreibung. Wenn der Proband jedoch 20 Dollar für seine Ausflucht erhält, dann neigt der Beobachter zu einer situativen Zuschreibung: »Jeder würde dies für 20 Dollar tun. Insofern kann ich nichts über die tatsächliche Einstellung des Akteurs sagen.« Nach Bem (1972) ist der Prozess der Selbstwahrnehmung prinzipiell identisch mit dem Prozess der sozialen Wahrnehmung, und deshalb ist es nicht notwendig, ein hypothetisches Konstrukt wie das Bedürfnis nach Dissonanzreduktion zu postulieren. Vielmehr genügt eine weit sparsamere Theorie, die auf motivationale Konstrukte verzichtet und lediglich die Prozesse beschreibt, wie Menschen soziale Informationen nutzen, um die Ursachen für eigenes und fremdes Verhalten zu erschließen. Bems Forschungen haben einen wesentlichen Anstoß für die Entwicklung der Kelleyschen (1973) Attributionstheorie gegeben.

### 8.6.3 Welche Theorie ist die richtige?

Wir fragen uns natürlich, welche Theorie die richtige ist. Es hat viele Versuche gegeben, diese Frage empirisch eindeutig zu beantworten, worauf bereits im fünften Kapitel hingewiesen worden ist. Für jeden Ansatz scheinen jeweils bestimmte Randbedingungen zu gelten. Die Frage, mit der sich die Forschung heute beschäftigt, ist, unter welchen Voraussetzungen die eine Theorie besser begründete Vorhersagen macht als die andere.

Einstellungen und Verhalten stehen in einem komplexen Beziehungsgefüge zueinander. Die Vorstellung, dass sie in einer einfachen kausalen Beziehung zueinander stehen, ist naiv und empirisch unbegründet. Die klassische Annahme, dass Einstellungen unter bestimmten Bedingungen Einfluss auf unser Verhalten ausüben, ist empirisch ebenso richtig wie der umgekehrte Prozess, dass nämlich Verhaltensänderungen zu entsprechenden Einstellungsänderungen führen können. Dieser Verlauf wird sowohl von der Theorie der kognitiven Dissonanz als auch von der Selbstwahrnehmungstheorie postuliert. Bei dieser separaten Betrachtung der Einflussrichtungen wird häufig übersehen, dass Einstellungen und Verhalten gleichsam einen Kreisprozess bilden. Jedes Mal, wenn wir handeln, kann dies die Verstärkung von zugrunde liegenden Einstellungen (oder Dispositionen) zur Folge haben, und ebenso können Einstellungen zu korrespondierenden Verhaltensweisen führen.

# Teil 3: Soziale Beeinflussung

# 9 Soziale Beeinflussung und Gruppenprozesse

Wir erleben in Deutschland immer wieder gewalttätige Ausschreitungen gegen Minderheiten und Ausländer. Die Gewalttäter treten meist in Gruppen auf, die sich der Sprache und Symbole der Nazis bedienen. Es sind in der Mehrzahl Jugendliche, oft weniger als zwanzig Jahre alt, die als »Skins« oder »Faschos« hier lebende Minderheiten jagen, Häuser und Einrichtungen von Ausländern anzünden und dabei Menschen töten. Woher kommt dieser Hass gegen Menschen, deren gemeinsames Merkmal ist, zu einer Minderheit zu gehören? Es ist üblich, diese Gewalttäter als Neonazis zu bezeichnen, weil ihr Hass auf Andersartige so stark an das Verhalten von Nazis erinnert. Ist diese Bezeichnung gerechtfertigt? Die sogenannten Neonazis sind in einer demokratischen Gesellschaft aufgewachsen, deren politisches Selbstverständnis gerade im Abscheu gegen den Faschismus besteht. Sind dies die Schatten einer deutschen Vergangenheit, die nicht vergehen wollen? Haben nicht viele Kommentatoren ausländischer Massenmedien immer gewusst, dass den Deutschen nicht zu trauen ist und die Befürchtung geäußert, dass die deutsche Vergangenheit wieder Gegenwart werden kann? Ist diese Gewalt gegen Minderheiten somit ein Teil des bösen deutschen Nationalcharakters? So oder ähnlich lauten populäre Erklärungsmuster.

## 9.1 Der »Charakter« der autoritären Persönlichkeit

Es gibt noch andere populäre Erklärungen, die dagegen wissenschaftlich fundiert sind. Ist der Hass gegen Minderheiten nicht Ausdruck eines besonderen Charaktertypus, den Theodor Adorno, Else Frenkel-Brunswik, Daniel Levinson und Nevitt Sanford (1950) mit dem Begriff »autoritäre Persönlichkeit« kennzeichneten? Die klassische Studie zur »autoritären Persönlichkeit« wurde u. a. von exilierten Mitgliedern der sogenannten Frankfurter Schule kurz nach dem Zweiten Weltkrieg in den USA durchgeführt. Ihr Ziel war es herauszufinden, wie die Verfolgung und Vernichtung von Juden und anderen Minderheiten in einem scheinbar zivilisierten Land wie Deutschland möglich war.

Sie entwickelten eine Theorie über einen Persönlichkeitstypus, der besonders anfällig sei für die Verführung durch charismatische Autoritäten. Zum Persönlichkeitssyndrom dieses sogenannten »autoritären Charakters« gehören bestimmte Denk- und Verhaltensmuster wie das rigide Festhalten an konventionellen Werten, das Urteilen in Schwarz-Weiß-Kategorien, die Bereitschaft, Ungleichheit zu tolerieren, die Bewunderung von Autorität und die Bereitschaft, sich ihr zu unterwerfen, sowie in Minderheiten Sündenböcke zu sehen, die für ihre eigene Misere und für die Misere ihres Landes verantwortlich sind. Menschen mit diesen Denkmustern sind nach Überzeugung der Autoren »potentiell faschistisch« und sie werden, wenn die politischen Umstände es erlauben, entsprechend handeln. Die tatsächliche oder vermeintliche Bedrohung des eigenen sozialen Status und der kulturellen Identität sind wichtige Motive für die Abwertung und den Hass gegen Minderheiten. Typischerweise sind die Sündenböcke Angehörige von Gruppen mit niedrigem sozialen Status, die noch ärmer, noch machtloser sind als man sich selbst fühlt. Minderheiten wie Asylbewerber und Migranten sind die bequemen Zielscheiben für die Rolle der Sündenböcke.

Verfügen wir damit nicht über eine umfassende Theorie, mit der wir den Hass von bestimmten Gruppen gegenüber Minderheiten erklären könnten? Hier haben wir – und vor allem die Medien – ein Repertoire von dispositionellen Erklärungen zur Hand, die plausibel und nicht zuletzt bequem sind, weil sie uns sogar von persönlicher und sozialer Verantwortung entlasten. Sind Neonazis nicht Menschen mit einer anfälligen Persönlichkeit und ist ihr Hass gegen Minderheiten nicht Ausdruck und Ausleben von psychischen Bedürfnissen und Defekten? Handelt es sich hier nicht um individuelle Charakterschwächen? Wir verabscheuen die Gewalttäter und erklären ihr Verhalten durch dispositionelle Persönlichkeitsmerkmale, was eigentlich durch historische, gesellschaftliche, ökonomische und nicht zuletzt durch gruppendynamische Prozesse erklärt werden müsste. Statt hier anzusetzen, werden strengere Gesetze und eine bessere Ausstattung der Polizei gefordert, um mit den Gewalttätern fertig zu werden.

Zunächst wird darüber gerätselt, woher das radikale Gedankengut dieser Jugendlichen stammt. Sie haben offenbar Sprache und Symbole von rechtsradikalen Gruppen übernommen. Dann taucht die Frage auf, weshalb sie sich überhaupt diesen Gruppen zugewandt und sich deren Gruppennormen unterworfen haben.

Mit dieser Frage wollen wir uns in diesem Kapitel beschäftigen und insbesondere die Bedingungen untersuchen, die soziale Konformität begünstigen. Damit meint man den Prozess der sozialen Beeinflussung aufgrund von vermeintlichem oder tatsächlichem Druck auf das Handeln oder Denken mit dem Ziel der Übernahme von Gruppennormen. Am Beginn dieses Prozesses steht zunächst ein Konflikt zwischen dem Bedürfnis nach Selbstbehauptung einerseits und dem Druck oder Zwang von Gruppen andrerseits, die Urteile in Übereinstimmung mit der Gruppennorm zu bringen. Wir beschränken uns in diesem Kapitel auf die Darstellung der wichtigsten theoretischen Positionen und Befunde aus der Perspektive des sozialpsychologischen Situationismus mit seinen beiden Postulaten Bedeutungszuschreibung und Spannungssystem. Von dieser Perspektive aus gewinnen wir neue und überraschende Einsichten in die Prozesse der Gruppendynamik.

## 9.2 Der Prozess der sozialen Beeinflussung

Im vorangegangen Kapitel haben wir uns mit dem Konstrukt der Einstellung und dem Prozess der Einstellungsänderung beschäftigt. In der traditionellen Vorstellung geht der Einstellungsänderung eine verbale Kommunikation voraus mit dem Ziel, die Bewertung von Personen, Objekten oder Sachverhalten in eine gewünschte Richtung zu lenken. Wie wir wissen, können Einstellungsänderungen auch – wie beispielsweise im Rahmen der Dissonanztheorie gezeigt wurde – durch Verhaltensänderung herbeigeführt werden. Im Gegensatz hierzu wird der Prozess der sozialen Beeinflussung in erster Linie unter dem Aspekt der Veränderung von Verhalten und Denken durch die Präsenz von Gruppen betrachtet. Soziale Einflussnahme bezieht sich also auf den Versuch, Menschen zu bewegen, ihr Verhalten und Denken in eine gewünschte Richtung zu lenken, sei es, um andere Menschen für eigene Zwecke zu nutzen, sei es, um an ihnen die Richtigkeit der eigenen Überzeugung oder Ideologie zu messen.

### 9.2.1 Die Konformitätsstudien von Asch

Die Studien von Solomon Asch (1956) über die Genese sozialer Konformität gehören zu den Klassikern der Sozialpsychologie, weil Asch dem Konflikt zwischen dem Bedürfnis nach Unabhängigkeit und den subtilen Formen von Gruppenmacht in neuartiger Weise nachgegangen ist. Seine Studien zeigen zwei wichtige Einsichten: Erstens, dass scheinbar minimale oder triviale Formen des sozialen Drucks genügen, um Menschen gefügig zu machen (die Betonung liegt auf scheinbar). Zweitens, dass ungeachtet des trivialen Gruppenzwangs die Betroffenen einen nicht unerheblichen inneren Konflikt erleben, bevor sie sich der Gruppenmehrheit beugen. Da der wahrgenommene Gruppenzwang in den Asch-Studien für Außenstehende minimal erscheint, weil sein wirkliches Ausmaß häufig nicht nachvollziehbar ist, wurden diese Studien lange Jahre entweder als Demonstration für gedankenloses Unterwerfen unter Gruppenmeinungen oder als Beweis für den Trend zu unkritischem Konformismus in unserer Zeit zitiert.

In einer typischen Asch-Studie nehmen zwischen fünf und neun Personen unter dem Vorwand teil, ihre Wahrnehmungsfähigkeit zu testen. Im Untersuchungsraum setzen sich alle um einen Tisch. Ihre Aufgabe scheint ziemlich einfach zu sein. Der Untersuchungsleiter zeigt ihnen zwei weiße Karten. Auf der einen ist eine vertikale schwarze Linie, die sogenannte Standardlinie, die mit drei vertikalen Linien unterschiedlicher Länge auf der zweiten Karte verglichen werden soll (s. Abb. 9.1). Die Teilnehmer sollen angeben,

# 9 Soziale Beeinflussung und Gruppenprozesse

welche der drei Vergleichslinien auf der einen Karte ebenso lang ist wie die Standardlinie auf der anderen Karte. Sie werden gebeten, sich nicht miteinander abzusprechen und ihre Einschätzungen vor der Gruppe laut bekannt zu geben.

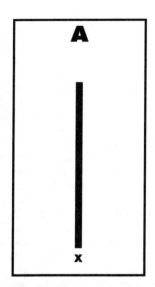 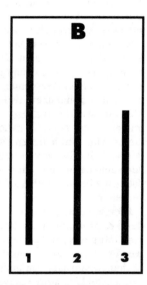

Abb. 9.1: Stimulusmaterial in der Asch-Konformitätsstudie. Nachdem den Teilnehmern Karte A gezeigt worden war, sollten sie die entsprechend lange Linie auf Karte B benennen (nach Asch, 1956).

Eine Gruppensitzung könnte folgendermaßen verlaufen sein: Einer nach dem anderen gibt seine Einschätzung ab. Die Aufgabe scheint ziemlich einfach, nahezu trivial. Dann kommt eine weitere Runde mit anderen Karten. Es gibt zunächst überhaupt keine unterschiedlichen Urteile. Dann beim vierten Durchgang glaubt einer der Teilnehmer, dass die anderen sich geirrt haben, denn nach seinem Eindruck war deutlich zu sehen, dass die Standardlinie nicht mit der Linie übereinstimmt, die von allen anderen genannt wurde. Was dieser naive Teilnehmer nicht wusste: Die anderen in der Gruppe waren Mitarbeiter des Untersuchungsleiters, die vorher instruiert worden waren, bei bestimmten Durchgängen vorsätzlich eine falsche Linie anzugeben. Die Reihenfolge der Beurteiler war so arrangiert, dass der naive Teilnehmer sein Urteil immer als letzter bekannt gab. Die Untersuchung umfasste 18 Durchgänge, wobei die Urteile der Mitarbeiter immer identisch waren. Bei sechs Durchgängen waren ihre Urteile korrekt, bei 12 Durchgängen gaben sie vorsätzlich falsche Urteile ab.

Stellen Sie sich vor, Sie wären in der Position des naiven Teilnehmers. Zunächst geht alles glatt, und Sie finden die Aufgabe ziemlich langweilig. Dann passiert es im vierten Durchgang. Die anderen Teilnehmer nennen einstimmig eine Linie, die nicht mit der Standardlinie übereinstimmt. Was ist los? Wem soll ich trauen? Meinem Wahrnehmungssinn oder den anderen, die doch vorher immer richtig geurteilt hatten? Es gibt keinen Grund, weshalb sie dieses Mal falsch liegen sollten. Jeder kritische Durchgang (bei dem die Mitarbeiter vorsätzlich falsch urteilen) konfrontiert Sie mit demselben Konflikt: entweder den eigenen Sinnen vertrauen und dabei bleiben oder sich konform mit der selbstsicheren Mehrheit verhalten?

Hier sollte angemerkt werden, dass Asch davon überzeugt war, dass Konformität im Allgemeinen ein rationales und durchaus vernünftiges Verhalten sein kann. In vielen Situationen ist es notwendig oder sozial wünschenswert, sich der Meinung oder dem Verhalten von anderen anzuschließen, weil uns Erfahrungen und Wissen fehlen, um ein eigenes Urteil zu bilden. Wir halten uns beispielsweise an bestimmte Sitten und Konventionen, weil damit menschliches Zusammenleben reibungsloser funktioniert. Wenn sich eine Person aus Zwang oder wegen bestimmter Vorteile einer Gruppenmeinung anschließt oder unterwirft, ist dies für Außenstehende nachvollziehbar. Wenn wir jedoch unkritische oder gar »blinde« Konformität beobachten und keine zwingende Notwendigkeit dafür erkennen, dann werden konform handelnden Personen irrationale oder egoistische Motive unterstellt. Wie wir im Folgenden sehen werden, gibt es auch für scheinbar blinde Konformität durchaus »rationale« Gründe, die wir aus der Perspektive des Außenstehenden allerdings nur schwer nachvollziehen können. Es sind die Fälle »blinder« Konformität, die das Interesse der Sozialpsychologen seit Jahrzehnten beflügelt haben.

## 9.2.2 Sozialer Einfluss in zweideutigen Situationen

Aschs Interesse für dieses Phänomen geht zurück auf die verblüffenden Befunde, über die einige Jahre zuvor der türkisch-amerikanische Sozialpsychologe Muzafer Sherif (1936) berichtet hatte, als er Untersuchungen über die Genese sozialer Normen durchführte. Er zeigte wie Normen entstehen, wenn vorher keine existierten und wie sie, nachdem sie einmal etabliert waren, weiter existierten, obwohl es dafür scheinbar keine zwingenden Gründe mehr gab. In seinen Untersuchungen hatte Sherif sich der Wirkung des sogenannten *autokinetischen Effekts* bedient. Dieser Effekt besteht in einer Wahrnehmungstäuschung, die entsteht, wenn in einem völlig dunklen Raum ein feststehender Lichtpunkt beobachtet wird. Weil es für einen Beobachter keine festen Bezugspunkte gibt, entsteht bei ihm der Eindruck eines sich bewegenden Lichtpunktes. Den Teilnehmern an seinen Untersuchungen hatte Sherif gesagt, dass sich der Lichtpunkt bewege und sie wurden gebeten, seine Schwankungsbreite zu schätzen. Wenn die Teilnehmer den Lichtpunkt allein beobachteten, kamen sie ziemlich schnell zu einem Urteil, wobei die Schätzungen enorm schwankten. Sherif nannte diese Schwankungsbreite die individuelle Norm. Wenn jedoch Beobachter mit anderen Teilnehmern innerhalb einer Gruppe schätzten, die, unwissend für die naiven Teilnehmer, als Mitarbeiter des Untersuchungsleiters zuvor instruiert worden waren, eine größere oder geringere Schwankungsbreite anzugeben, dann übernahmen die naiven Teilnehmer bereitwillig die Standards der anderen und es etablierte sich eine konvergente Gruppennorm (s. Abb. 9.2). Weil die naiven Teilnehmer wirklich keine Vorstellung davon hatten, wie weit der Punkt schwankte, schien es doch vernünftig zu sein, sich den Urteilen der anderen Personen anzuschließen. Würden die naiven Teilnehmer ihre einmal in der Gruppe gewonnenen Vorurteile beibehalten oder zu ihren vormaligen Urteilen zurückkehren? Selbst wenn ein Jahr später die Beobachtung noch einmal mit den naiven Teilnehmern alleine wiederholt wurde, war ihr Urteil noch immer beeinflusst von der (vorangegangen) Gruppennorm. Diese Norm wurde internalisiert, d. h. sie wurde Teil des Selbstbildes der Person.

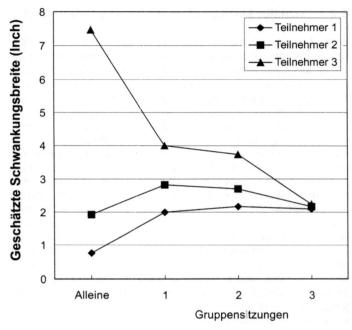

Abb. 9.2: Geschätzte Schwankungsbreite bei individueller Schätzung über mehrere Gruppensitzungen hinweg (nach Sherif, 1936).

### 9.2.3 Sozialer Einfluss in einer eindeutigen Situation

Asch (1956) erwartete, dass in eindeutigen Stimulussituationen, in denen es um objektive Vergleiche geht und keine optische Täuschung mitwirkt, eine derartige Anpassung an die Gruppenmeinung nicht eintreten würde. Er hatte sich gründlich geirrt. Trotz der objektiv eindeutigen Stimulusgegebenheiten zeigten die Teilnehmer in seinen verschiedenen Untersuchungen ein unerwartetes Ausmaß an Konformität. Zwischen 50 und 80 Prozent seiner Teilnehmer passten sich mindestens einmal dem falschen Urteil der Mehrheit an, und bei einem Drittel aller kritischen Durchgänge übernahmen die naiven Teilnehmer das falsche Urteil der Gruppenmehrheit.

Wie sicher waren sich die naiven Teilnehmer in Bezug auf ihre Wahrnehmungsfähigkeit? Zu den Asch-Untersuchungen gehörte auch immer eine Kontrollbedingung, bei der die gleichen Stimuli, aber ohne Gruppenbeteiligung, beurteilt wurden. Wenn Teilnehmer allein urteilten, dann lag ihre Gesamtfehlerrate bei etwa fünf Prozent. Die naiven Teilnehmer scheinen also zu wissen, was richtig ist. Dennoch schlossen sie sich bei einem Drittel aller Fälle dem falschen Urteil der Mehrheit an.

Die Ergebnisse waren für Asch unerwartet – und mehr noch für die interessierte Öffentlichkeit. Wenn es so ist, so wurde gemutmaßt, dass in dieser trivialen Gruppensituation ohne scheinbaren Gruppendruck und ohne schwerwiegende Konsequenzen Teilnehmer bereit sind, sich einer anonymen Mehrheit zu beugen, um wie viel größer ist dann die Konformitätsneigung in alltäglichen Situationen, in denen es um schwierige und konsequenzenreiche Sachverhalte geht und bei Nichtbefolgung schwere Nachteile möglich sind? Sind Menschen in ihrer Mehrheit möglicherweise doch willfährige Schafe und zu schwach, um zu ihren Überzeugungen zu stehen?

Würden wir derartige Sichtweisen teilen, dann wäre dies wiederum ein Beispiel für die Wirksamkeit des dispositionellen Attributionsfehlers. Der Behauptung, dass die Teilnehmer alle willfährige Schafe seien, lässt sich entgegnen, dass die Konformitätsrate – wie erwähnt – »nur« bei ca. 30 Prozent liegt. Ist das hier beobachtete Ausmaß an Konformitätsneigung gering oder erstaunlich groß?

Um diese Frage zu beantworten, führen Sie einmal folgendes Gedankenexperiment durch: Ihnen wird die Asch-Studie in allen Details geschildert. Das Ergebnis wird Ihnen allerdings nicht mitgeteilt, sondern Sie werden gebeten, die Konformitätsrate zu schätzen. Vermutlich hätten Sie ein weit geringeres Maß an »Fehlern« geschätzt. Im Nachhinein sind die Befunde von empirischen Untersuchungen häufig nicht mehr so erstaunlich, und die meisten Menschen reagieren dann mit der Feststellung: »Das habe ich ja schon immer gewusst.« Diese Täuschung ist bekannt als der *Im-Nachhinein-Effekt* (Fischoff & Beyth, 1975). Wir sind häufig im Nachhinein schreckliche Besserwisser. Diese Täuschung kann Lernen und Erziehung in fataler Weise behindern.

## 9.2.4 Der kognitive Konflikt und seine Lösung

Die Asch-Studien enthüllen aber nicht nur die Bedingungen, die zu konformem Verhalten führen, sie sind auch geeignet, die Bedingungen zu erhellen, die nichtkonformes Verhalten ermöglichen. Dieser Aspekt wurde lange Zeit übersehen und hat Lee Ross, Günter Bierbrauer und Susan Hoffman (1976) angeregt, diese Sichtweise mit Hilfe attributionstheoretischer Überlegungen in den Mittelpunkt ihrer Analyse der Asch-Situation zu stellen.

Ausgangspunkt ihres Ansatzes war die bisher nicht befriedigend beantwortete Frage, weshalb die naiven Teilnehmer die falschen Urteile der Guppenmehrheit trotz der unzweifelhaften Stimulusgegebenheiten übernahmen. Es muss noch einmal daran erinnert werden, dass die Teilnehmer nicht miteinander sprechen durften; insofern hatte es der naive Beobachter gleichsam mit zwei Realitäten zu tun, die ihn in einen inneren Konflikt stürzten, dem Konflikt zwischen dem Eindruck, den ihm seine Sinnesorgane vermittelten und dem Urteil der Mehrheit. Es gab für ihn einfach keine Erklärung oder irgendwelche Anhaltspunkte, weshalb die Mehrheit anders urteilte. Würde er seine wirkliche Meinung kundgeben, könnten die anderen denken, er sei nicht ganz klar im Kopf und sich über ihn lustig machen. Selbst wenn dies eintreten würde, so könnte man einwenden, dann wären dies minimale Konsequenzen angesichts der trivialen Aufgabe.

Im Zusammenhang mit der Asch-Situation könnte man folgende Überlegungen anstellen. Wenn Menschen in scheinbar trivialen Situationen zu schwach sind, ihren Standpunkt zu vertreten, wie fügsam werden sie in konsequenzenreichen komplexen Situationen sein, wenn es beispielsweise um unterschiedliche Meinungen innerhalb der Familie, am Arbeitsplatz oder in der Politik geht? Oft geht es dabei um unterschiedliche materielle und ideelle Interessen, die für einzelne oder Gruppen von großer Bedeutung sind. Sollten wir dann nicht ein weit höheres Ausmaß an Konformität erhalten als in der scheinbar trivialen Asch-Situation?

Ross et al. (1976) bezweifeln dies, denn die Asch-Situation liefert für die naiven Teilnehmer keine Anhaltspunkte, weshalb die Gruppenmehrheit anders urteilt. Anders als in den meisten sozialen Situationen haben wir in der Asch-Situation keinerlei Hinweise über die Motive für das Verhalten der Mehrheit. Wenn ich mich beispielsweise mit jemandem streite, der es für sinnvoll hält, ehemalige leitende Funktionäre der DDR vor Gericht zu bringen, und erfahre, dass dieser Person oder ihrer Familie großes Unrecht widerfahren ist, dann kann ich die Gründe für ihre Position nachvollziehen.

Auf der Basis attributionstheoretischer Überlegungen haben Ross et al. (1976) eine Studie konzipiert, um die einzigartige Dynamik der Asch-Situation zu verdeutlichen und damit auch die Möglichkeiten für nichtkonformes Verhalten empirisch zu demonstrieren. In dieser Studie wurden die Teilnehmer gebeten, bei zwei unterschiedlich langen Tönen anzugeben, welcher von beiden der längere sei. Ferner wurde ihnen mitgeteilt, dass sie für ihre Einschätzungen, falls diese richtig seien, eine Belohnung erhalten würden. Die Untersuchungsbedingungen wurden so gestaltet, dass bei kritischen Durchgängen – also dann, wenn die Mitarbeiter absichtlich ein falsches Urteil abgaben – die Belohnung stets höher war. In der sogenannten Asch-Bedingung war die Belohnungshöhe konstant und lieferte für die naiven Teilnehmer keine Hinweise darüber, weshalb die Mehrheit anders urteilte. In den verschiedenen Bedingungen mit variabler Belohnungshöhe zeigte sich eine signifikant geringere Konformität – obwohl für »abweichendes« Verhalten keine oder nur eine geringe Belohnung zu erwarten war. Wenn also ein naiver Teilnehmer beobachtete, dass die anderen eine objektiv falsche Antwort gaben, dann sagte er möglicherweise zu sich: »Nun, ihre Antworten scheinen mir nicht richtig zu sein, aber sie zielen auf eine höhere Belohnung ab.« In anderen Worten, externe Informationsquellen eliminieren den potenten Asch-Effekt, dessen Wirksamkeit aus den fehlenden Hinweisen über die Verhaltensmotive der Mehrheit resultierte.

Wenn ich als Einzelperson Anhaltspunkte dafür habe, weshalb die Mehrheit anders entscheidet, dann vermindert dies meinen Konflikt, und ich gewinne Selbstsicherheit, dem Druck der Mehrheit zu widerstehen. Im Nachhinein wird somit das irrationale Verhalten der Teilnehmer in der Asch-Situation besser verständlich, weil diese Situation sehr ungewöhnlich ist. Die Untersuchung von Ross et al. (1976) fördert nicht nur neue Einsichten in die Dynamik dieser Situation, sondern zeigt auch die Bedingungen auf, die antikonformes Verhalten ermöglichen.

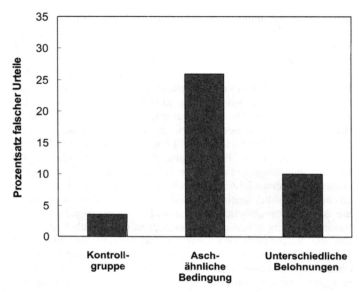

Abb. 9.3: Was vermindert Konformität? (nach Ross, Bierbrauer & Hoffman, 1976)

Können uns die Einsichten in die Dynamik der Konformitätsstudien von Asch und anderen Wissenschaftlern helfen, die Motive für das Verhalten der rechtsradikalen Jugendlichen zu verstehen? Zunächst ist daran zu erinnern, dass zwischen ihrer Lage und der Asch-Situation eine Reihe von wichtigen Unterschieden besteht, und eine direkte Übertragung der Ergebnisse wissenschaftlich nicht zu rechtfertigen wäre. In den Asch-Studien ging es nicht um die Bewertung von sozialen Sachverhalten oder um die Richtigkeit von Werten, sondern es ging schlichtweg um den Längenvergleich von Linien. Ein anderer wichtiger Unterschied besteht darin, dass die Teilnehmer der Asch-Studien einander fremd waren, während sich die rechtsradikalen Jugendlichen in fest formierten Gruppen zusammengeschlossen haben und auftretende Abweichungen von der Gruppennorm zuweilen schwere Bestrafungen zur Folge haben. Diese und viele andere Unterschiede sind zu bedenken, wenn man verstehen will, weshalb sich Menschen Gruppenzwängen unterwerfen. Um die eingangs aufgeworfene Frage zu beantworten, müssen wir noch eine Reihe anderer Einflussfaktoren berücksichtigen.

### 9.2.5 Sozial normativer und sozial informativer Einfluss

Asch hat die Teilnehmer im Anschluss an seine Untersuchungen ausführlich befragt. Trotz ihrer Zweifel glaubten viele, die Mehrheit habe mit ihren Antworten richtig gelegen. Einige andere rechtfertigten sich damit, dass möglicherweise etwas mit ihren Augen nicht stimmt. Sind diese Rechtfertigungen überzeugend? Ihr Konflikt war offensichtlich: Weshalb geben die anderen so merkwürdige Urteile ab? Kann ich meinen Augen trauen? Was geschieht, wenn ich bei meiner Überzeugung bleibe? In dieser Hinsicht ist die Asch-Situation ein überzeugendes Paradigma zur Demonstration des Konflikts zwischen Individuum und Gruppe. Gleichzeitig demonstriert sie unsere Unfähigkeit, als außenstehende Beobachter diesen Konflikt wahrzunehmen. Wir interpretieren das Verhalten der naiven Teilnehmer in Unkenntnis der Dynamik in dieser Situation und kommen zu falschen Schlüssen über ihre Motive.

Eine spätere Untersuchung von Morton Deutsch und Harold Gerard (1955) belegt die Vermutung, dass die naiven Teilnehmer die Stimulusverhältnisse richtig gesehen haben müssen, denn in einer Replikation der Asch-Studie konnten die Teilnehmer ihre Einschätzungen anonym abgeben, sodass niemand sonst in der Gruppe ihr Urteil kannte. In der anonymen Variante war die Konformitätsrate erheblich geringer als bei der öffentlichen. Deutsch und Gerard (1955) haben in einem einflussreichen Aufsatz argumentiert, dass der Druck einer Mehrheit aus zwei unterschiedlichen Quellen stammen kann. Die eine Quelle nennen sie *sozial normativen Einfluss* und die andere Quelle *sozial informativen Einfluss*.

Wenn zur Erzielung konformen Verhaltens von einer Mehrheit positive Konsequenzen in Aussicht gestellt oder negative Konsequenzen vermieden werden können, dann ist dies nach Deutsch und Gerard (1955) *sozial normativer Einfluss*. Menschen schließen sich häufig deshalb Gruppenmeinungen an, weil sie Zustimmung oder

Ansehen erheischen wollen oder weil sie sich davon Vorteile versprechen. Dies ist natürlich nur dann möglich, wenn die Gruppe auch über die Macht verfügt, um ihren Einfluss durchzusetzen. Macht kann, wie John French und Bertram Raven (1959) gezeigt haben, aus zwei Quellen kommen: *Belohnungsmacht und Zwangsmacht*. Beide sind nicht nur in ihrer äußerlichen Form sehr unterschiedlich, sondern natürlich auch in ihren psychologischen Konsequenzen. Wenn die Einflussnahme über die Kontrolle von Belohnungen erfolgt und diese für einen Akteur erstrebenswert sind, dann ist dies Belohnungsmacht. Erfolgt die Einflussnahme durch die Fähigkeit, Zwang auszuüben, dann ist dies Zwangsmacht. Der Druck, der durch Zwangsmacht ausgeübt wird, ist zunächst stärker, wird als unangenehm empfunden und erzeugt Ablehnung und Feindseligkeit. Macht, die über Belohnung wirkt, kann sich auf materielle Gegenstände wie Geld sowie auf Dienstleistungen beziehen, aber auch auf begehrte Ziele wie Zuwendung oder Mitgliedschaften in einer Gruppe oder einem Club mit hohem sozialen Prestige. Sekten benutzen zunächst häufig ihre Belohnungsmacht, um Mitglieder zu gewinnen. Später verlangen sie unter Ausübung von Zwangsmacht die totale Unterwerfung (Osherow, 1981). In der Asch-Situation war auch sozial normativer Einfluss wirksam. Wenn die Teilnehmer ihre Urteile anonym abgeben durften, sank die Konformitätsrate drastisch. Interessanterweise wurde aber auch in der anonymen Bedingung noch ein gewisses Maß an Konformität beobachtet, was darauf hinweist, dass auch sozial informativer Einfluss wirksam war.

Nach Deutsch und Gerard (1955) kann eine weitere Ursache für konformes Verhalten darin bestehen, dass andere über Informationen verfügen, die wichtig für die Definition der sozialen Realität sind. Unsere individuelle Interpretation der sozialen Realität ist häufig deren soziale Definition, die wir von anderen übernommen haben. Wir haben während unserer Sozialisation gelernt, dass andere Menschen notwendige und verlässliche Informationsquellen sind, und wir verlassen uns auf sie, wenn wir uns in neuen oder zweideutigen Situationen befinden und nicht wissen, welches Verhalten richtig und angemessen ist. Wenn, wie in der Asch-Situation, Zweifel aufkommen, welche Einschätzung richtig ist, besonders, wenn es sich um das Urteil über einen objektiven Sachverhalt handelt, weshalb sollten wir nicht dem Urteil der einstimmigen Mehrheit vertrauen? *Sozial informativer Einfluss* kann auf diese

Weise zur Expertenmacht werden. Um wie viel einflussreicher kann daher die Macht von Experten sein, wenn es um die Beurteilung von sehr komplexen technischen Sachverhalten geht? Der Einfluss der Gruppenmeinung in den erwähnten Studien von Sherif (1936) ist in erster Linie informativ. Dies zeigte sich darin, dass, wie erwähnt, im Unterschied zu den naiven Teilnehmern in den Asch-Studien die naiven Teilnehmer in den Sherif-Studien ihre Urteile über die Schwankungsbreite beibehielten (und damit der Gruppennorm folgten), selbst dann, wenn sie später ihr Urteil ohne die Gruppe nochmals abgaben.

### 9.2.6 Pluralistische Ignoranz in der Asch-Situation

Es ist wahrscheinlich, dass noch ein dritter Faktor die naiven Teilnehmer daran hinderte, öffentlich zu sagen, was sie als korrekt wahrgenommen hatten, und zwar das Phänomen der pluralistischen Ignoranz, das im Zusammenhang mit dem Stanford-Gefängnisexperiment (s. Kap. 1) und als einer der Gründe für unterlassene Hilfeleistung (s. Kap. 3) diskutiert wurde. Pluralistische Ignoranz ist ein Zustand, der die Teilnehmer einer Gruppe dazu verleitet, das Verhalten der anderen Gruppenmitglieder falsch zu interpretieren, und sie dann annehmen lässt, ihre falsche Interpretation sei richtig. Weil alle anderen Teilnehmer in ihren Urteilen übereinstimmten, verunsicherte dies den naiven Teilnehmer derart, dass er sich der Meinung der Mehrheit anschloss. Wie kann der hemmende Einfluss der pluralistischen Ignoranz beseitigt werden? In einer Variante führte Asch einen »Abweichler« ein, der sich nicht der Mehrheit anschloss. Unter einer solchen Bedingung betrug die Konformitätsrate nur noch ein Viertel der sonstigen Rate (s. Abb. 9.4).

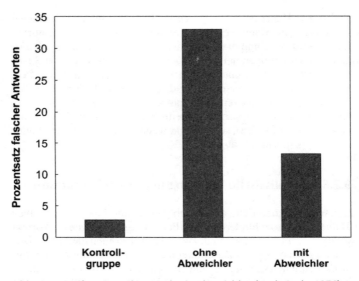

Abb. 9.4: Konformität ohne und mit Abweichler (nach Asch, 1956).

## 9.3 Können Minderheiten auf Mehrheiten Einfluss nehmen?

In den vorangegangenen Abschnitten haben wir untersucht, auf welche Weise viele auf wenige Einfluss ausüben können. Der französische Sozialpsychologe Serge Moscovici (1985) hat das Asch-Paradigma gewendet und gezeigt, wie Minderheiten auf Mehrheiten Einfluss nehmen können. Wie wären soziale Veränderungen möglich, so könnte man fragen, wenn sich immer nur Mehrheitsmeinungen durchsetzten? Beeinflusst durch die sozialen Bewegungen der sechziger und siebziger Jahre interessierte ihn, ob es nicht doch Einflussmöglichkeiten von machtlosen Minderheiten gibt, um die Mächtigen zu beeinflussen. Er und seine Mitarbeiter (Moscovici, Lage & Naffrechoux, 1969) entwickelten eine Untersuchungsmethode, die in gewisser Weise die Asch-Situation umkehrte. Die Teilnehmer, zusammengefasst in Gruppen von sechs

## 9 Soziale Beeinflussung und Gruppenprozesse

Personen, wurden gebeten, die Farben zu benennen, die auf eine Leinwand projiziert wurden. Obwohl die Farben in ihrer Intensität variierten, war ihr Grundton blau. Dies wurde in einer Voruntersuchung ohne Gruppenbeteiligung sichergestellt. Unter den sechs Gruppenmitgliedern saßen vier, die nicht wussten, dass zwei von ihnen Mitarbeiter des Untersuchungsleiters waren.

Wie in der Asch-Situation wurde jedes Gruppenmitglied gebeten, laut seine Einschätzung der Farbe zu nennen. Die beiden Mitarbeiter wurden vorher instruiert, bei bestimmten Durchgängen Grün zu sagen, wenn sie an die Reihe kämen. Das Beharren der Minderheit hatte Erfolg. Im Vergleich zur Kontrollgruppe, in der es keine Minderheiten gab und nur einmal ein Teilnehmer auf Grün deutete, hatten die beiden Minoritätsmitglieder erreicht, dass 32 Prozent der Mehrheitsgruppe mindestens einmal die projizierte Farbe als Grün einschätzten.

In einer Reihe von weiteren einfallsreichen Studien wurde die Wirkung weiterer Faktoren untersucht, um aus Minderheitspositionen Mehrheitspositionen zu machen. Nach Durchsicht der Ergebnisse vieler Studien zum Minoritätseinfluss nennt Moscovici (1985) vier Verhaltensstile, die Minderheiten beherzigen sollten, wenn sie Mehrheitspositionen ins Schwanken bringen wollen: Investment, Autonomie, Konsistenz und Fairness. Mit anderen Worten, Inhaber von Minderheitspositionen müssen ihr Anliegen konsequent und überzeugend vertreten, sie müssen Unabhängigkeit demonstrieren, sie müssen darauf achten, dass ihr Standpunkt eine logische und rationale Alternative zur Mehrheitsposition darstellt, und sie müssen auch bereit sein, ggf. der Mehrheit entgegenzukommen.

Angesichts der Befunde, die den erdrückenden Einfluss von Mehrheiten auf Minderheiten demonstrieren, erscheint es ziemlich gewagt zu behaupten, dass ein einziges Individuum unter bestimmten Bedingungen Mehrheitsmeinungen erschüttern kann. Tatsächlich sind beide Prozesse auf verschiedene Weise möglich und wirksam. Wenn Menschen nicht sehr stark motiviert und unsicher in ihrem Urteil sind, dann ist die Wahrscheinlichkeit groß, dass sie sich einer Mehrheitsmeinung unterwerfen. Wenn aber Minoritäten stark motiviert sind, ihren Standpunkt einmütig, couragiert und kompetent zu vertreten, dann haben sie auch ohne äußere Machtmittel eine Chance, Mehrheiten zu beeinflussen.

## 9.4 Indirekte Beeinflussungsstrategien: Minimaler Druck – große Wirkung

Manche Beeinflussungsstrategien sind so unauffällig und alltäglich, dass man ihre Taktik erst beim zweiten Hinsehen nachvollziehen kann. Sie können von geschickten Manipulateuren sehr wirkungsvoll eingesetzt werden – obwohl ihnen das Wirkungsprinzip häufig gar nicht bewusst ist –, um damit andere Menschen in eine Falle zu locken oder sie auszunutzen. Da diese Strategien so harmlos erscheinen, wundern wir uns im Nachhinein, weshalb wir oder andere Opfer von Manipulationen werden konnten. Ihre prinzipielle Wirkungsweise ist sehr einfach. Sie entfalten ihre besondere Dynamik offenbar aufgrund der Kombination bestimmter sozialer Kontexte, in denen bestimmte normative Verhaltenserwartungen gelten, die wiederum reflexhaft bestimmte mentale Heuristiken auslösen. In diesen spezifischen Situationen überlegen wir nicht lange, und eingespielte Urteilsrepertoires erledigen den Rest. Geschickte Verkäufer machen sich diese Techniken zunutze. Robert Cialdini (2001), der diese Beeinflussungstechniken untersucht hat, berichtet beispielsweise davon, wie unverkäuflicher Tand erst dann Käufer fand, als sein Preis bei der Warenauszeichnung irrtümlicherweise verdoppelt wurde. Bei gewissen Waren, wie z. B. Schmuck, wissen Käufer oft nicht, ob die Sache ihren Preis wert ist. Nach der Regel »Je teurer, um so wertvoller« ging plötzlich der unverkäufliche Ramsch für 20 Dollar weg, obwohl er für 10 Dollar liegen geblieben war. Ökonomen nennen das den *Vebleneffekt*. In eine derartige Falle können wir tappen, wenn eine Ware oder ein Kunstwerk als knapp oder mit limitierter Auflage angepriesen wird. Es gibt eine Vielzahl solcher Beeinflussungstechniken; wir wollen uns hier auf die Beschreibung von zwei wichtigen Beeinflussungstechniken beschränken, weil sie in besonderer Weise auch die Prinzipien des sozialpsychologischen Situationismus verdeutlichen.

### 9.4.1 Die »Fuß-in-der-Tür-Technik«

Folgende Situationsmanipulation erweist sich als besonders wirksam, um von anderen Menschen eine Einwilligung oder Zustimmung zu bekommen, zu der sie normalerweise vermutlich nicht bereit gewesen wären. Es geht bei dieser Strategie darum, einen Fuß in die Tür zu bekommen, d. h. zunächst eine kleine Bitte zu äußern, die üblicherweise nicht abgeschlagen wird, und dann mit einer zweiten Bitte zu kommen, die das eigentliche Ziel darstellt. Jonathan Freedman und Scott Fraser (1966) haben die Wirkungsweise dieses Prinzips in einer Studie untersucht, die mittlerweile zu einem Klassiker der Forschung über das *foot-in-the-door*-Phänomen geworden ist. In dieser Studie wurden kalifornische Hausfrauen gefragt, ob sie bereit wären, ein kleines Schild in ihrem Auto oder am Fenster zu ihrem Vorgarten zu befestigen, mit der Aufschrift, Autofahrer sollten vorsichtig fahren. Diese kleine Bitte wurde von der Mehrheit der angesprochenen Frauen erfüllt. Zwei Wochen später wurden dieselben Frauen von einer anderen Person angesprochen, und dieses Mal wurden sie gefragt, ob sie bereit wären, ein großes, ziemlich hässliches Schild mit derselben Botschaft in ihrem Vorgarten aufzustellen. Um ihren Wunsch zu verdeutlichen, zeigten die Bittsteller das Foto eines Hauses mit Vorgarten, der von einem solchen Schild verunstaltet war. Die Ergebnisse waren unerwartet: 76 Prozent der Frauen, die vorher schon das kleine Schild angebracht hatten, waren nunmehr bereit, das große Schild in ihrem Vorgarten aufzustellen. Im Gegensatz hierzu waren bei einer Kontrollgruppe von Frauen, die vorher nicht um den kleinen Gefallen gebeten worden waren, nur 17 Prozent dazu bereit.

Eine Reihe von weiteren Untersuchungen zur »Fuß-in-der-Tür-Technik« haben bestätigt, dass diese Überrumpelung auch wirkt, wenn die erste und die zweite Bitte nicht genau den gleichen Sachverhalt betreffen. In einer anderen Studie konnten die Autoren zeigen, dass die meisten Hausfrauen, die zunächst bereit waren, den Appell: »Keep California Beautiful« zu unterschreiben, auch später einwilligten, ein großes hässliches Schild mit der Aufforderung, auf Autobahnen vorsichtig zu fahren, in ihrem Vorgarten aufzustellen.

Wie können wir uns die Wirkungsweise dieser Beeinflussungstechnik erklären? Der Ansatz der Selbstwahrnehmungstheorie von Daryl Bem (1972) liefert die schlüssigste Erklärung: Wenn Personen sich für eine Sache engagiert haben, und zwar scheinbar ohne äußeren Zwang, dann kommen sie zur Überzeugung, dass dies aufgrund ihrer persönlichen Einstellung erfolgt sei. Zugleich entspricht das von ihnen erbetene Verhalten einem positiv erwünschten Selbstbild: Sie halten sich für verantwortungsbewusste Bürger, die sich der Aufforderung nicht verschließen, einer gleichen oder ähnlichen, auch größeren Bitte nochmals Folge zu leisten.

### 9.4.2 Die »Tür-ins-Gesicht-Technik«

Problematisch wird diese Erklärung angesichts einer geradezu gegenläufigen Beeinflussungstechnik, die Robert Cialdini (2001) *door-in-the-face-technique* nannte. Bei ihr wird zuerst eine große Bitte ausgesprochen, die üblicherweise abgelehnt wird. Dann wird in einem zweiten Anlauf eine kleinere Bitte gestellt, die das eigentliche Beeinflussungsziel darstellt. Cialdini (2001) untersuchte dieses Prinzip mit seinen Mitarbeitern auf folgende Weise: Studenten wurden gefragt, ob sie bereit wären, straffällige Jugendliche auf einer Ganztagstour durch einen Zoo zu begleiten. Dieses Ansinnen war den meisten Studenten zu groß und 83 Prozent von ihnen lehnten ab. In einer Vergleichsgruppe wurden Studenten zunächst um eine viel größere Verpflichtung gebeten: nämlich, ob sie bereit wären, für zwei Stunden pro Woche, und dies über einen Zeitraum von mehreren Wochen hinweg, straffällige Jugendliche in einem Camp zu betreuen. Obwohl fast jeder der Befragten dem Bittsteller gegenüber »Nein.« sagte und damit ihm sozusagen die Tür vor die Nase knallte, waren 51 Prozent bereit, den Zoobesuch mit den Jugendlichen zu machen, wenn diese Bitte unmittelbar nach der ersten großen Bitte gestellt wurde. Die um ihr positives Selbstbild besorgten Befragten haben dann »wenigstens« der kleinen Bitte zugestimmt.

### 9.4.3 Die goldene Regel des Nehmens und Gebens: Das Reziprozitätsprinzip

Die beiden so gegensätzlichen Beeinflussungstechniken funktionieren deshalb so gut, weil die Opfer die minimalen Kontextveränderungen nicht bewusst registrieren. Wie bereits erwähnt sind wir nicht in der Lage, die auf uns einwirkende Informationsfülle gleichzeitig zu verarbeiten. Wir müssen Wichtiges von Unwichtigem unterscheiden und sind daher gezwungen, effiziente und daher manchmal primitive Informationsverarbeitungsstrategien anzuwenden, um zu Entscheidungen zu gelangen. Mit der wachsenden Informationsflut wird diese Tendenz eher noch zunehmen. Umso mehr müssen wir uns auf die Erfahrungen anderer und auf Vorbilder und Autoritäten verlassen. Dies ist eine der großen Ironien im Zeitalter der Massenkommunikation und der Massenmedien.

Die im Zusammenhang der oben beschriebenen indirekten Beeinflussungsstrategien wirkenden Prozesse führt Cialdini (2001) u. a. auf das *Reziprozitätsprinzip* zurück. Reziprozität meint die goldene Regel des Gebens und Nehmens. Wenn uns beispielsweise jemand einen Gefallen tut oder ein Geschenk macht, dann fühlen wir eine mehr oder weniger spontane Bereitschaft, ja Verpflichtung, dies in einer gleichen oder ähnlichen Form zu vergelten. Die soziale Regel des Gebens und Nehmens scheint in allen Kulturen vorzukommen, denn das Prinzip wechselseitiger Verpflichtungen ermöglicht das Überleben der menschlichen Spezies. Als soziale Regel hat sie offenbar eine derartige Kraft, dass sie spontan und gleichsam wie ein Automatismus wirkt, wenn die entsprechenden situativen Voraussetzungen dafür gegeben sind. Wenn wir uns in Situationen befinden, die stark von dieser Norm kontrolliert werden, dann brauchen wir nicht intensiv nachzudenken, sondern wir greifen auf Entscheidungsregeln zurück, die wir während unserer Sozialisation gelernt haben. Cialdini (2001) zeigt an vielen Beispielen, wie von geschickten Manipulateuren solche Situationen arrangiert werden und so zu sozialen Fallen werden können. Würden wir die gesamte Situation kritisch überprüfen, dann könnten diese Fallen kaum wirken. Wenn uns jemand um einen Gefallen bittet und wir dieser Bitte nicht entsprechen wollen oder können, dann fühlen wir dennoch eine gewisse Verpflichtung, dem Ansinnen wenigstens teilweise nachzukommen. Und mehr war auch bei einer Manipulation oft gar nicht beabsichtigt. Insofern können minimale Kontextveränderungen maximale Wirkungen haben.

## 9.5 Noch einmal: Würden Sie einen Unbekannten exekutieren?

Die dramatischsten und folgenreichsten Illustrationen sozialer Beeinflussung sind zweifelsohne die Gehorsamkeitsstudien von Milgram (1974/1988), die im ersten Kapitel beschrieben wurden.

Sie gehören in den Kontext der Prinzipien zur sozialen Beeinflussung, obgleich in diesen Studien nur eine Person Druck ausübt. Diese Studien eröffnen wichtige Einsichten über soziales Verhalten, über soziale Urteilsprozesse und über Gehorsamkeitsverhalten in kollektiven Zusammenhängen.

Es wurde bereits darauf hingewiesen, welches ungläubige Erstaunen Milgrams Ergebnisse in der Öffentlichkeit, aber auch unter Psychologen hervorriefen. Milgrams Untersuchungen wurden sowohl aus wissenschaftlichen wie auch aus ethischen Gründen heftig kritisiert. Weit davon entfernt, eine letztgültige Interpretation dieser Studien zu geben, so kann man doch aus der Perspektive des sozialpsychologischen Situationismus mit seinen beiden Postulaten Bedeutungszuschreibung und Spannungssystem ein wenig Licht in dieses kaum nachvollziehbare Verhalten bringen. Wir können zuerst einmal vermuten, dass der naive Teilnehmer auf die vorgefundene Situation mit großer Verblüffung reagierte. Die Umgebung war ihm völlig unvertraut, und auch seine Aufgabe und das Verhalten des Untersuchungsleiters, der sich von den Protesten und Schreien des Lernenden unbeeindruckt zeigte, blieben unverständlich. Es gab für den Lehrerprobanden niemanden, an den er sich hätte wenden können (zumindest in der ersten Version der Studien). Nichts war ihm bekannt außer der Tatsache, dass dies eine wissenschaftliche Untersuchung sei, die von einem offensichtlich anerkannten Wissenschaftler geleitet wurde. Dieser müsste doch wohl wissen, dass das ganze Unternehmen notwendig und vernünftig sei. Dieser Zusammenhang legitimiert die Regeln, die zu befolgen waren – soweit die Situationsinterpretation aus der Perspektive eines Lehrers.

Trotz ihrer manifesten Bereitschaft zum Gehorsam war das Ausdrucksverhalten der Lehrer nicht etwa kalt und gefühllos, sondern voller Widerstand und Protest. Ihre inneren Konflikte waren augenscheinlich: Sie waren hin- und hergerissen zwischen der Bereitschaft, den (impliziten) Kontrakt als Teilnehmer in einer offenbar wichtigen und wissenschaftlich legitimierten Untersuchung zu erfüllen, und ihren eigenen moralischen Skrupeln. Um diesen Konflikt zu verstehen, müssen wir uns noch einmal vergegenwärtigen, wie der Untersuchungsablauf war. Zunächst wurde der Lehrer gebeten, bei einem Fehler nur einen milden Elektroschock zu verabreichen. Dem hatte er auch zunächst zugestimmt, weil es sich lediglich um eine Feedbackinformation handeln sollte. Es folgten die nächsten Elektroschocks, ohne dass der Lehrer wusste, wohin dies führte und wo es endete. Hätten die Teilnehmer am Anfang gewusst, wie hoch und intensiv die Schockreihe gehen würde, hätten die meisten vermutlich gleich am Anfang abgebrochen. Die Bereitschaft, den ersten Schock zu verabreichen, hatte genügt, dass der Untersuchungsleiter gleichsam den »Fuß in die Tür« bekam. Als dann die Schockstufen immer höher gingen, wurde der innere Konflikt für den Lehrer evident: Er musste eine Rechtfertigung für die von ihm bereits verabreichten Elektroschocks finden. Ein Weg, aus der möglichen kognitiven Dissonanz herauszukommen, lag in der Rechtfertigung, das Opfer habe diese Behandlung irgendwie selbst verschuldet. Nach dem Prinzip *blaming the victim* erfolgt die Umdeutung des Opfers in eine Person, die diese Behandlung verdient hat. Diesen perversen Rechtfertigungszwang hat William Ryan (1971) untersucht. Statt dem Opfer Verständnis und Hilfsbereitschaft entgegenzubringen, wird es für sein Schicksal selbst verantwortlich gemacht, weil es nichts anderes verdient habe.

In ähnlicher Weise erfolgte die Sozialisierung des Personals in den Konzentrationslagern. Diese Vernichtungsstätten waren zunächst Jahre zuvor als Arbeitslager eingerichtet worden, in denen Menschen getötet wurden, wenn sie wegen Erschöpfung nicht mehr arbeiten konnten. Für die Aufseher war es nicht ungewöhnlich, Kranke töten zu müssen (Steiner & Bierbrauer, 1975). Die stufenweise Gewöhnung an diese Aufgaben und der schleichende Prozess der Rechtfertigung vorangegangener Missetaten machen verständlich, weshalb die dann verordnete »Endlösung« in den Vernichtungslagern so reibungslos und effizient zu organisieren war.

Es muss noch einmal darauf hingewiesen werden, dass mit Hilfe der Gehorsamkeitsstudien von Milgram der kollektive Massengehorsam und die Gräuel der Nazizeit nicht erklärt werden können (s. Kap. 1). Die simple Reduktion, kollektives Geschehen aus dem individuellen Verhalten heraus allein zu erklären, ist wissenschaftlich nicht möglich. Dennoch war es Milgrams Verdienst, dass er uns die Augen öffnete für das Destruktionspotential der menschlichen Natur. Und er warnte uns vor allzu schnellen Urteilen über Menschen, die Böses tun aufgrund ihrer angeblichen Persönlichkeitsdefekte. Um die Dynamik in derartigen Extremsituationen zu verstehen, so zeigte er uns weiter, ist es notwendig, dieses bizarre

Verhalten aus der Perspektive des Akteurs und seiner Interpretation der Situation zu verstehen. Würden Sie einen Unbekannten hinrichten? Wäre es denkbar?

# 10 Ethnozentrismus, Vorurteile und Intergruppenkonflikte

Wenn ein Student aus Afrika aufgrund einer Zeitungsanzeige bei einem deutschen Vermieter wegen eines Zimmers nachfragt und dann wahrheitswidrig zu hören bekommt, dass es bereits vermietet sei, dann hat er vermutlich deshalb das Zimmer nicht bekommen, weil er ein Schwarzer ist. Er wird diskriminiert, weil er einer anderen sozialen oder ethnischen Gruppe angehört als der Vermieter. Er wird nicht als Individuum wahrgenommen, sondern als Mitglied einer Kategorie von Menschen, über die der Vermieter vermutlich nicht mehr weiß, als dass sie keine weiße Hautfarbe haben. Obwohl in diesem Beispiel nur zwei Menschen miteinander agieren, kann man hier bereits von Intergruppenverhalten sprechen, weil einer von ihnen allein aufgrund seiner Gruppenmitgliedschaft behandelt wurde und nicht als Individuum.

Für Sherif (1966) liegt auch dann schon Intergruppenverhalten vor, wenn einzelne Individuen allein auf der Basis ihrer Gruppenmitgliedschaft miteinander interagieren. Unser Beispiel zeigt, dass wir im Umgang mit anderen Menschen beinahe reflexhaft unterscheiden, ob der oder die andere zu unserer *Eigengruppe* (engl. ingroup) oder zu einer *Fremdgruppe* (engl. outgroup) gehört. Die Eigengruppe wird zusammengehalten durch ein »Wir-Gefühl«, die Fremdgruppe sind »die anderen«. Diese Kategorisierung nach »wir« und »die anderen« hat für unser soziales Zusammenleben schwerwiegende Konsequenzen und führt, wie wir sehen werden, häufig zu Missverständnissen, Konflikten und Gewalt. Intergruppenkonflikte beruhen im Wesentlichen auf vier aufeinander bezogenen, sich gegenseitig beeinflussenden Faktoren: Ethnozentrismus, Stereotypenbildung, Vorurteile und ungerechte Ressourcenverteilung.

## 10.1 Ethnozentrismus und optimale Distinktheit

Immer wenn Menschen aus unterschiedlichen sozialen Gruppen oder aus verschiedenen Kulturen aufeinander treffen, dann beobachten sie Unterschiede in Sprache, Gewohnheiten, Kleidung, Überzeugungen und anderen Merkmalen. Menschen reagieren auf solche Unterschiede häufig »ethnozentrisch«, d. h. sie tendieren in solchen Situationen dazu, ihre eigene Bezugsgruppe als Maßstab zu sehen und beurteilen Fremdgruppen im Vergleich zu ihrer Gruppe negativ. Der Begriff *Ethnozentrismus* wurde von dem amerikanischen Soziologen William Graham Sumner in seinem Buch »Folkways« (1906) geprägt und bezeichnet eine Tendenz, die Eigengruppe als Maßstab zu sehen und andere Gruppen danach zu beurteilen, inwieweit sie an die eigenen Gruppenstandards heranreichen.

Die Begriffe »ethnisch« und »Ethnizität« werden vieldeutig gebraucht. »Ethnos« kommt aus dem Griechischen und bedeutet Volk. Ethnizität oder ethnische Identität bezieht sich auf gemeinsame Merkmale wie Herkunft, Sprache, Religion oder Hautfarbe einer sozialen Gruppe. Diese Merkmale schreiben sich die Mitglieder einer Gruppe entweder selbst zu, um beispielsweise auf eine tatsächliche oder vermeintliche gemeinsame Abstammung hinzuweisen, oder sie werden ihnen von Außenstehenden zugeschrieben.

Ethnozentrismus scheint universal verbreitet zu sein. Marilynn Brewer und Donald Campbell (1976) haben in einem weltweiten Vergleich, der von Nordkanada über den Südpazifik bis nach Westafrika reichte, beobachtet, dass Menschen dazu tendieren, ihrer Eigengruppe signifikant mehr positive Eigenschaften zuzuschreiben als Fremdgruppen. Die Ergebnisse der Forschungen über ethnozentrische Einstellungen hat Harry Triandis (1990) folgendermaßen zusammengefasst:

1. Das Geschehen in der Eigengruppe oder innerhalb der eigenen Kultur wird als »natürlich« oder als »richtig« definiert und die Vorgänge in Fremdgruppen oder innerhalb anderer Kulturen als »unnatürlich« oder »falsch«.
2. Die Sitten und Gebräuche der Eigengruppe haben universale Gültigkeit.

3. Die eigenen Bezugsnormen, Rollen und Werte werden als selbstverständlich betrachtet und nicht weiter hinterfragt.
4. Es ist natürlich, den Mitgliedern der Eigengruppe zu helfen und mit ihnen zu kooperieren, die Eigengruppe zu favorisieren, Stolz für sie zu empfinden und gegenüber Fremdgruppen Misstrauen und feindselige Gefühle zu hegen.

Es scheint für Menschen schwierig zu sein, soziale und andere Unterschiede zu akzeptieren und die Mitglieder von Fremdgruppen als gleichwertig anzuerkennen. Die dem Ethnozentrismus zugrunde liegende Dynamik, die soziale Welt in ein »Wir« und ein »Nicht-Wir« einzuteilen, geht einher mit einer positiven Bewertung der Eigengruppe. Dies hat vermutlich mit einem zutiefst menschlichen Bedürfnis zu tun: Wir alle streben nach einem positiven Selbstwert, den wir über die Mitgliedschaft in einer bestimmten sozialen Gruppe erhalten, deren Wert wir über den anderer Gruppen stellen. Diesen Zusammenhang haben Henry Tajfel und seine Mitarbeiter (Tajfel & Turner, 1986) in ihren Studien zum sogenannten Minimalen Intergruppenparadigma untersucht. Selbst wenn aufgrund einer vollkommen willkürlichen Zuweisung Gruppen gebildet wurden, dann wurde die eigene Gruppe gegenüber den anderen Gruppen favorisiert, obwohl weder Erfahrungen mit der eigenen noch mit der anderen Gruppe vorlagen. Die von Tajfel und Turner (1986) entwickelte Soziale Identitätstheorie postuliert, dass aus der positiven Aufwertung der eigenen Gruppe für ihre Mitglieder ein positiver Selbstwert resultiert. Wenn nun jede Gruppe sich als die bessere wahrnimmt, dann beginnen Intergruppenkonflikte notwendigerweise nicht erst mit einem Kampf um knappe Ressourcen, sondern bereits durch den Prozess der sozialen Kategorisierung.

Wie Intergruppenbeziehungen gestaltet werden können, um den Prozess des negativen sozialen Kategorisierens zu überwinden, zeigt ansatzweise die von Marilynn Brewer (1991) entwickelte Theorie der *optimalen Distinktheit*. Die Autorin postuliert, dass Menschen sowohl ein Bedürfnis nach sozialer Inklusion als auch nach Differenzierung zwischen sich und anderen Menschen haben. Soziale Identität dient dem menschlichen Bedürfnis nach Ähnlichkeit, während soziale Vergleiche und personale Identität dem Bedürfnis nach Distinktheit dienen. Dieser gegenläufige Prozess führt dann zu einem Equilibrium oder zu einer optimalen Distinktheit, wenn das Bedürfnis nach Inklusion in eine Bezugsgruppe und das Bedürfnis nach sozialer Unterscheidung ausgeglichen sind. Soziale Identität ist daher kontextabhängig und beruht nicht allein auf willkürlicher, sozialer Kategorisierung. Wenn es durch geeignete Strategien gelingt, diese beiden Bedürfnisse in Einklang zu bringen, um damit die kategoriale Trennung zwischen »Wir« und »Nicht-Wir« aufzuheben, dann scheint es möglich, Intergruppenrivalitäten zu vermindern.

## 10.2 Der Ethnozentrismus der autoritären Persönlichkeit

Die Studien über die Ursachen des Ethnozentrismus wurden in entscheidender Weise durch die klassische Studie über die Dynamik der sogenannten *Autoritären Persönlichkeit* von Adorno et al. (1950) angeregt. Wie bereits im neunten Kapitel dargelegt worden ist, interessierte die Autoren dieser Studie zunächst die Frage, welche psychischen, sozialen und ideologischen Bedingungen für die Entstehung antisemitischer Einstellungen maßgebend sind. In ihren Interviews mit amerikanischen Erwachsenen stellten sie fest, dass Personen mit feindseligen Einstellungen gegenüber Juden ebenso Vorurteile gegenüber anderen Minoritäten hegten. Diese Personen zeigten auch die typischen ethnozentrischen Tendenzen: Zurückweisung von Fremdgruppen und unkritische Loyalität gegenüber den Werten und Normen der Eigengruppe.

Diese Beobachtung führte schließlich zu einer umfassenden Analyse der sozialpsychologischen Dynamik antidemokratischer Einstellungen und kulminierte in der Erstellung eines autoritären Persönlichkeitssyndroms als Ausdruck eines grundlegenden Persönlichkeitstypus, der durch neun Faktoren charakterisiert wird und mit der F-Skala empirisch gemessen werden kann. Die Konstruktion der sogenannten F-Skala auf der Basis klinischer Interviews mit hoch-ethnozentrischen und niedrig-ethnozentrischen Personen ermöglichte die Operationalisierung dieses Syndroms. In diesen Interviews wurde deutlich, dass ethnozentrische Personen eine harte disziplinierte Erziehung erfahren hatten, dass die Liebe ihrer Eltern vom »guten« Verhalten abhängig war und im Elternhaus eine ängstliche Besorgtheit um soziale Statusdifferenzen zu beobachten war. Auf der Basis psychoanalytischer Interpretation gehen die Autoren davon aus, dass die zunächst gegen die Eltern gerichteten Aggressionen verdrängt und nunmehr gegen Fremdgruppen in Form feindseliger Einstellungen projiziert werden. Der »Charakter« der Autoritären Persönlichkeit ist gekennzeichnet durch Statusangst und Verachtung von Menschen mit einem niedrigeren Status als sie selbst, durch eine geringe Toleranz für Ambiguitäten, Neigung zu konventionellen und konservativen Ansichten, Projektion eigener sexueller Wünsche auf Fremdgruppen und Vergötterung von Macht. Dies kommt beispielhaft zum Ausdruck in der Zustimmung zu folgender Feststellung in der F-Skala: »Gehorsamkeit und Respekt gegenüber Autoritäten gehören zu den wichtigsten Tugenden, die man lernen sollte.«

Sowohl die F-Skala als auch das gesamte Konzept der Studie wurden später aus methodischen und theoretischen Überlegungen kritisiert (Fahrenberg & Steiner, 2004). Beispielsweise zeigten Studien von Thomas Pettigrew (1959) in den USA, dass antisemitische Einstellungen und Vorurteile gegenüber anderen Minderheiten nicht notwendigerweise korrelieren, sondern regional-situative Normen diesen postulierten Zusammenhang auflösen können. Altemeyer (1996) wies nach, dass die F-Skala offenbar eine Reihe nur gering zusammenhängender Faktoren misst. Dennoch stellt die Studie über die Autoritäre Persönlichkeit einen Meilenstein in der Geschichte der Sozialpsychologie dar, und eine ihrer wichtigsten Erkenntnisse bleibt bestehen: Ethnozentrisch-autoritäre Tendenzen werden besonders in Zeiten ökonomischer und sozialer Bedrohung virulent. So kann das Gefühl der tatsächlichen oder der subjektiv wahrgenommen Bedrohung des eigenen Status in solchen Situationen genutzt werden, um soziale und ethnische Spannungen manipulativ anzuheizen.

## 10.3 Stereotypen und Vorurteile

Eine weitere Quelle für ethnozentrische Einstellungen ist die begrenzte Verarbeitungskapazität des kognitiven Systems (s. Kap. 4). Um die Fülle von Informationen zu bewältigen, werden sie nach bestimmten Kategorien oder Schemata gegliedert oder ausgesondert. Denken Sie einmal an folgende Gruppen: Frauen,

Homosexuelle, Ausländer, Juden, Amerikaner. Nun nennen Sie für jede dieser Gruppen typische Eigenschaften. Sie werden damit vermutlich keine Schwierigkeiten haben, beispielsweise Amerikaner mit einigen wenigen Eigenschaften zu charakterisieren, obwohl Sie wissen, dass es mehr als 300 Millionen US-Amerikaner gibt und es eigentlich unmöglich oder unfair ist, Urteile über »die Amerikaner« abzugeben. Das gilt ebenso für »die Russen«, »die Japaner« oder »die Professoren«. Über »die Deutschen« existieren bei anderen Völkern ebensolche Urteile – und wir kennen sie: Wir werden häufig als tüchtig, gewissenhaft, verlässlich, aber auch als gehorsam, humorlos und grüblerisch charakterisiert. Fühlen Sie sich richtig und fair beurteilt? Beruhen diese Merkmalszuschreibungen auf eigenen Erfahrungen? Offensichtlich nicht, denn Menschen sind in der Lage, soziale Gruppen, mit denen sie nur geringen oder überhaupt keinen Kontakt hatten, mit Eigenschaften zu charakterisieren und sie in soziale Kategorien einzuteilen. Diesen Prozess nennt man Stereotypisierung.

Der Begriff *Stereotyp* wurde von dem amerikanischen Journalisten Walter Lippmann in seinem Buch »Public Opinion« (1922/1964) eingeführt. Er hatte ihn in Anlehnung an die Herstellung von Bleibuchstaben übernommen, die früher in eine Form gegossen wurden. In Analogie dazu verfügen Menschen über kognitive Kategorien, in denen sozusagen Bilder über andere Gruppen eingegossen sind. Wenn wir einen Menschen treffen, den wir als Mitglied einer bestimmten Gruppe kategorisieren, gießen wir diese Information gleichsam in eine Form und überlagern diese Person mit der »vorgeformten Meinung«. Stereotypen sind Merkmalszuschreibungen kraft wahrgenommener Gruppenzugehörigkeit (z. B. »Anwälte sind aggressiv und redegewandt«). Sie sind generalisierende Gruppendispositionen und beziehen sich nicht auf Individuen. Stereotypen können sich auf positiv oder negativ bewertete Eigenschaften beziehen, zutreffend oder nicht zutreffend sein. Bei der Stereotypisierung werden häufig unzusammenhängende Informationen über Gruppeneigenschaften gebündelt oder ergänzt (assimiliert), um einen Sinnzusammenhang herzustellen (z. B. wird eine Gruppe von Ausländern nicht nur als faul charakterisiert, sondern ggf. auch als kriminell, wenn beispielsweise das Thema mit »Ausländerkriminalität« assoziiert wird). Die Aktivierung von Stereotypen erfolgt häufig automatisch, d. h. sie sind nur begrenzt zugänglich.

Mit stereotypen Urteilen ordnen wir unsere Eindrücke; sie vereinfachen unsere komplexe Welt. Insofern ist stereotypes Denken nicht anomal, sondern Ausdruck menschlicher Wahrnehmung und Orientierung. Dieses Denken hat allerdings seinen Preis: Stereotypen können uns daran hindern, neue Erfahrungen zu machen, sie verdecken Unterschiede zwischen Menschen und geben uns das Gefühl, etwas über andere Gruppen zu wissen. Da stereotypes und ethnozentrisches Denken ubiquitär ist, bedarf es einer aktiven Gegensteuerung, dieses Denken zu hemmen. Die Erziehung unserer Kinder zur Toleranz ist eine permanente Herausforderung, die großer Anstrengung bedarf, wobei moralische Appelle allein wenig nützen.

Stereotypenbildung und Ethnozentrismus allein bringen jedoch noch keine feindselige Haltung gegenüber Fremdgruppen hervor. Hinzutreten muss eine affektiv-negative Besetzung der kategorialen Urteile über Fremdgruppen. Üblicherweise wird hierfür der Begriff *Vorurteil* gebraucht. Ein Vorurteil ist eine (meist) negative Einstellung gegenüber einer Gruppe als Ganzes oder einer Person, weil sie dieser Gruppe angehört. Vorurteile können sich gegen Personen oder Personengruppen richten unabhängig davon, ob man sie persönlich kennt oder nicht. Diese Tendenz kann u. U. zur Diskriminierung, d. h. zu einer negativen Behandlung allein aufgrund von Gruppenmitgliedschaft führen. Insofern bezieht sich der Begriff Vorurteil auf Einstellungen, während der Begriff Diskriminierung auf manifestes Verhalten hinweist.

Es ist unverkennbar, dass zwischen negativen Stereotypen und Vorurteilen eine begriffliche Unschärfe liegt, die in der Literatur häufig unerwähnt bleibt und so zu erheblicher Verwirrung beiträgt. Es existieren viele Untersuchungen zu beiden Themen, aber nur wenige über den Zusammenhang zwischen beiden. Da negative Stereotypen eine Bewertung beinhalten, ist es offensichtlich, dass damit auch Vorurteile impliziert sind. Obwohl Stereotypen und Vorurteile als separate Prozesse aufgefasst werden, sind sie doch als unvermeidliche Konsequenzen von sozialer Kategorisierung zu verstehen. Wenn wir Vorurteile als einen speziellen Fall von Einstellungen sehen, dann haben sie – wie diese – drei Komponenten: eine affektive (negative Gefühle), eine kognitive (Überzeugungen in Gestalt von Stereotypen) und eine konative Komponente (Verhaltensintention). Beispielsweise hat eine Person Vorurteile gegenüber Ausländern, hasst sie, ist davon überzeugt, dass sie gefährlich sind und diskriminiert sie.

Warum halten Menschen an ihren Stereotypen und Vorurteilen fest, obwohl diese häufig falsche und ungerechtfertigte Verallgemeinerungen darstellen, die keine empirische Basis haben? Welche Gründe gibt es dafür bzw. welche motivationspsychologischen Funktionen werden damit erfüllt? Nach Mark Snyder und Peter Miene (1994) gibt es drei Erklärungsansätze:

1. Der *kognitive* Ansatz: Stereotypen und Vorurteile dienen der kognitiven Ökonomie. Die Informationsfülle wird reduziert, und dies erlaubt eine bessere Kontrolle der Umwelt.
2. Der *psychodynamische* Ansatz: Stereotypen und Vorurteile ermöglichen die Steigerung des Selbstwertgefühls durch Abwertung von Fremdgruppen
3. Der *sozial-kulturelle* Ansatz: Stereotypen und Vorurteile helfen Menschen, sich mit ihrer sozialen Bezugsgruppe zu identifizieren, indem sie deren Überzeugungen und Werthaltungen teilen.

## 10.4 Die automatische Aktivierung von Stereotypen

In den letzten Jahren konnte man in amerikanischen Meinungsumfragen einen stetigen Rückgang von Vorurteilen und Stereotypen gegenüber Minderheiten beobachten. Bedeutet dies, dass Menschen rücksichtsvoller und fairer miteinander umgehen oder haben sie gelernt, bei Fragen zu diesen Themen so zu antworten, dass sie gegenüber sich selbst und gegenüber anderen ein positives Bild zeichnen und darauf achten, ihre »wahren«, möglicherweise negativen Einstellungen nicht kundzugeben? Die Diskrepanz zwischen scheinbar toleranten Einstellungen einerseits und den weiterhin bestehenden Benachteiligungen von Minderheiten andrerseits hat Sozialpsychologen veranlasst, über alternative, weniger offensichtliche Erhebungsmöglichkeiten zur Erfassung von Einstellungen nachzudenken, die von Motiven der positiven Selbstdarstellung weniger stark beeinflusst sind. Mit der Entwicklung von Theorien über nicht-bewusste kognitive Prozesse und von neuen Instrumenten zur Erfassung nicht-bewusster Gedächtnisinhalte vergangener Ereignisse wurde für die Erforschung stereotypen Denkens ein neuer Erkenntnisweg geöffnet.

Es wird angenommen, dass Stereotypen automatisch aktiviert werden, wenn ein Mitglied einer sozialen Kategorie (Ausländer, Homosexuelle, Professoren, Alte, etc.) wahrgenommen wird. Stereotypen werden als ein Netzwerk von verknüpften Attributen betrachtet, und sobald ein Attribut eines Mitglieds einer sozialen Kategorie aktiviert wird, werden auch andere Attribute dieses mentalen Netzwerks aktiviert. Der Prozess der automatischen Aktivierung von Stereotypen kann durch direktes oder indirektes *priming* von einzelnen Attributen ausgelöst werden und es können Zusammenhänge konstruiert werden, die für den Betrachter ein sinnvolles Bild ergeben. Ist es möglich, dass sogar Menschen, die behaupten keine negativen Stereotypen gegen eine andere Gruppe zu hegen, trotzdem welche haben, allerdings nicht-bewusst? Bei entsprechender Aktivierung können diese negativen Stereotypen dennoch wirksam werden.

Gruppenstereotypen sind in jeder Gesellschaft vorhanden. Stereotypen sind kulturelle Produkte, die gleichsam außerhalb der Person existieren und zum Wissensbestand der Menschen in einer Kultur gehören. Weil diese Stereotypen so oft geäußert werden, sind sie leicht verfügbar und werden automatisch mit einer bestimmten Gruppe assoziiert. Dies bedeutet allerdings nicht, dass alle Mitglieder einer Gesellschaft Stereotypen oder Vorurteile übernehmen. Es gibt Menschen mit zahlreichen Vorurteilen gegenüber einer bestimmten Gruppe, andere hegen nur geringe Vorurteile. Dies führt zu der scheinbar plausiblen alltagspsychologischen Erklärung, dass das Ausmaß von Vorurteilen dispositionell bedingt sei.

Patricia Devine (1989) konnte zeigen, dass Menschen mit niedrigen manifesten Vorurteilen gegenüber Schwarzen in den USA ähnlich automatisch aktivierte Vorurteile zeigen wie Menschen mit hohen Vorurteilen gegenüber Schwarzen. Sie unterscheiden sich allerdings im Grad ihrer (mentalen) Intervention gegenüber ihren Vorurteilen. Menschen mit manifest hohen Vorurteilen bleiben bei ihren automatisch aktivierten Vorurteilen, während Menschen mit manifest niedrigen Vorurteilen sie willentlich hemmen oder korrigieren oder gegebenenfalls positive Aspekte gegenüber der untersuchten Gruppe aktivieren. Dieses Modell hat positive wie auch ernüchternde Implikationen. Zunächst ist festzustellen, dass Stereotypen nicht notwendigerweise zu Vorurteilen führen, wir aber andrerseits konstatieren müssen, dass wir alle unabhängig von dem Ausmaß unserer Vorurteile über eine Fülle von Stereotypen verfügen, die automatisch aktiviert werden können. Frei von manifesten Vorurteilen zu sein, bedeutet nicht, frei von negativen Stereotypen zu sein. Wie erwähnt sollten wir anerkennen, dass wir nicht frei sind von Stereotypen, aber bewusst auf sie einwirken können. Das ist häufig nicht einfach, weil wir Stereotypen schon in der Kindheit erwerben und sie zu unserem gefestigten Lernrepertoire gehören.

## 10.5 Die heimtückische Macht von Stereotypen

Stereotypen sind meist negative und unfaire Typisierungen über soziale Gruppen. Wenn die Mitglieder dieser Gruppen wissen, dass die ihnen zugeschriebenen Merkmale nicht zutreffend sind, könnten sie solche Urteile dann nicht einfach ignorieren? Leider ist dies nicht der Fall, denn Stereotypen können auf eine subtile Weise negative Konsequenzen hervorrufen, weil sie als selbsterfüllende Prophezeiungen wirken können, wie Claude Steele (1997) in einer Reihe von Untersuchungen eindrucksvoll demonstrierte. Wenn Sie sich beispielsweise in einer Leistungssituation befinden und Sie wissen, dass andere in dieser Situation von Ihnen schlechte Ergebnisse erwarten, dann sind Sie verunsichert oder gar verängstigt, was sich auf Ihre Leistung auswirken kann. Steele nennt dieses Phänomen *Bedrohung durch Stereotypen* (»stereotype threat«). Wie bedrohlich Stereotypen sein können hängt u. a. davon ab, inwieweit eine Person sich mit einem bestimmten Leistungsbereich identifiziert.

So existiert beispielsweise das Stereotyp, dass Frauen für Mathematik weniger begabt seien als Männer. In einer Untersuchung haben mathematisch hoch begabte männliche und weibliche Studenten an einem schwierigen Mathematiktest teilgenommen. Zuvor wurde festgestellt, dass beide Gruppen gleich hohe Mathematikleistungen erbrachten. Im anschließenden Test wurde beiden Gruppen zuvor mitgeteilt, dass Frauen üblicherweise in Mathematiktests geringere Leistungen erbringen als Männer. Obwohl die teilnehmenden Frauen wussten, dass sie in der Vergangenheit eine hohe mathematische Kompetenz gezeigt hatten, genügte dieser scheinbar triviale Hinweis, dass sie im anschließenden Test signifikant schlechter abschnitten als die männlichen Teilnehmer (s. Abb. 10.1). Weniger dramatisch war der Leistungsabfall bei den Teilnehmerinnen, die sich nur gering mit dem Leistungsbereich Mathematik identifizierten. Die Studentinnen, die sich mit dem Leistungsbereich Mathematik identifizierten, fühlten sich durch die Aktivierung des Stereotyps besorgt und verunsichert, was ihre Leistung beeinträchtigte.

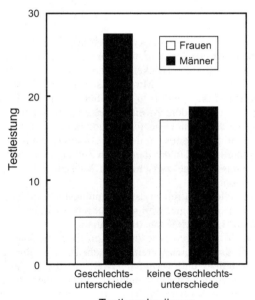

Abb. 10.1: Durchschnittliche Leistung in einem Mathematik-Test als eine Funktion von Geschlecht und Testbeschreibung (nach Steele, 1997).

Steele und seine Mitarbeiter haben eine Vielzahl von weiteren Untersuchungen durchgeführt, in denen andere Stereotypen aktiviert wurden und damit gezeigt, dass Stereotypen auf eine sehr subtile Art wirksam sein können und ihre negativen Inhalte sich tatsächlich erfüllen.

## 10.6 Realistische Konflikttheorie und ungerechte Ressourcenverteilung

Ethnozentrismus, Stereotypen- und Vorurteilsbildung reichen u. U. noch nicht aus, damit es zu feindseligem Verhalten zwischen Gruppen kommt. Ergänzend muss bei den Beteiligten noch ein Gefühl der ungerechtfertigten oder unfairen Verteilung von Ressourcen kommen. Wie sich aus der Dynamik von Ethnozentrismus, Stereotypen, Vorurteilen und wahrgenommener Benachteiligung Intergruppenkonflikte entwickeln können, wurde in der berühmten *Robbers Cave-Studie* von Muzafer Sherif (1966) demonstriert. Diese Untersuchung gehört zu einer Serie von drei Feldstudien, die Sherif kurz nach dem Zweiten Weltkrieg begonnen hatte. Die Erfahrung beider Weltkriege führte, unterstützt durch die skeptische Sicht einiger tiefenpsychologisch orientierter Wissenschaftler, unter den Intellektuellen der damaligen Zeit zu der pessimistischen Annahme, dass Kriege zwischen den Menschen letztlich unvermeidlich seien.

Sherifs Studien gehören zu den bedeutendsten Feldexperimenten in der Sozialpsychologie, weil sie nicht nur illustrieren, wie Intergruppenkonflikte durch Kontextmanipulationen eskalieren können, sondern auch aufzeigen, wie diese Konflikte deeskaliert werden können. Die drei Studien waren, abgesehen von minimalen Veränderungen, ähnlich und verliefen jeweils in drei Phasen: In der ersten Phase wurden Gruppenidentität und Gruppenzusammenhalt hergestellt, in der zweiten Phase wurden Gruppenwettbewerb und Gruppenkonflikte erzeugt und in der dritten Phase wurden die so erzeugten Feindseligkeiten zwischen den Gruppen wieder eliminiert.

Sherif sagte voraus, dass Intergruppenkonflikte zu folgenden Konsequenzen führen:
1. In jeder der beteiligten Gruppen entwickelt sich eine Hierarchie.
2. Es entwickeln sich Loyalitäten zur Eigengruppe und Feindseligkeiten zur Fremdgruppe.

3. Die Gruppenmitglieder bewerten die Mitglieder der jeweils anderen Gruppe negativ und entwickeln gegenseitige Stereotypen.
4. Die Leistungen der Eigengruppe werden positiv bewertet, die der Fremdgruppe negativ.
5. Die Feindseligkeiten können nur dann vermindert werden, wenn sich beide Gruppen in einer Zwangslage gegenüberstehen, die eine Gruppe nicht allein, sondern nur durch die Unterstützung der anderen Gruppe bewältigen kann, indem sie beide an der Erreichung eines gemeinsamen Oberziels arbeiten.

An der Robbers Cave-Studie nahmen 22 zwölfjährige Jungen aus Mittelschichtfamilien teil, die Ferien in einem Pfadfinderlager machten. Nach ihrer Ankunft wurden sie in zwei Gruppen geteilt und in separaten Blockhütten untergebracht. Eine Woche lang lebten und spielten sie dort zusammen. In dieser Phase entstand Gruppenidentität und Gruppensolidarität. Jede Gruppe gab sich Symbole und Namen und wählte einen Führer.

Gegen Ende der ersten Woche wurden sich die Jungen der Existenz der jeweils anderen Gruppe bewusst und damit begann die zweite Phase der Studie. Sie fanden beispielsweise Papierbecher, obwohl sie keine hingeworfen hatten, und hörten Stimmen der anderen Gruppe. Prompt entwickelte sich der Sprachgebrauch von »Wir« und »die anderen«. Dann wurde den beiden Gruppen mitgeteilt, dass man eine Reihe von Sportwettbewerben zwischen ihnen veranstalten wollte. Das erfolgreiche Team erhielt begehrte Preise wie z. B. Taschenmesser, während das andere Team leer ausging. Die Verlierer empfanden dies als ungerecht, zumal sie der Meinung waren, dass die anderen unfair gespielt und die Regeln verletzt hätten. Zunächst beleidigten und beschimpften sie sich, doch bald eskalierten die Auseinandersetzungen. Die Verlierer verbrannten die Fahne der Sieger, drangen in ihre Blockhütte ein und verwüsteten sie. Bevor der Streit weiter eskalierte, griffen die Betreuer ein. Zuvor hatten sie soziometrische Daten erhoben, um die Freundschaftspräferenzen zu messen. Die Daten zeigten einen überwältigenden Ethnozentrismus innerhalb der Gruppen. Ihre benutzten Stereotypen waren nahezu spiegelbildlich: Die eigene Gruppe wurde als tapfer, zäh und freundlich eingeschätzt, während die andere als schmierig, raffiniert und besserwisserisch charakterisiert wurde.

In der dritten Phase wurden verschiedene Formen der Streitreduktion erprobt. Zunächst wurde versucht, was oft mit viel Optimismus in gemischtkulturellen Stadtteilen organisiert wird: Man bringt Einheimische und Fremde zusammen in der Hoffnung auf ein besseres Verständnis und Miteinander. Im Pfadfindercamp sah dies so aus: Man sah gemeinsam Filme, veranstaltete ein Feuerwerk und aß gemeinsam. Resultat: Keiner dieser Versuche führte zu einer Verringerung der Feindseligkeiten; eher war das Gegenteil der Fall. Aber eine andere Taktik war erfolgreich: Die gemeinsame Arbeit an der Erreichung übergeordneter Ziele, die von einer Gruppe allein nicht bewältigt werden konnte. Mit einem Trick hatte man die Trinkwasserversorgung zusammenbrechen lassen, und beide Gruppen mussten gemeinsam daran arbeiten, sie wieder herzustellen. Auch wurden sie dazu bewegt, ihre Ersparnisse zusammenzulegen, um einen Film auszuleihen. Auf diese Weise kamen sich die beiden Gruppen während der letzten Tage des Campaufenthalts näher, und die Spannungen zwischen ihnen verschwanden.

Es darf nicht unerwähnt bleiben, dass eine Verallgemeinerung dieser Ergebnisse nur beschränkt möglich ist, denn erstens handelte es sich bei den Teilnehmern um eine homogene Gruppe von Jugendlichen und zweitens dauerte das Camp nur kurze Zeit. Sherif und seine Mitarbeiter konnten jedoch überzeugend demonstrieren, dass Konflikte zwischen Gruppen ziemlich schnell eskalieren und die Deeskalation von Konflikten schwierig, aber dennoch möglich war. Der Schlüsselfaktor dafür ist die gemeinsame Anstrengung mit Blick auf ein gemeinsames Oberziel. Häufig wird eingewandt, dass es bei vielen Konflikten zwischen Gruppen kein übergeordnetes Ziel gäbe. Die Behandlung von Konflikten ist eine beschwerliche Aufgabe, die viel Erfahrung und Kreativität erfordert, und die Suche nach einem gemeinsamen Oberziel ist nicht einfach, aber in den meisten Fällen nicht unmöglich.

Welche weiteren Möglichkeiten gibt es, um Feindseligkeit zwischen Gruppen zu vermindern? Zuvor wurde bereits auf eine plausible Alltagshypothese hingewiesen: Je besser sich Menschen kennen lernen, umso geringer werden ihre Vorurteile. Diese als *Kontakthypothese* bekannte Vermutung ist in vielen Untersuchungen überprüft worden. Wenn die Kontakthypothese in dieser einfachen Form stimmte, dann würde beispielsweise soziale Segregation Vorurteile fördern und Integration sie vermindern. Empirische Befunde zeigen aber, dass sozialer Kontakt die Bildung von Vorurteilen sogar fördern kann, wenn er beispielsweise zwischen

Personen mit ungleichem sozialen Status stattfindet und wenn er so verläuft, dass er die alten Vorurteile bestätigt. Schon Gordon Allport (1954) hat in seinem monumentalen Werk »The nature of prejudice« darauf hingewiesen, dass »sozialer Kontakt« ohne die Kontrolle bestimmter Kontextbedingungen nicht zur Verringerung von Vorurteilen führt. Es müssen eine Reihe von Bedingungen gegeben sein, damit durch Intergruppenkontakt Vorurteile vermindert werden:

1. Die Mitglieder der interagierenden Gruppen müssen in einem Zustand der gegenseitigen Abhängigkeit stehen, damit sie gezwungen sind, miteinander zu kooperieren.
2. Die Gruppen müssen ein gemeinsames Oberziel finden, das beide für wichtig erachten.
3. Der Kontakt sollte so gestaltet sein, dass alle einen annähernd gleichen sozialen, ökonomischen und aufgabenspezifischen Status einnehmen. Bei ungleichem Status können die Interaktionen leicht stereotypen Mustern folgen.
4. Der Kontakt sollte innerhalb einer freundlichen, informellen Atmosphäre stattfinden, die es den Gruppenmitgliedern ermöglicht, sich persönlich und direkt kennen zu lernen. Zwei Gruppen einfach in einen Raum zu bringen und zu hoffen, dass sie interagieren werden, führt nicht zum Ziel.
5. Die Gruppenmitglieder müssen sich als typische Vertreter ihrer jeweiligen Gruppe verstehen, weil sie sonst möglicherweise als untypisch wahrgenommen werden. Dies kann durch informale Interaktionen mit mehreren Mitgliedern der jeweils anderen Gruppe erreicht werden.
6. Der Kontakt führt zu einer Verminderung von Vorurteilen, wenn zudem soziale und rechtliche Rahmenbedingungen die Anerkennung von Gleichheit zwischen Gruppen fördern.

Wen wundert es, nach der Aufzählung all dieser Bedingungen noch, dass häufig bezweifelt wird, ob es überhaupt gelingen kann, Feindseligkeiten und Rivalitäten zwischen verschiedenen ethnischen Gruppen zu vermindern? Wann sind schon all diese Bedingungen erfüllt? Dies macht verständlich, weshalb es so großer Anstrengungen bedarf, das Zusammenleben von multikulturellen oder multi-ethnischen Gesellschaften friedlich zu gestalten (Bierbrauer & Pedersen, 1996). Es ist offensichtlich, dass es zur Gestaltung positiver sozialer Beziehungen in multi-ethnischen Gesellschaften makrosozialer Voraussetzungen bedarf. Aus dieser

Perspektive sind Intergruppenkontakte nur die intervenierenden Bedingungen innerhalb eines sozialstrukturellen Rahmens, der von der Politik ausgefüllt werden muss.

# Teil 4: Ausgewählte Probleme der Angewandten Sozialpsychologie: Konflikt, Kultur, Migration

Sozialpsychologische Forschung beschäftigt sich nicht nur mit theoretisch abgeleiteten Fragestellungen, sondern befasst sich im weitesten Sinne mit allen empirischen und damit praktischen Vorgängen des menschlichen Zusammenlebens. So wie die Sozialpsychologie in diesem Buch konzipiert ist, nämlich aus der Perspektive des sozialpsychologischen Situationismus, lässt sich eine klare Trennung von rein theoriegeleiteter Grundlagenforschung und angewandter Forschung nicht strikt durchhalten. Zwar ist die Trennung zwischen Grundlagenforschung und angewandter Forschung in vielen empirischen Disziplinen üblich, in der Sozialpsychologie hingegen wäre sie problematisch, denn nicht selten sind gerade die sozialen oder gesellschaftlichen Probleme Anlass für neue Forschungsfragen und damit Stimulans für theoretische Weiterentwicklungen, denken Sie nur an solche Bereiche wie Gesundheitsverhalten oder Energieeinsparung. Andererseits arbeiten Sozialpsychologen häufig mit Vertretern anderer Disziplinen zusammen. So sind beispielsweise Organisationspsychologie, Rechtspsychologie oder Politische Psychologie interdisziplinäre Bereiche, die ohne sozialpsychologische Theorien nicht denkbar wären und von denen die sozialpsychologische Theoriebildung ebenfalls Anregungen erfährt. Es sind gerade diese interdisziplinären Fragestellungen, die eine große Herausforderung für Sozialpsychologen darstellen, weil in den interdisziplinären Arbeitsfeldern der Grad der Generalisierbarkeit bzw. die Robustheit sozialpsychologischer Theorien getestet werden können.

Wenn also menschliches Leben und Handeln nur in seinen sozialen Kontextbezügen mitsamt seiner historischen Entwicklung verstanden werden kann, dann ist diese Trennung zwischen Grundlagenforschung und angewandter Forschung ohnehin bedenklich. Es war daher nicht zufällig, dass die Leitlinien für dieses Buch in der von Kurt Lewin begründeten Tradition stehen. Ohne Zweifel war er ein bedeutender Theoretiker, aber er war ein ebenso bedeutender Wegbereiter für die Erforschung sozialer und praktischer Probleme. Im Zweiten Weltkrieg untersuchte er beispielsweise, wie Kauf- und Eßgewohnheiten den kriegsbedingten Mängeln angepasst werden können. Seine Konzepte wie Lebensraum und Spannungssystem lieferten die grundlegenden Ideen für die Entwicklung von Modellen für Gruppenentscheidungen und Gruppenklima. Von Lewin stammt der Begriff *Aktionsforschung*, der in seiner ursprünglichen Bedeutung den reziproken Einfluss von Grundlagenforschung auf angewandte Fragestellungen und von der Angewandten Psychologie auf die Grundlagenforschung beinhaltete. Die *Lösung sozialer Probleme* stand für Lewin im Zentrum dieser Aktionsforschung.

Nicht zuletzt die Erfahrungen der Migration und des Ausgegrenztseins als Mitglied einer Minderheit waren für Lewin Anlass und Motiv für zahlreiche Themen seiner wissenschaftlichen Arbeit (Bierbrauer, 1992). Sein Bemühen, eine Brücke zwischen Theorie und sozialem Handeln zu schlagen, findet sich insbesondere in diesen Arbeiten. Die von ihm aufgegriffenen Themen sind heute aktueller denn je. In dem posthum herausgegebenen Sammelband »Die Lösung sozialer Konflikte« (Lewin, 1948/1953) untersucht er u. a. die Probleme von Minderheiten, ethnische Konflikte und die kulturellen Unterschiede zwischen den Vereinigten Staaten und Deutschland.

In diesem Teil des Buches werden wir uns exemplarisch mit einigen Bereichen angewandter sozialpsychologischer Forschung beschäftigen. Im folgenden Kapitel wollen wir die Bedingungen untersuchen, die zu sozialen Konflikten führen, und Möglichkeiten ihrer Bewältigung aufzeigen. Das zwölfte Kapitel behandelt aus einer vorwiegend sozialpsychologischen Perspektive eines der schwierigsten gesellschaftspolitischen Probleme unserer Zeit: Die Ursachen und Konsequenzen internationaler Migrationsbewegungen werden behandelt und die Schwierigkeiten des Miteinander von Menschen aus unterschiedlichen Kulturkreisen beschrieben.

# 11 Soziale Konflikte, Gewalt und Streitbehandlung

Konflikte gehören zu den unvermeidlichen Gegebenheiten unseres Lebens. Wir erleben sie als individuelle Konflikte im Widerstreit von Wünschen bzw. Bedürfnissen und den Möglichkeiten, sie zu befriedigen; wir begegnen ihnen in der Auseinandersetzung zwischen uns und anderen Menschen und beobachten sie als Zusammenstöße zwischen Gruppen, Staaten und Kulturen. Vielfach liegen die Ursachen für Konflikte in den ungleichen äußeren Bedingungen, wie ungerechte Verteilung von Wohlstand, ungleicher Zugang zu Ressourcen, ungleiche Machtverteilung. Diese äußeren Faktoren können zu Diskriminierung, Armut und Unterentwicklung führen. Die meisten Konflikte – so die Meinung vieler Konfliktforscher – haben ihre Ursachen in der Fehlwahrnehmung und Fehlinterpretation der Motive und Ziele der jeweils anderen Partei. In der sozialpsychologisch orientierten Konfliktforschung steht die Untersuchung der inneren psychologischen Barrieren im Vordergrund des Forschungsinteresses, die eine Konfliktbehandlung erschweren oder gar behindern. Ross und seine Mitarbeiter haben gezeigt, dass Phänomene wie fundamentaler Attributionsfehler, falscher Konsens, soziale Polarisierung, feindselige Medien häufig Konfliktbeteiligte daran hindern, sich auf ein Ergebnis zu verständigen, das für alle Beteiligten Vorteile brächte (Ross & Ward, 1995). Daher ist es für eine systematische Konfliktanalyse unerlässlich, das Zusammenwirken von inneren und äußeren Faktoren zu untersuchen. Obwohl Konflikte in ihren Konsequenzen häufig zur Zerstörung sozialer Bindungen, zum Hass zwischen Menschen und in ihrer schwersten Form zur Vernichtung des Gegners führen, betonen einige Konflikttheoretiker aber auch die positiven Konsequenzen von Konflikten. Konflikte können kreative Spannungen freisetzen, sie sind nützlich, um Positionen zu klären und Bedürfnisse zu artikulieren, sie können dabei helfen, den Gruppenzusammenhalt zu fördern und Gruppennormen zu markieren, sie können aber auch Motor für gesellschaftliche Veränderungen sein. So sieht der Soziologe Georg Simmel (1908) in Konflikten ein notwendiges Element innerhalb sozialer Beziehungen und in derer Abwesenheit noch keinen Garanten für soziale Stabilität.

Aufgrund dieser Überlegungen ist es nützlich zwischen *Konflikt* und *Gewalt* zu unterscheiden. Man kann Konflikte definieren als eine negative Beziehung zwischen Parteien (Individuen oder Gruppen), die unterschiedliche Ziele haben oder zu haben glauben. Gewalt äußert sich in Handlungen, Worten, Einstellungen und Strukturen, in deren Konsequenz die Zerstörung von Umwelt und Menschen steht oder deren Entfaltung verhindert.

Die den Konflikten innewohnende Dynamik führt leicht zur Eskalation, und auch »positive« Konflikte geraten nicht selten außer Kontrolle, wenn nicht rechtzeitig Maßnahmen zu ihrer Begrenzung getroffen werden. Um Konflikte zu lenken und zu begrenzen, bedarf es der Kenntnis ihrer Ursachen, ihrer Strukturmerkmale und ihrer Verlaufsdynamik. Im Mittelpunkt dieses Kapitels steht die Frage, wie Konflikte so transformiert werden können, dass sie ihre destruktive Dynamik verlieren.

Im Hinblick auf die Möglichkeit der Regulierung oder der Transformation von destruktiven Konfliktverläufen zu einer friedlichen Behandlung sollen zwei Aspekte hervorgehoben werden: 1. Konflikte müssen formbar gemacht werden, um ihre Dynamik zu verändern, 2. dies ist möglich durch eine Neubewertung oder einen Austausch von unterschiedlich bewerteten Sachverhalten, Interessen oder Gütern.

## 11.1 Der weise König Salomo

Eines der ältesten Beispiele für die kreative Behandlung eines Konflikts unter der Regie einer dritten Partei stammt aus dem Alten Testament. Es wird dort von der Weisheit des König Salomo berichtet, der über zwei Frauen zu Gericht sitzen musste, weil jede behauptete, die Mutter desselben Kindes zu sein. Nur eine Frau konnte die wahre Mutter sein, und die sollte das Kind auch bekommen. Wie gelangte Salomo in einer derartig verzwickten Situation zu einer weisen Entscheidung ? Er löste diesen Konflikt mit einer genialen List, indem er die Besitzrechte gegen die elterliche Liebe ausspielte. Er stellte folgende Überlegung an: Die richtige Mutter wird das Leben und das Wohlergehen des Kindes über alle anderen Erwägungen stellen. Er rief nach einem Schwert und befahl, das Kind in zwei Teile zu spalten, damit jede Frau eine Hälfte bekomme. Wie erwartet, flehte die richtige Mutter daraufhin den König an, das Kind nicht zu erschlagen. Sie wolle lieber das Kind der anderen Frau überlassen, als dass es geteilt würde. Diese war die richtige Mutter, und sie bekam das Kind.

Bemerkenswert an dieser Konfliktlösung war Salomos weise Einsicht in die Natur menschlicher Motive und Bedürfnisse. Nur aus diesem Grunde konnte er diesen zunächst unverständlichen Befehl geben. Auf diese Weise gelang es ihm, die zugrunde liegenden Motive vom manifesten Streit zu trennen und so die Parteien zu einer offenen Position zu zwingen. Damit transformierte er den Konflikt auf eine lösbare Ebene. Wegen dieser zunächst unmenschlich erscheinenden autoritär-richterlichen Entscheidung wurde er von seinem Volk als gerechter und weiser König verehrt.

Die salomonische Lösung des Streits lässt analytisch zwei Ebenen eines Konflikts unterscheiden: 1. die *strukturelle Ebene* und 2. die *psychische Ebene*. Im Folgenden wird beschrieben, wie diese beiden Ebenen zusammenwirken.

## 11.2 Die strukturelle Ebene eines Konflikts

Die strukturelle Betrachtungsweise bezieht sich auf die Analyse der langfristigen externalen Komponenten eines Konflikts und umfasst seine sozialen, physischen und typologischen Merkmale (z. B. Anzahl der Parteien, Streitfälle, Machtgefälle), die entweder zu Beginn vorhanden sind oder sich während des Verlaufs entwickeln. Hier wollen wir uns insbesondere mit zwei idealtypischen Strukturtypen beschäftigen, die in der sozialpsychologischen Forschung großes Interesse gefunden haben. Im Hinblick auf ihre Ausgangskonstellation lassen sich *Nullsummenkonflikte* und *Nichtnullsummenkonflikte* trennen. Sie unterscheiden sich insbesondere im Hinblick auf den Grad ihrer Formbarkeit und damit ihrer Lösbarkeit. Bei einem Nullsummenkonflikt entspricht der Gewinn der einen Partei stets dem Verlust der anderen Partei, sodass das Ergebnis gleich Null ergibt. Der Streit, den König Salomo zu lösen hatte, war ein Nullsummenkonflikt: Das Kind konnte nur einer Mutter gegeben werden.

Konflikte werden von den Konfliktparteien häufig als Nullsummenkonstellationen wahrgenommen, obwohl sie es nicht sind. Dass durch Austausch, Neubewertung, Kooperation die Parteien u. U. mehr bekommen als die sprichwörtlich gerechte Hälfte eines Kuchens, wird von ihnen nicht selten verkannt. Ein berühmtes Beispiel für diese Sichtweise ist der Streit zweier Schwestern, die sich wegen der unterschiedlichen Verwendung einer Orange streiten. Die eine will die Orange zu Saft verarbeiten, die andere braucht die Orangenschale zum Kuchenbacken. Statt die Orange »gerecht« in zwei Hälften zu teilen, besteht die weit kreativere Lösung darin, der einen Schwester den gesamten Saft zu geben und der anderen die gesamte Schale.

Selbst eine auf den ersten Blick gerechte Lösung des Konflikts, nämlich das Aufteilen in zwei gleiche Hälften, ist in diesem Falle nur die zweitbeste Lösung. Wir sprechen im ersten Fall von einer *distributiven Lösung* und im zweiten Fall von einer *integrativen Lösung*. Bei integrativen Lösungen werden die Interessen beider Parteien berücksichtigt und ein gemeinsamer Nutzen angestrebt, der über dem Ergebnis einer distributiven Lösung liegt, bei der beide nur die Hälfte des erstrebten Gutes bekommen. Integrative Lösungen sind natürlich nicht in jedem Falle möglich, insbesondere dann nicht, wenn ein echter Nullsummenkonflikt vorliegt. Aber häufig lässt sich ein scheinbarer Nullsummenkonflikt in einen Nichtnullsummenkonflikt transformieren. Dies bedarf großer Kreativität. Durch Ausloten möglicher gemeinsamer Interessen und durch Konfliktfraktionierung lassen sich blockierte, scheinbar unbewegliche Konflikte in kleinere und damit leichter handhabbare Teilmengen zerlegen. Auf diese Weise können dann zusätzliche und gemeinsame Interessen sichtbar werden, deren Berücksichtigung für beide Seiten Vorteile bieten. Wenn sich zwei Länder beispielsweise um ein Territorium streiten, ist dies zunächst eine Nullsummensituation. Als Nichtnullsummensituation könnte eine integrative Lösung darin bestehen, dass beide gemeinsam das Territorium regieren, es zusammen entwickeln und die Rohstoffe vereint ausbeuten.

In der Realität gibt es vermutlich mehr Nichtnullsummenkonflikte als Nullsummenkonflikte, aber in den Augen der Konfliktparteien erscheint ein Streit häufig als Nullsummenkonflikt. Im

Streit scheint sich das Blickfeld der Kontrahenten häufig auf ein schematisches »Entweder – Oder« zu verengen: entweder gewinnen oder verlieren. Welche Strukturmerkmale eines Konflikts fördern einen verengten Blick und welche Merkmale verhindern ihn? Ein wichtiger Faktor dabei ist die Belohnungsstruktur einer Situation, d. h. die Art und Weise, wie Belohnungen oder Erträge verteilt werden. Drei Strukturtypen lassen sich unterscheiden:

1. Eine *konkurrierende Belohnungsstruktur* liegt dann vor, wenn der Gewinn der einen Person der Verlust der anderen Person ist. Zum Beispiel kann bei einem olympischen Wettkampf nur ein Teilnehmer die Goldmedaille in einer Sportart gewinnen. Ein anderes Beispiel für eine konkurrierende Belohnungsstruktur ist die Vergabe von Studienplätzen nach dem Numerus Clausus.
2. Andere Situationen sind durch eine *kooperative Belohnungsstruktur* gekennzeichnet. Damit eine Fußballmannschaft ein Spiel gewinnt, müssen alle Spieler eines Teams miteinander kooperieren. Der Sieg ist nur möglich, wenn alle Spieler maximal kooperieren.
3. Wenn der Ausgang oder der Gewinn unabhängig von der Zahl der teilnehmenden Personen sind, dann existiert eine *individualistische Belohnungsstruktur*. Erhalten beispielsweise alle diejenigen Teilnehmer eines Marathons eine Medaille, die nach zehn Stunden das Ziel erreicht haben und ist dies bei neunzig Prozent der Fall, dann ist der Gewinn einer Medaille ziemlich unabhängig von den Zeiten der anderen Teilnehmer. Mitmachen ist wichtiger als gewinnen.

Oft ist jedoch für die Beteiligten die Belohnungsstruktur gemischt oder unklar. Dann haben sie die Möglichkeit, entweder zu konkurrieren oder zu kooperieren. Wie verhalten sich Menschen, wenn die Situation entweder Konkurrenz oder Kooperation erlaubt? Diese Frage wollen wir im Zusammenhang mit der eingangs erwähnten psychischen Ebene eines Konflikts diskutieren.

## 11.3 Die psychische Ebene eines Konflikts

Die psychologische Betrachtungsweise eines Konflikts bezieht sich zunächst auf dessen Wahrnehmung durch die beteiligten Parteien und auf die Interpretation des Konflikts aufgrund individueller

Bedürfnisse, Ziele oder Handlungsorientierungen. Ob einer Person das Klavierspiel des Nachbarn auf die Nerven geht oder eine willkommene Entspannung bietet, ist ein solches Beispiel. Hier kann man sagen: »Die Art des Konflikts liegt in den Augen des Betrachters«. Der Sozialpsychologe Morton Deutsch (1973) stellt daher die phänomenale Erfahrung, d. h. die Art und Weise, wie eine Konfliktsituation von den Beteiligten wahrgenommen und interpretiert wird, in den Mittelpunkt seiner Analyse sozialer Konflikte und unterscheidet drei idealtypische Handlungsorientierungen der an einem Konflikt beteiligten Personen:

1. *Kooperative Orientierung:* Die Person hat ein Interesse daran, sowohl ihre Ergebnisse als auch die der Gegenseite zu maximieren.
2. *Konkurrierende Orientierung:* Die Person ist daran interessiert, ein besseres Ergebnis als die andere Partei zu erzielen, und zwar auf deren Kosten.
3. *Individualistische Orientierung:* Die Person ist primär daran interessiert, ihr Ziel zu erreichen – gleichgültig, wie das Ergebnis für die andere Seite ausfällt.

Es ist offensichtlich, dass diese unterschiedlichen Handlungsorientierungen zu jeweils anderen Beziehungsmustern zwischen den Konfliktparteien führen. Bei einer gemeinsamen, kooperativen Orientierung ist die Kommunikation zwischen den Parteien offen, vertrauensvoll und freundlich. Diese Orientierung beinhaltet die Chance einer integrativen Lösung, d. h. es ist ein Resultat möglich, das die Interessen beider Parteien optimal berücksichtigt. Diese Lösung wird auch deshalb *win-win solution* genannt. Eine kreative Konfliktbehandlung auf der Basis einer kooperativen Orientierung beider Parteien erlaubt sogar, die Fiktion des »begrenzten Kuchens«, dem die Annahme eines Nullsummenkonflikts zugrunde liegt, zu überwinden. Auf diese Weise erhalten die Parteien u. U. sogar mehr als gleichsam die jeweilige Hälfte des Kuchens.

Demgegenüber ist eine konkurrierende Interaktion geprägt von Misstrauen und einer feindseligen ausbeuterischen Einstellung. Eine Kommunikation zwischen den Parteien findet, wenn überhaupt, nur verzerrt und eingeschränkt statt. Jede Partei versucht der anderen Seite eine Lösung aufzuzwingen, was zur Konflikteskalation und bestenfalls zu einem suboptimalen Ergebnis führen kann

Um die oft rätselhafte Dynamik von Konflikten zu verstehen, hat Morton Deutsch (1973) die Formel vom *kruden Gesetz sozialer*

*Beziehungen* geprägt. Ob ein Konflikt einer konstruktiven Lösung oder einem destruktiven Ausgang zustrebt, hängt von der gegenseitigen Orientierung der beiden Parteien zueinander ab. Nach Deutsch erzeugen die charakteristischen Prozesse und Resultate, die aus einem bestimmten Typus sozialer Beziehungen (kooperativ bzw. konkurrierend) erwachsen, tendenziell diesen Beziehungstypus. In anderen Worten: Wenn z. B. in einem *gemischt motivierten* Konflikt, bei dem die Parteien die Möglichkeit haben, entweder zu kooperieren oder zu konkurrieren, die Parteien kooperative Einstellungen haben, dann erwächst aus dieser Orientierung möglicherweise eine kooperative Lösung. Wenn sie hingegen eine konkurrierende Einstellung haben, erwachsen daraus möglicherweise Konkurrenz und Feindschaft.

## 11.4 Das Gefangenen-Dilemma

Um die Dynamik dieser unterschiedlichen Orientierungen zu untersuchen, werden in den Sozialwissenschaften häufig experimentelle Spiele verwendet, die aus der mathematischen Spieltheorie abgeleitet wurden. Obwohl der Verallgemeinerungsgrad solcher Spiele begrenzt ist, lassen sich durch sie einige grundlegende Einsichten über die Entwicklungsdynamik kooperativen oder konkurrierenden Verhaltens erkennen. Empirische Befunde dazu liefern verschiedene Varianten des sogenannten *Gefangenen-Dilemma-Spiels*, in dem es um den Eigenvorteil geht, dessen Ergebnis allerdings vom Vertrauen in die vernünftige Entscheidungsstrategie des Partners abhängt. Um ein wichtiges Ergebnis vorwegzunehmen: Die Teilnehmer solcher Spiele (üblicherweise Studenten) haben eine Tendenz, nicht zu kooperieren, obwohl Kooperation für beide günstiger wäre.

Das Gefangenen-Dilemma heißt deshalb so, weil es auf der folgenden, fiktiven Geschichte beruht, in der es um Vertrauen und mögliche Kooperation geht. In der Geschichte werden zwei Männer, die wegen des Verdachts, einen Diebstahl begangen zu haben, verhaftet. Weil die Beweise nicht ausreichen, beide zu überführen, entwickeln die Vernehmer folgende Strategie: Die Beschuldigten werden in separate Zellen gesperrt, um zu verhindern, dass sie sich miteinander absprechen. Dann werden sie einzeln verhört, wobei die Vernehmer folgenden Vorschlag unterbreiten:

»Wir haben zwar nicht genügend Beweise, um Sie zu überführen, aber wir machen Ihnen ein attraktives Angebot. Wenn Sie gestehen, dann kommen Sie frei und Ihr Partner sitzt für 48 Monate. Wenn aber nur er gesteht, dann lassen wir ihn frei und Sie bekommen 48 Monate. Sie können aber auch mit einer geringeren Strafe davon kommen, wenn Sie beide gestehen, dann bekommen Sie beide eine Strafe von 18 Monaten. Wenn Sie und Ihr Partner nicht gestehen, dann erhalten Sie beide eine milde Strafe von 6 Monaten wegen Landstreicherei. Deshalb wäre es vorteilhafter für Sie, Ihren Partner zu verpetzen, denn dann würden wir Sie freilassen, und er bekäme 48 Monate«.

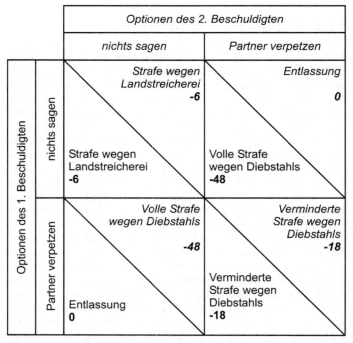

Abb. 11.1: Beispiel für die Optionen im Gefangenen-Dilemma Spiel.

Jedem der Beschuldigten war klar, dass beiden das gleiche Angebot gemacht worden war. Die vorliegenden Optionen stellt man praktischerweise in einer Matrix dar (s. Abb. 11.1).

Die Zahlen über den Diagonalen beziehen sich auf das mögliche Strafmaß für den zweiten Beschuldigten; die Zahlen unter den Diagonalen beziehen sich auf das mögliche Strafmaß des ersten Beschuldigten, jeweils in Abhängigkeit davon, ob sie gestehen oder nicht.

Man hat das Gefangenen-Dilemma-Paradigma auch ein Spiel mit *gemischten Motiven* genannt, weil sowohl eine kooperative als auch eine nichtkooperative Strategie möglich ist. Was soll der Gefangene tun: gestehen oder nicht gestehen? Beide Gefangenen kämen einigermaßen glimpflich davon, wenn sie nicht gestehen würden, denn ihr gegenseitiges Vertrauen würde ihnen nur 6 Monate einbringen. In Hunderten von Untersuchungen mit unterschiedlichen Varianten des Gefangenen-Dilemmas, bei denen es nicht um Gefängnisjahre, sondern um Spielchips oder Geld ging, konnte gezeigt werden, dass Nichtkooperation die häufigste Strategie ist, obwohl sie für beide Seiten nachteilig ist. Die Wahl, die zunächst den höchsten individuellen Gewinn verspricht, führt langfristig zu negativen Konsequenzen, weil die andere Seite zu keinem Nachgeben mehr bereit ist. Sozialpsychologen sehen zwischen kurzfristigen Eigeninteressen und langfristigen allgemeinen Interessen das grundlegende Dilemma von sozialen Konflikten, angefangen von den sozialen Fallen des Alltags bis hin zu internationalen Konflikten.

## 11.5 Die Tragödie der Allmende

Wie bereits erwähnt ist die Verteilung knapper Ressourcen ein Konfliktherd ersten Ranges. Um zu einer gerechten und fairen Verteilung knapper Güter zu kommen, bedarf es des Rechts, das zwischen Eigeninteressen und Allgemeininteressen auszutarieren sucht. Wenn Eigeninteressen vor Allgemeininteressen die Überhand gewinnen, führt dies zu einer konflikthaften Entwicklung, die man als *soziale Fallen* bezeichnet.

Das grundlegende Dilemma des Gefangenen-Spiels erweist sich als eine soziale Falle. Um der Falle zu entgehen, müssen die

Beteiligten entweder freiwillig kooperieren oder mit Sanktionen rechnen. Viele unserer Gegenwartsprobleme werden zu sozialen Fallen, wenn die eigennützigen Motive der Beteiligten gegenüber den langfristigen Gesamtinteressen Überhand gewinnen. Die Folgen des Treibhauseffekts sind ein Beispiel. Der unbegrenzte Verbrauch fossiler Brennstoffe erhöht zunächst unser individuelles Wohlbefinden, führt aber gleichzeitig zum Ausstoß von Kohlendioxid und fördert damit den gefährlichen Treibhauseffekt. Als individueller Konsument von fossilen Brennstoffen stehe ich vor folgendem Konflikt: Selbst wenn ich beispielsweise mein Auto verkaufe, ist damit mein Beitrag zur Verringerung der Umweltbelastung nur minimal im Vergleich zum Beitrag aller anderen Autobesitzer. Erst wenn alle Konsumenten ihr Verhalten ändern, kann es zu einer spürbaren Senkung der Umweltbelastung kommen.

Der Konflikt zwischen dem unmittelbaren Nutzen und den nichtunmittelbaren Kosten einer Güterverteilung wurde von Garett Hardin (1968) als *Tragödie der Allmende* bezeichnet. Hierunter versteht man die in Gemeindebesitz befindlichen Ländereien, Weiden und Wasservorräte, die von allen gemeinsam genutzt werden. Solange diese Ressourcen in Maßen genutzt werden, regenerieren sie sich von selbst. Wenn jedoch beispielsweise einige Bauern beginnen, nicht wie bisher drei Kühe, sondern fünf auf die Weide zu treiben, und die anderen Nutzer folgen diesem Vorbild, dann wird die Weide übergrast und regeneriert sich nicht mehr. Über kurz oder lang bricht das vorher erfolgreiche Gleichgewicht zwischen Nutzung und Erneuerung zusammen und die Allmende hat ihren Sinn verloren, was unweigerlich zu Spannungen und Konflikten führt: Wer hat Anrecht und in welchem Umfang? Und wer bestimmt darüber und mit welchen Mitteln? Allmende kann hier als Metapher stehen für Wasser, Luft, Fische, Krankenversicherung oder jede andere gemeinsame, aber begrenzte Ressource.

Die grundlegenden Strukturelemente des Allmende-Dilemmas werden in Laborspielen untersucht, um herauszufinden, welche Bedingungen Menschen dazu bringen, so zu kooperieren, dass die langfristigen Gruppeninteressen und damit letztlich auch die Einzelinteressen gewahrt bleiben. Eine Möglichkeit besteht darin, die Belohnungsstruktur der Situation entsprechend zu verändern. Beispielsweise kann man den Verbrauch von Wasser oder Strom so regulieren, dass ab einer bestimmten Obergrenze höhere Verbrauchspreise gelten sollen.

## 11.6 Die primitive Regel sozialer Beziehungen: »Wie Du mir, so ich Dir«

Wie können wir verhindern, dass Konflikte eskalieren und einen für alle Beteiligten destruktiven Verlauf nehmen? Wie bereits erwähnt, drückt Deutschs (1973) krudes Gesetz sozialer Beziehungen eine wesentliche Einsicht über den Verlauf von Konflikten aus: Kooperatives Verhalten erzeugt Kooperation und konkurrierendes Verhalten hat Konkurrenz zur Folge. Ein genereller Befund aus Laborspielen zeigt die Tendenz zum konkurrierenden Verhalten, selbst dann, wenn eine kooperative Strategie vorteilhafter wäre. In einer sozialen Interaktion bestimmt häufig die Person, die gleichsam den ersten Zug macht, den Ton der weiteren Interaktion. In Gefangenen-Dilemma-Spielen konnte immer wieder beobachtet werden, dass die Person, die am Anfang eine kooperative Haltung einnimmt und auch zunächst geduldig auf ein für sie positives Ergebnis verzichtet, zumindest die Wahrscheinlichkeit erhöht, dass die andere Person auch kooperiert.

Ein interessanter Befund bei mehrfach wiederholten Gefangenen-Dilemma-Spielen zeigt, dass die individuell effektivste Strategie darin besteht, Deutschs Gesetz zu befolgen. Bei der sogenannten *Wie-Du-mir-so-ich-Dir-Strategie* (engl. »tit-for-tat«) ist die erste Handlungsorientierung kooperativ. Die nachfolgenden Reaktionen sind dann immer eine Erwiderung der Handlungsreaktionen der anderen Partei. Robert Axelrod (1984) hat die Verläufe dieser Strategie ausführlich untersucht. Um ein befriedigendes Ergebnis zu erzielen, ist die optimale Strategie, mit einem kooperativen Entgegenkommen zu beginnen, im weiteren Verlauf nicht nachtragend zu sein, auch wenn die vorangegangenen Züge der anderen Partei wenig freundlich waren, und sich auch dann nicht ausbeuten zu lassen, wenn diese zu einer konkurrierenden Strategie überschwenkt. Im sogenannten »kalten Krieg«, in dessen Verlauf die Supermächte USA und Sowjetunion nach dem Zweiten Weltkrieg durch gegenseitige Nuklearbedrohung die Welt in Atem hielten, scheint die »tit-for-tat«-Strategie beim Abbau der militärischen Bedrohungspotentiale eine gewisse Rolle gespielt zu haben.

## 11.7 Verfahren zum Konfliktmanagement

Die optimale Konfliktlösung wäre dann erreicht, wenn alle Beteiligten ihre Ziele erreicht hätten. Dies ist in den meisten Fällen nicht möglich. Auch wenn ein manifester Streit durch Nachgeben, Zwang, Übereinkunft oder Entscheidung beendet wurde, besteht die Möglichkeit, dass zumindest Ressentiments auf der einen oder anderen Seite zurückbleiben. Weil eine optimale Konfliktlösung nur selten möglich ist, wollen wir künftig von Konfliktbehandlung oder Konfliktmanagement sprechen, wenn damit die zielgerichteten Aktivitäten zur Beendigung eines Streites gemeint sind.

Im vorangegangenen Abschnitt wurde dargelegt, in welcher Weise die strukturelle und die psychische Ebene eines Konflikts miteinander verwoben sind. Bei der Regelung von Konflikten müssen diese Ebenen immer gleichzeitig berücksichtigt werden, damit eine Konfliktbeendigung möglich wird, die auch von den Beteiligten als gerecht und fair erlebt wird. Der Verlauf eines Konflikts und dessen mögliche Beendigung soll an folgendem Beispiel illustriert werden:

Stellen Sie sich vor, die beiden Geschwister A. und K. streiten sich um das neue Fahrrad, das für die Kinder angeschafft worden ist. Die Argumente gehen hin und her, und der Streit zwischen beiden Geschwistern eskaliert bis zu einem Punkt, an dem er mit Hilfe der folgenden sechs Verfahrensvarianten vorläufig beendet werden könnte:
1. A. *zwingt* die jüngere Schwester, auf das Fahrrad zu verzichten, weil sie die ältere und stärkere ist.
2. K. weiß um die größeren Machtmittel ihrer älteren Schwester und schlägt ihr vor, darüber zu *verhandeln*, wie sie beide abwechselnd das neue und das alte Fahrrad benutzen könnten.
3. Beide bitten die Mutter, in dem Streit zu *vermitteln*. Sie vereinbaren, dass die Mutter Vorschläge unterbreitet, wie der Streit um das neue Fahrrad gelöst werden könnte.

## 11 Soziale Konflikte, Gewalt und Streitbehandlung

4. Beide bitten die Mutter, in den Streit *schlichtend* einzugreifen. Sie sind bereit, den Schlichtungsvorschlag der Mutter zu akzeptieren.
5. Der Vater wird herbeigerufen, um den Streit nach fairen Regeln *autoritativ zu entscheiden.*
6. A. *gibt nach* und zieht sich zurück; sie überlässt K. das neue Fahrrad, weil sie keine Chancen mehr sieht, das Fahrrad in absehbarer Zeit nach ihren Vorstellungen nutzen zu können.

Unser Beispiel zeigt sechs Möglichkeiten auf, wie ein Konflikt durch unterschiedliche Verfahren beendet oder behandelt werden kann. Jede Variante hat bestimmte Voraussetzungen und für die Beteiligten unterschiedliche Konsequenzen. Sie unterscheiden sich zunächst im Hinblick auf drei Strukturmerkmale, die der Rechtsanthropologe Klaus Koch (1976) in seinen Untersuchungen über die Konfliktbehandlungsmuster in verschiedenen Kulturen herausgearbeitet hat:
1. die relative Kontrolle der streitenden Parteien über den Verlauf, den Inhalt und das Ergebnis des Verfahrens,
2. die Beteiligung oder Nichtbeteiligung einer dritten Partei und
3. die Bedeutung von Normen für die Verfahrensgestaltung und das Verfahrensergebnis.

Die Kombination dieser drei Strukturmerkmale ergibt eine taxonomische Gliederung von fünf idealtypischen Verfahren zur Behandlung von Konflikten: 1. Zwingen, 2. Verhandeln, 3. Vermitteln, 4. Schlichten und 5. Richten. Der Rückzug einer Partei aus dem Konflikt beendet häufig einen Streit (im Beispiel die sechste Verfahrensvariante), ist aber hier für die Diskussion einer aktiven Streitbehandlung nicht von Interesse. Im Hinblick auf die drei genannten Strukturmerkmale unterscheiden sich die fünf idealtypischen Verfahren in folgender Weise:
1. *Zwang* ist eine dyadische Methode, bei der die Intervention einer dritten Partei entweder blockiert ist wie z. B. bei einem Grenzdisput oder einem Familienkonflikt. Die Ausübung von Zwang bedeutet, dass die eine Partei der anderen Partei das Ergebnis diktiert. Zwang kann auch psychologischer (z. B. Psychoterror) oder wirtschaftlicher Natur sein (z. B. Boykott).
2. *Verhandeln* ist eine dyadische Konstellation, bei der beide Parteien an einer kooperativen Beilegung des Konflikts interessiert sind und bei der beide auf ein Ergebnis hinarbeiten, das alle befriedigt. Eine gemeinsame Übereinkunft ist das typische

Ergebnis einer erfolgreichen Verhandlung. Eine Übereinkunft kann darin bestehen, dass jede Partei etwas aufgibt, was ihr weniger wichtig erscheint und wovon die andere Partei profitiert. Oder beide Parteien entdecken gemeinsame Interessen, die ihnen vorher unbekannt waren (Fisher, Ury & Patton, 1991).

3. *Vermitteln* geschieht unter Mitwirkung eines Dritten. Die Aufgabe besteht darin, die Verhandlung zu lenken und Vorschläge zu unterbreiten, die es den Parteien ermöglichen, eine einvernehmliche Lösung zu finden. In der idealtypischen Form des Vermittelns, der sogenannten Mediation, müssen die Beteiligten die Vorschläge des Dritten nicht akzeptieren (Montada & Kals, 2001). Damit dieser überhaupt erfolgreich wirken kann, muss er eine Reihe von Attributen vorweisen: Er muss von beiden Seiten akzeptiert werden, er muss in den Augen der streitenden Parteien neutral und fair sein und eine Reihe von weiteren Fähigkeiten zur Behandlung von Konflikten besitzen. Eine besondere Form des Vermittelns ist der sogenannte Prozessvergleich im Zivilprozess. Er beendet einen Rechtsstreit, ohne dass es noch eines richterlichen Urteils bedarf, weil die Parteien sich gütlich einigten.

4. *Schlichten* erfolgt ebenfalls unter Mitwirkung eines Dritten. Die Kontrolle über das Verfahren und seinen Ausgang geht den streitenden Parteien beim Schlichten allerdings verloren, denn in der Regel verpflichten sie sich schon im Voraus, die Entscheidung der Schlichterin oder des Schlichters zu akzeptieren. Folglich haben mögliche vorher festgelegte Normen über Verfahrensablauf und Verfahrensergebnis bei der Formulierung eines Schiedsspruches eine größere Bedeutung als beim Vermitteln. Verschiedene Formen der Schiedsgerichte oder auch die Tätigkeit des Internationalen Gerichtshofs basieren auf den Prinzipien der Schlichtung.

5. *Richten* impliziert die autoritative Entscheidung eines Dritten, dessen Tätigkeit meist durch seinen offiziellen Status bestimmt ist. Während sich beim Schlichtungsverfahren die Kontrolle beider Parteien auf die Wahl der Schlichterperson beschränkt, besteht selbst diese Einflussmöglichkeit beim Richten nicht mehr. Da üblicherweise weder das richterliche Verfahren selbst noch das Ergebnis von den Parteien beeinflusst werden können, spielen Normen eine große Rolle, und die Funktionstüchtigkeit solcher Verfahren hängt u. a. von der Legitimation der richten-

den Personen und ihrer Institutionen ab. Gerechtigkeit und Fairness werden zu zentralen Elementen solcher Verfahren (Lind & Tyler, 1988).

Im Hinblick auf die drei vorher erwähnten Strukturmerkmale – Kontrolle, Drittparteienbeteiligung und Normen – ergeben sich vergleichend folgende Zusammenhänge zwischen den fünf Verfahrensvarianten:

Beim Vermitteln, Schlichten und Richten ist jeweils ein *Dritter* involviert. Das Ausmaß der Parteienkontrolle ist beim Vermitteln maximal und beim Richten minimal. Hingegen ist die Bedeutung von *Normen* für den Verfahrensablauf, für die Bewertung von strittigen Fakten und für das Ergebnis beim Vermitteln minimal und beim Richten maximal. Das heißt, je geringer die *bilaterale Kontrolle* über das Verfahren ist, umso wichtiger wird die Anwendung von Normen in allen Phasen des Verfahrens.

Es muss nochmals darauf hingewiesen werden, dass diese Verfahrenstaxonomie auf idealtypischen Formen basiert. In der Realität werden wir – außer beim formalen Rechtsstreit – häufig Mischformen finden. Viele Streitigkeiten durchlaufen mehrere Phasen, in denen der Einsatz verschiedener Verfahrensmodi denkbar ist.

Zusammenfassend kann gesagt werden, dass Konflikte auch ein Frühwarnsystem sein können, weil sie auf Spannungen zwischen Menschen bzw. sozialen Gruppen hinweisen. Konflikte müssen nicht als naturgegeben hingenommen werden, sondern sie sind, wenn dies rechtzeitig erfolgt, meistens so beeinflussbar, dass sie ihr destruktives Potential verlieren. Dafür bedarf es allerdings der Kenntnis der strukturellen Merkmale eines Konflikts und der psychischen Hintergründe der Konfliktparteien. Es bedarf schließlich der Kompetenz von Dritten und von Institutionen, um Konflikte erfolgreich zu behandeln. Erst die Kombination dieser Ebenen eröffnet die Chance für ein erfolgreiches Konfliktmanagement, in dessen Zentrum die Transformation eines Konflikts in eine behandelbare Form steht. Angeregt durch die praktischen Erfordernisse in Wirtschaft, Handel und Recht ist Konfliktmanagement in der Sozialpsychologie zu einem zentralen Forschungsthema geworden (Klinger & Bierbrauer, 2004).

# 12 Kultur und Migration

Die durch globale Migration ausgelösten Probleme stellen für viele Länder eine große Herausforderung dar. Schon heute leben schätzungsweise 100 Millionen Einwanderer, Flüchtlinge, Asylsuchende und Arbeitsmigranten außerhalb ihrer Herkunftsländer. Diese Zahl wird in naher und ferner Zukunft noch stark ansteigen, weil Kriege, Armut, politische Verfolgung und ökologische Krisen die Massenmigration explodieren lassen. Bis vor nicht allzu langer Zeit war der Massenkontakt zwischen Menschen aus verschiedenen Kulturkreisen aufgrund geographischer Barrieren eher eine Ausnahme, die nicht selten durch Kriege erzwungen wurde. Die Einwanderungsbewegungen des 19. Jahrhunderts vollzogen sich über viele Jahre und Jahrzehnte hinweg.

Migration ist nicht nur eine geographische Bewegung im Raum, sondern bedeutet in ihrer Konsequenz ein Zusammentreffen von Menschen mit unterschiedlichen sozialen Hintergründen und aus unterschiedlichen Kulturkreisen. So erleben die westlichen Industriestaaten einen Zustrom von Menschen insbesondere aus den Ländern der Dritten Welt, d. h. aus Afrika, Asien und Lateinamerika. Die damit verbundenen individuellen, sozialen, politischen, rechtlichen und ökonomischen Probleme führen zu bisher unbekannten Formen sozialer und ethnischer Spannungen. Die Zuwanderung von Menschen aus anderen Kulturen und deren Eingliederung in eine neue Gesellschaft verläuft besonders dann spannungs- und konfliktreich, wenn Gesellschaft und Politik auf diese Entwicklung nicht vorbereitet sind. In diesen Konflikten geht es nicht nur um die Verteilung und Sicherung von materiellen Ressourcen, sondern auch um die Teilhabe an und die Sicherung von ideellen und symbolischen Ressourcen, wie sie sich als Kultur manifestieren.

Im Laufe der Zuwanderung vollzieht sich in unterschiedlicher Weise sowohl bei den Zuwanderern als auch bei der Aufnahmegesellschaft zwangsläufig ein Veränderungs- oder Akkulturationsprozess. In den Ländern, in denen diese Entwicklung ungesteuert verläuft, wie beispielsweise in Deutschland, treten die negativen

Konsequenzen deutlich zu Tage: tatsächliche oder vermeintliche Diskriminierung verbunden mit Vorurteilsbildung und Fremdenfeindlichkeit. Gegenstand der sozialpsychologischen Migrationsforschung ist eine Analyse der Wanderungsmotivation, der Eingliederungsprozesse und des Kulturkontakts auf der individuellen und der gruppenspezifischen Ebene, verbunden mit dem Bemühen auf allen Seiten, einen Beitrag zur Entwicklung von Strategien für eine humane Form des Zusammenlebens zwischen Zuwanderern und Einheimischen zu leisten. In diesem Kapitel werden zunächst die auslösenden Faktoren diskutiert und untersucht, was Menschen motiviert, ihr Herkunftsland zu verlassen, dann die Probleme des Kulturkontakts erörtert und schließlich der Prozess der Akkulturation beschrieben, in dessen Verlauf sich Zuwanderer und Einheimische gegenseitig beeinflussen.

## 12.1 Die sozialpsychologische Dynamik der Migration

Für eine Analyse der Migrationsdynamik ist der Lewinsche Ansatz von großem Nutzen. Zum einen müssen bei der Analyse dieses Prozesses Theorie und praktische Erwägungen zusammenfließen, um ein soziales Problem im Sinne einer humanitären Zielsetzung zu lösen. Zum anderen ist die sozialpsychologische Perspektive in der Lewinschen Tradition besonders geeignet, das komplexe Zusammenwirken von vielen Kontextfaktoren und deren subjektiver Interpretation zu verstehen. Auch erfordert diese Problemstellung ein interdisziplinäres Vorgehen, das alle Sozialwissenschaften wie Soziologie, Anthropologie, Ökonomie u. a. umfassen muss.

Sozialpsychologen haben sich in der Vergangenheit mit einschlägigen Fragestellungen beschäftigt, die sehr hilfreich für das Verständnis von Teilbereichen des Migrationsprozesses sein können, wie zum Beispiel mit Fragen der Sozialisation, der Vorurteilsbildung und der Intergruppenkonflikte. Eine Analyse des Migrationsprozesses verlangt jedoch eine Betrachtung aller eingangs skizzierten Analyseebenen gleichzeitig, und zwar auf der
1. intrapsychischen Ebene (z. B. psychologische Akkulturation),
2. interpersonalen Ebene (z. B. Ehe zwischen Migranten und Einheimischen),

3. Intragruppenebene (z. B. Familienkonflikte),
4. Intergruppenebene (z. B. Konflikte zwischen Migranten und Einheimischen) und
5. kulturellen Ebene (z. B. kulturelle Orientierung).

Von diesen Zusammenhängen können hier nur einige ausgewählte Probleme und Fragestellungen exemplarisch behandelt werden.

## 12.2 Der Migrationsprozess

Im weitesten Sinne umfasst der Prozess der Migration alle Lebensbereiche von Individuen und Gruppen, die sich von einem geographischen Ort zu einem anderen bewegen. Nach Rogler (1994) wird der Migrationsprozess entscheidend von den Kontextfaktoren der Herkunfts- und der Aufnahmegesellschaft beeinflusst. Ihre jeweiligen Einflüsse, ergänzt durch individuelle Faktoren wie beispielsweise Alter, Geschlecht und sozialer Status, beeinflussen den Migrationsprozess. Abb. 12.1 verdeutlicht diese Zusammenhänge. Dabei wird im Einzelnen unterschieden zwischen den distalen Bedingungen der Makroebene (z. B. Einwanderungspolitik), den Faktoren auf der Gruppenebene (z. B. Anpassung bzw. Akkulturation, s. Abschnitt 12.9) und den individuellen Konsequenzen (z. B. Veränderung des sozialen Status).

Eine Vielzahl von Faktoren sind die Auslöser für internationale Migration. Diese können struktureller Art sein, aber auch durch individuelle und Gruppenerfahrung ausgelöst werden. In der Migrationsforschung ist eine Unterscheidung in sogenannte *Pull- und Pushfaktoren* seit langem üblich, obwohl diese Trennung der Komplexität des Migrationsgeschehens nicht ganz gerecht wird. Eine Unterteilung nach 1. Nachfrage-, 2. Angebots- und 3. Netzwerkbedingungen kombiniert Push- und Pullfaktoren:
1. *Nachfrage*: Pullfaktoren wie z. B. die Anwerbung von Arbeitskräften durch die Industriestaaten in den fünfziger und sechziger Jahren setzten die erste große Migrationsbewegung nach dem Krieg in Gang.
2. *Angebot*: Pushfaktoren veranlassen Menschen, ihr Herkunftsland zu verlassen, weil sie in ihrem Herkunftsland mit schlechten Lebensbedingungen zu kämpfen haben.

## 12 Kultur und Migration

3. *Soziale Netzwerke*: Existierende familiäre und andere soziale Nahbeziehungen fungieren für nachfolgende Zuwanderer gleichsam als Anker und Lebensperspektive im Aufnahmeland.

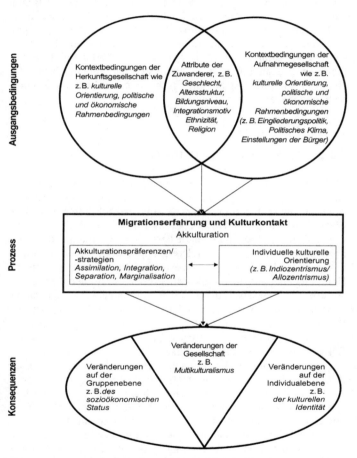

Abb. 12.1: Internationale Migration: Kontextbedingungen von Herkunfts- und Aufnahmegesellschaft, Migrationserfahrung und Kulturkontakt sowie Konsequenzen dieser Prozesse (nach Rogler, 1994)

Obwohl Nachfrage- (pull), Angebots- (push) und Netzwerkfaktoren den Migrationsprozess stimulieren, wissen wir nicht, welche jeweiligen Gewichte sie haben. Daher ist es falsch, die Ursachen für Migration in nur singulären Motiven oder nur externen Bedingungen zu suchen. Unter der Bevölkerung der Aufnahmeländer findet man häufig die Einstellung und Überzeugung, einer Migration lägen nur wenige individuelle Motive zugrunde. Beispielsweise fand Furnham (Furnham & Bochner, 1986) bei einer Befragung von Engländern, dass als häufigste mutmaßliche Gründe für eine Migration das persönliche Fortkommen und bessere Arbeitsbedingungen genannt wurden.

## 12.3 Zuwanderergruppen

Nicht alle Zuwanderer verlassen freiwillig ihr Herkunftsland. Wie bereits erwähnt, emigrieren viele aus ökonomischen Gründen, wegen Krieg und Vertreibung oder aufgrund religiöser und ethnischer Verfolgung. Um den Übergangsprozess vom Herkunfts- zum Zielland zu verstehen, müssen die besonderen Charakteristiken und Motive der jeweiligen Zuwanderergruppen in die Analyse miteinbezogen werden. Dies gilt insbesondere für Flüchtlinge, die ihr Herkunftsland aufgrund politischer oder ethnischer Verfolgung verlassen mussten, weil diese in den Aufnahmeländern aus humanitären Gründen besonderen Schutz genießen. Flüchtling ist jede Person, die nach der Genfer Flüchtlingskonvention von 1951:

»aus der begründeten Furcht vor Verfolgung wegen ihrer Rasse, Religion, Nationalität, Zugehörigkeit zu einer bestimmten sozialen Gruppe oder wegen ihrer politischen Überzeugung sich außerhalb des Landes befindet, dessen Staatsangehörigkeit sie besitzt ...«

Obwohl die meisten europäischen Länder diese Flüchtlingskonvention anerkennen, ist deren Handhabung in der Praxis recht unterschiedlich. Die rechtliche Anerkennung erfolgt nur in Form der Einzelfallprüfung und gilt, wie erwähnt, nur für politisch Verfolgte. Andere Gründe wie beispielsweise wirtschaftliche Not oder Gruppenverfolgung fallen nicht darunter. Die besonders große Gruppe der Kriegs- und Bürgerkriegsflüchtlinge fällt ebenso nicht unter den Schutz der Genfer Flüchtlingskonvention. Wenn ihnen dennoch zeitweise Aufenthaltsrecht gewährt wird, dann geschieht

## 12 Kultur und Migration

dies aus humanitären Gründen. Die meisten Kriegs- und Bürgerkriegsflüchtlinge entstammen den Ländern der Dritten Welt. Ihre Zahl variiert je nach Schätzung zwischen 20 Millionen und 100 Millionen. Nur ein kleiner Teil davon erreicht Westeuropa; die meisten fliehen in ihre unmittelbaren Nachbarländer.

Eine weitere Gruppe sind Asylbewerber, deren Anerkennung und Aufenthaltsberechtigung auch durch Gesetze geregelt werden. In den letzten Jahren haben schätzungsweise mehr als zwei Millionen Menschen aufgrund politischer, religiöser oder ethnischer Verfolgung in den Ländern des Westens Asyl beantragt. Für das Verständnis der Zuwanderungs- und Eingliederungsprobleme ist das Zusammenwirken dieser politisch-rechtlichen Rahmenbedingungen des Aufnahmelandes einerseits und der gruppenspezifischen Bedingungen andererseits von großer Bedeutung. Daher sind beispielsweise Untersuchungen über Zuwanderung in die klassischen Einwanderungsländer USA, Kanada oder Australien für europäische Vergleiche nur von begrenztem Wert, weil die Migranten häufig freiwillig in diese Länder einwanderten und dort auf günstige politische Rahmenbedingungen trafen, welche die Zuwanderung positiv gestalteten.

Diese unterschiedlichen Voraussetzungen erzeugen eine Vielzahl von Migrantengruppen, deren rechtlicher Status einerseits völlig ungeklärt, andererseits relativ privilegiert ist. Viele der nicht anerkannten Zuwanderer halten sich illegal im Aufnahmeland auf; Gastarbeiter, die nur für einige Jahre im Ausland arbeiten wollten, verbleiben aufgrund ihrer familiären Bindungen, weil die Arbeitgeber es so wollten oder wegen ihres fortgeschrittenen Alters dauerhaft, und sie werden, wenn sie die Staatsbürgerschaft ihres Aufenthaltslandes nicht erwerben können oder wollen und selbst nach Erwerb der Staatsbürgerschaft nicht selten zu »Bürgern zweiter Klasse« (Bierbrauer, Henke & Jaeger, 2004).

Andererseits gibt es eine legale Zuwanderung von ethnischen Gruppen, die grundsätzlich Staatsbürgerrechte bekommen. Dies ist beispielsweise für Deutsche aus Osteuropa der Fall. Eine weitere Gruppe von Personen, die bleiben, ist eine gewisse Zahl von ausländischen Studierenden, die nach Heirat mit einer Partnerin oder einem Partner aus ihrem Aufenthaltsland die Staatsbürgerschaft erwerben können.

## 12.4 Fremdsein

Die Begegnung zwischen Zuwanderern und Einheimischen ist zunächst eine Begegnung zwischen Fremden. Häufig resultiert aus dem Fremdsein auch Feindsein und Fremdenfeindlichkeit. Muss dies notwendigerweise der Fall sein? Der Soziologe Georg Simmel hat sich in seinem berühmten Essay »Exkurs über den Fremden« schon 1908 mit der unterschiedlichen Erfahrung des Fremdseins auseinandergesetzt. Fremdsein bedeutet nach Simmel zunächst Fernsein: Ist der Fremde fern, geht von ihm keine Bedrohung aus. Erst die Annäherung kann den Fremden zum Feind werden lassen und auf diese Bedrohung wird mit Abgrenzung reagiert. Um den Fremden abzugrenzen, wird er nicht als Individuum empfunden, sondern als Typus, dem lediglich allgemeine Qualitäten, aber keine individuellen Eigenschaften zugeschrieben werden. In unserer heutigen Terminologie würden wir diesen Vorgang als Stereotypisierung und als Prozess der *Fremdgruppenhomogenisierung* bezeichnen.

Um beispielsweise die Juden im Mittelalter in der Distanziertheit zu halten, so berichtet Simmel, wurde ihre soziale Position so fixiert, dass die Steuerlast für jeden einzelnen Juden ein für allemal festgesetzt wurde, und sie somit als Individuen nicht hervortraten, während die von den christlichen Bürgern bezahlte Steuer nach dem jeweiligen Vermögensstand variierte.

Entscheidend für die Qualität der Begegnung ist die Art und Weise der sozialen Interaktion zwischen Fremden und Einheimischen, zwischen kurzfristigen Besuchern und permanent Bleibenden, zwischen freiwilliger Zuwanderung und erzwungener Auswanderung (Gudykunst, 1983). Diese unterschiedlichen Begegnungsformen müssen bei der Analyse des Zusammentreffens von Menschen aus unterschiedlichen Kulturen und beim Prozess der Akkulturation und der Eingliederung im Aufnahmeland berücksichtigt werden.

## 12.5 Was ist Kultur?

Weshalb werden Kultur und ethnische Identität (s. Abschnitt 12.8) zu einem wichtigen Kriterium bei der Fremdheitserfahrung mit ihren negativen Konsequenzen? Und weshalb kann die vermeintliche oder tatsächliche Bedrohung der kulturellen Identität, Ideologie oder Religion Menschen veranlassen, dafür u. U. ihr Leben zu riskieren?

Kultur ist ein mehrdimensionales Konstrukt, für das es keine verbindliche Definition gibt. Wenn wir üblicherweise von Kultur sprechen, dann bezeichnen wir damit eine kollektive Größe und meinen beispielsweise die indische oder mediterrane Kultur. Kultur überlagert gleichsam die einzelne Person. Menschen kommen und gehen, aber ihre jeweilige Kultur überdauert. Gleichzeitig sind aber Menschen und deren Produkte Träger oder Resultate kultureller Einflüsse. Kultur beeinflusst und prägt menschliches Verhalten und Denken, ist aber gleichzeitig auch Produkt menschlicher Aktivität. Kultur hat somit eine subjektive Seite, sofern sie sich auf Werte, Symbole und Ideen bezieht, als auch eine objektive Seite, die Produkte der subjektiven Seite sind beispielsweise Bauwerke und Computerprogramme. Kultur ist ein Konstrukt, jedoch keine Entität, die ursächlich etwas zustande bringen könnte. Kultur ist weder nur »in unseren Köpfen« noch existiert sie ausschließlich »außerhalb unserer Köpfe« als materielles Artefakt, sondern entsteht aus der reziproken Interaktion von beiden.

Weithin akzeptiert ist die Auffassung, dass Kultur
1. gelernt, nicht aber vererbt wird,
2. im Verlaufe der Sozialisation von den älteren Mitgliedern einer Gesellschaft auf die jüngeren weitergegeben wird,
3. Bedeutungsmuster umfasst, die von den Mitgliedern einer Gesellschaft geteilt werden,
4. eine subjektive Seite (Werte, Ideen, Moralvorstellungen), eine soziale Seite (Institutionen und Organisationen) und eine objektiv-materielle Seite in Form menschlicher Aktivitäten aufweist. Alle Seiten beeinflussen sich in einem ständigen Prozess der gegenseitigen Anpassung. Menschen stehen somit in einer interaktiven Beziehung zu ihrer Kultur: Sie erschaffen sie und werden gleichzeitig von ihr geformt.

Wenn wir von Kultur sprechen, dann ist es sowohl in theoretischer als auch praktischer Hinsicht wichtig, zwischen einer sogenannten

Kollektivebene und einer Individualebene zu unterscheiden. Der alltagssprachliche Gebrauch des Kulturbegriffes bezieht sich auf Kollektive. Wir sprechen beispielsweise von der amerikanischen oder spanischen Kultur (die leider häufig unreflektierte Kulturstereotypen darstellen). Nicht selten kennen wir beispielsweise US Amerikaner, die diesem Kulturstereotyp nicht entsprechen und als »Ausnahmen« angesehen werden. Diesen Widerspruch bezeichnet man als einen »ökologischen Fehlschluss«, weil von der sogenannten Kollektivebene auf die singuläre Individualebene geschlossen wurde (bzw. umgekehrt).

## 12.6 Kulturelle Orientierungen und Selbstkonzept

In diesem Abschnitt soll die Frage behandelt werden, wie menschliches Denken und Handeln sich kulturbedingt unterschiedlich manifestieren. Im Zentrum einer sozialpsychologischen Betrachtungsweise richtet sich die Aufmerksamkeit zunächst einmal auf die Natur der sozialen Beziehungen und auf die Frage, wie durch sie die Identität von Akteuren geformt wird. Auf dieser Basis lassen sich Kulturen idealtypisch danach klassifizieren, wie Menschen sich selbst und ihre soziale Positionierung innerhalb einer Gesellschaft definieren. Wenn beispielsweise ein Akteur sich selbst und andere als Individuen wahrnimmt, deren Identität oder Selbstbild relativ losgelöst von sozialen Bindungen existiert, dann sind soziale Bindungsfaktoren relativ unwichtig. Wenn andererseits ein Akteur sich selbst und andere als Individuen wahrnimmt, deren Identität oder Selbstbild relativ stark geprägt ist durch enge Sozialbeziehungen und Verpflichtungen, dann sind soziale Bindungsfaktoren relativ wichtig.

Dieser Logik folgt ein Konstrukt, das in der Interkulturellen Psychologie eine weite Verbreitung gefunden hat, nämlich die Dimension *Individualismus vs. Kollektivismus*. Geert Hofstede (1980) definiert Kulturen, in denen die Betonung auf dem »Ich« liegt und Werte wie Autonomie, Leistungsorientierung und Selbstzentriertheit im Vordergrund stehen, als individualistisch. Im Gegensatz dazu definiert er Kulturen, in denen das »Wir« betont wird und Werte wie Gruppensolidarität, Unterordnung eigener

Bedürfnisse unter Gruppenziele und Gruppenharmonie im Vordergrund stehen, als kollektivistisch. Nach Hofstedes empirischer Untersuchung in mehr als 40 Ländern finden sich die meisten kollektivistisch geprägten Länder in Asien, Afrika und Lateinamerika, während die meisten Länder Europas und Nordamerikas am individualistischen Ende der kollektivistisch-individualistischen Dimension zu finden sind (Bierbrauer, 1994). Eine empirische Erfassung der Individualismus/Kollektivismus-Neigung ist beispielsweise mit der *Cultural Orientations Scale* (COS) möglich (Bierbrauer et al., 1994).

Da die überwiegende Zahl von Zuwanderern aus den Ländern der Dritten Welt Afrikas und Asiens kommen, deren kulturelle Orientierung kollektivistisch ist, und ihre bevorzugten Zielländer die individualistisch geprägten Länder Westeuropas und Nordamerikas sind, findet der Kulturkontakt zwischen Zuwanderern und Einheimischen entlang dieser kollektivistisch-individualistischen Dimension statt.

Diese allgemeinkulturellen Unterschiede beeinflussen in vielfacher Weise die Interaktion mit den Einheimischen. Bemerkenswerte Unterschiede wurden im Hinblick auf die Wahrnehmung und Bewertung von Rechts- und Gerechtigkeitsfragen beobachtet. Diese Fragen sind für das Funktionieren einer Gesellschaft von zentraler Bedeutung. Sind die Divergenzen im Moral- und Gerechtigkeitsempfinden zwischen Zuwanderern und Einheimischen sehr groß, dann kann dies zu schwerwiegenden Legitimationsdefiziten und zur Destabilisierung einer Gesellschaft führen.

Bemerkenswerte Unterschiede wurden z. B. hinsichtlich der Einstellungen zum Recht und Rechtssystem gefunden. Bierbrauer (1994) untersuchte die rechtskulturellen Einstellungen zwischen kurdischen und libanesischen Asylbewerbern einerseits und verglich sie mit den rechtskulturellen Einstellungen von Deutschen. Unter anderem fand er, dass die mehr kollektivistisch orientierten Kurden und Libanesen die von Tradition und Religion überlieferten Normen bei der Regelung von Rechtskonflikten als wichtiger erachteten als die mehr individualistisch orientierten deutschen Teilnehmer der Untersuchung. Dies hat beispielsweise schwerwiegende Konsequenzen bei der Regelung von familienrechtlichen Streitigkeiten. Kollektivistisch orientierte Akteure bevorzugen bei sozialen Nahkonflikten eher eine informelle Vermittlung durch einen nahe stehenden Dritten statt durch formale Gesetze oder staatliche Institutionen. Darüber hinaus zeigen die Angehörigen kollektivistisch orientierter Kulturen bei der Verletzung von sozialen Normen eine signifikant höhere Schamreaktion als die deutschen Untersuchungsteilnehmer.

Diese Beobachtungen zeigen, dass Recht und Rechtsinstitutionen für die Angehörigen unterschiedlicher kultureller Orientierungen verschiedene Bedeutung haben können. Diese Unterschiede müssen für das Zusammenleben in ethnopluralen Gesellschaften ernst genommen werden, damit das Recht seine Legitimation und Steuerungsfunktion nicht verliert.

## 12.7 Die Bedrohung kultureller Identität

Kultur ist aber noch umfassender als ein soziales Orientierungssystem, das von einer begrenzten Gruppe von Menschen geteilt wird und das durch den Prozess der Sozialisation erworben wird. Kultur ist nach Max Weber auch eine bestimmte Weltsicht und wird von ihm verstanden als ein »mit Sinn und Bedeutung bedachter endlicher Ausschnitt aus der sinnlosen Unendlichkeit des Weltgeschehens« (Weber, 1904/1956, S. 223). Kultur ist nach dieser Auffassung der Sinnstifter für unsere endliche Existenz und bildet sozusagen die Brücke vom Leben zum Tod. Der amerikanische Sozialanthropologe Ernest Becker (1973/1976) hat die engen Beziehungen zwischen Todesfurcht (»terror«) und Kultur untersucht. Kultur, so seine neuartige Einsicht, hilft die Angst vor der eigenen Sterblichkeit zu bewältigen, weil Kultur nach dieser Sicht ein Angstpuffer ist und den Menschen davor schützt, sich nicht ständig mit seinem Tod auseinander setzen zu müssen.

Ausgehend von diesen Überlegungen haben Thomas Pyszczynski, Sheldon Solomon und Jeff Greenberg (2003) eine empirisch überprüfbare Theorie entwickelt, die von der Prämisse ausgeht, dass Kultur als Angstpuffer fungiert, der uns vor dem »Terror« der existentiellen Todesangst abschirmt und schützt. Die eigene kulturelle Weltsicht ist eingebettet in ein System von Überzeugungen, das Ordnung, Sinn und Transzendenz beinhaltet. Menschen streben deshalb danach, ihre kulturelle Weltsicht von anderen bestätigen zu lassen, um als wertvoll anerkannt zu werden, um daraus ihren Selbstwert zu erhöhen. Wird diese Weltsicht durch andere konkurrierende Weltsichten – etwa von Menschen aus anderen Kulturen – in Frage gestellt oder bedroht, dann gefährdet dies gleichzeitig das eigene Selbstwertgefühl. Die Folge: Menschen versuchen die Bedeutung anderer Weltsichten zu leugnen oder abzuwerten.

In einer Reihe von Untersuchungen konnte u. a. gezeigt werden, dass unter dem Einfluss von Todesfurcht Untersuchungsteilnehmer dazu tendieren, andere Untersuchungsteilnehmer abzuwerten, die eine andere Weltsicht verkörperten. Glaubensüberzeugungen, die auch eine Weltsicht darstellen, sind eine existentielle Ressource für Sinnstiftung. Sie beinhalten in ihrem Kern eine Formel für ein sinnvolles Leben und ein Versprechen der Erlösung. Aus dieser sinnstiftenden Funktion von Kultur wird z. T. verständlich, weshalb Kultur und ethnische Identität heute zu Schlüsselbegriffen für ethnisch-religiöse Konflikte geworden sind. Einer der Gründe für den zunehmenden militanten Fundamentalismus liegt vermutlich in den Bedrohtheitsempfindungen religiöser Gruppen (Bierbrauer, 2002; Ochsmann, 2002; Kazén, Baumann & Kuhl, im Druck).

## 12.8 Ethnizität, ethnische Identität und »Rasse«

Der Begriff Ethnizität wird häufig mit Kultur oder gar mit Rasse gleichgesetzt und bezieht sich oftmals auf Unterschiede im Hinblick auf Hautfarbe, Sprache, Religion und andere Attribute, die auf einen gemeinsamen Ursprung oder auf ein gemeinsames Erbe hinweisen. Die Mitglieder einer ethnischen Gruppe identifizieren sich mit anderen aufgrund ihrer tatsächlichen, vermeintlichen oder von außen zugeschriebenen Abstammung.

Im Rahmen sozialpsychologischer Theoriebildung bezieht sich ethnische Identität auf den Prozess der Identitätsbildung, während Ethnizität sich häufig auf sozialkulturelle Unterschiede bezieht. Deshalb ist die Frage der freiwilligen oder zugewiesenen Mitgliedschaft zu einer ethnischen Gruppe auch eine gesellschaftliche Frage mit weiteren politischen Implikationen, weil über ethnische und kulturelle Identität die Inklusion oder Exklusion zu gesellschaftlich wichtigen Ressourcen geregelt ist, wie beispielsweise der Zugang zu Schulen oder Arbeitsplätzen.

Zum Gebrauch der Begriffe »Rasse« und »rassistisch« ist anzumerken, dass sie häufig gedankenlos benutzt werden, um entweder auf kulturelle Unterschiede hinzuweisen oder um negative Einstellungen gegenüber ethnischen Minderheiten zu kennzeichnen. Da der Begriff Rasse durch die nationalsozialistische Ideologie wissenschaftlich missbraucht wurde und es wissenschaftlich überzeugende Hinweise gibt, dass selbst phänotypisch weit entfernte ethnische Gruppen genetisch nahezu identisch sind, hat dieses Konzept in der einen oder anderen Form keinerlei Berechtigung und sollte zur Kennzeichnung von phänotypischen Unterschieden zwischen Menschen nicht mehr gebraucht werden (Dole, 1995). So haben Menschen über alle Kulturen hinweg 99,9 % gemeinsame Erbinformationen. Das ist mehr als bei Primaten wie z. B. Schimpansen.

## 12.9 Akkulturationspräferenzen

Internationale Migration bedeutet in ihrem Verlauf fast immer interkulturellen Kontakt. Der Prozess des Übergangs von der Herkunftskultur zur Kultur des Aufnahmelandes erfordert in erster Linie von den Migranten und auch zu einem gewissen Grad von den Menschen des Aufnahmelandes eine gegenseitige Anpassungsleistung. In diesem Sinne versteht man unter dem Begriff *Akkulturation* einen Prozess, in dessen Verlauf Individuen und Gruppen mit unterschiedlicher kultureller Orientierung aufeinander treffen und sich gegenseitig beeinflussen. Der Akkulturationsprozess kann für die Zuwanderer unterschiedliche Verläufe nehmen und unterschiedliche Konsequenzen haben. Berry (1990) entwickelte ein zweidimensionales Modell, um die verschiedenen Formen des Akkulturationsprozesses in pluralistischen Gesellschaften zu beschreiben. Danach stehen Migranten vor der Entscheidung, ob sie ihre Identität weiterhin an ihrer Herkunftskultur (HK) ausrichten wollen oder ob sie sich nach der Gastkultur (GK) orientieren wollen. Idealtypisch resultieren daraus vier verschiedene Akkulturationsmuster:
1. Assimilation (Aufgabe der HK und Annehmen der GK),
2. Integration (Beibehalten der HK und gleichzeitiges Annehmen der GK),

3. Separation (Beibehalten der HK und Nichtannehmen der GK),
4. Marginalisation (Aufgabe der HK und Nichtteilhabe an der GK).

Wie erwähnt sind diese Muster Idealtypen, weil je nach Lebensbereich Migranten unterschiedliche Akkulturationspräferenzen haben können (Bierbrauer & Klinger, im Druck). So kann beispielsweise ein in Deutschland lebender türkischer Unternehmer seine Geschäfte mit deutschen Partnern nach dem Muster der Assimilation gestalten, richtet aber die Erziehung seiner Tochter nach dem Separationsmodell aus. Andrerseits können Menschen eine bikulturelle Identität haben und sich beispielsweise sowohl als Türken als auch als Deutsche verstehen.

Mittlerweile gibt es eine Reihe von empirischen Studien über die Zusammenhänge zwischen Akkulturationseinstellungen und deren sozialpsychologischen Konsequenzen (Bierbrauer & Klinger, 2005; Rudmin, 2003). Die Befunde deuten darauf hin, dass Menschen, die sich marginalisiert oder separiert fühlen, ein höheres Ausmaß an individuellen und sozialen Konflikten erleben und dass ihr psychosoziales Wohlbefinden im Allgemeinen geringer ist als bei den Menschen, die ein mittleres Ausmaß an Integration wünschen oder Assimilation anstreben.

Es muss betont werden, dass sich für Zuwanderer die Form ihrer Akkulturation nicht nur als selbst gewählte Option darstellt, sondern dass diese in großem Maße davon abhängig ist, inwieweit die politisch-administrativen Rahmenbedingungen und die Einstellungen der Mehrheit eine bestimmte Option fördern oder hemmen. Multikulturelle oder pluralistische Gesellschaften unterscheiden sich von monokulturellen Gesellschaften gerade dadurch, dass sie, wie z. B. in Kanada, eine größere Toleranz für kulturelle Diversität haben, und dass ihre politisch-rechtlichen Rahmenbedingungen so entwickelt sind, um beispielsweise Integration zu ermöglichen. Allerdings sind solche Gesellschaftsmodelle nicht frei von ethnischen Konflikten, wenn beispielsweise bestimmte Interessen von ausgewählten ethnischen Gruppen, die bislang benachteiligt wurden, besonders gefördert werden.

Die klassischen Einwanderungsländer können nur begrenzt als Modell für die Gestaltung des Einwanderungs- und Eingliederungsprozesses in Deutschland dienen, weil die Zuwanderer in diese Länder freiwillig mit dem Ziel gekommen sind, möglichst schnell Amerikaner oder Kanadier zu werden. Welche Formen des

Zusammenlebens in ethnopluralen Gesellschaften das höchste Maß an sozialer Akzeptanz, gesellschaftlicher Stabilität und psychosozialem Wohlbefinden garantieren, ist zunächst eine empirische Fragestellung und keine weltanschauliche.

Zusammenfassend lässt sich sagen, dass eine sozialpsychologische Analyse des Migrationsprozesses sowohl die Bedingungsebene der Aufnahmekultur mit ihren sozialen, rechtlichen, kulturellen und politischen Vorgaben als auch die individuelle Ebene des Zuwanderers mit seinen kulturellen und sozialen Orientierungen umfassen muss. In diesem Abschnitt wurde versucht, die motivationalen Auslösebedingungen im Hinblick auf ihre Push- und Pulldynamik zu diskutieren. Typischerweise finden Migranten nicht die gesellschaftlichen und politischen Rahmenbedingungen vor, die einen sozialverträglichen Eingliederungsprozess fördern. Untaugliche Rahmenbedingungen führen häufig zu Vorurteilen, Fremdenfeindlichkeit und Intergruppenkonflikten.

# Literaturverzeichnis

Adams, D. (Ed.) (1991). The Seville statement on violence. Preparing the ground for the construction of peace. UNESCO.

Adorno, T. W., Frenkel-Brunswik, E., Levinson, D. & Sanford, R.N. (1950). *The authoritarian personality.* New York: Harper & Row.

Ajzen, I. (1989). Attitude, structure, and behavior. In A. R. Pratkanis, S. J. Breckler & A. G. Greenwald (Eds.), *Attitude, structure, and function* (pp. 241–271). Hillsdale, NJ: Lawrence Erlbaum Associates.

Allport, F. (1924). *Social psychology.* Boston: Riverside.

Allport, G. W. (1935). Attitudes. In C. Murchison (Ed.), *Handbook of social psychology* (pp. 798–844). Worcester, MA: Clark University Press.

Allport, G. W. (1954). *The nature of prejudice.* Cambridge, MA: Addison-Wesley.

Allport, G. W. (1968). The historical background of modern social psychologoy. In G. Lindzey & E. Aronson (Eds.), *The handbook of social psychology, 2$^{nd}$ ed. Vol. 1* (pp. 1–80). Reading, MA: Addison-Wesley.

Altemeyer, B. (1996). *The authoritarian specter.* Cambridge, MA: Harvard University Press.

Arendt, H. (1963). *Eichmann in Jerusalem. A report on the banality of evil.* New York: Viking Press. (dt. 1987 *Eichmann in Jerusalem: Ein Bericht von der Banalität des Bösen.* München: Piper Verlag.)

Asch, S. (1956). Studies of independence and conformity: A minority of one against a unanimous majority. *Psychological Monographs, 70* (9, Whole No. 416), 1–70.

Axelrod, R. (1984). *The evolution of cooperation.* New York: Basic Books.

Bargh, J. A. (1997). The automaticity of everyday life. In. R. S. Wyer (Ed.), *Advances in social cognition.* (Vol. 10, pp 1–61). Mahwah, NJ: Erlbaum.

Bargh, J. A. (1999). The cognitive monster: The case against the controllability of automatic stereotype effects. In S. Chaiken & Y. Trope (Eds.), *Dual-process theories in social psychology* (pp. 361–382). New York: Guilford Press.

Bargh, J. A. & Pietromonaco, P. (1982). Automatic information processing and social perception: The influence of trait information presented outside of conscious awareness on impression formation. *Journal of Personality and Social Psychology, 43*, 437–449.

Baumrind, D. (1985). Research using intentional deception: Ethical issues revisited. *American Psychologist, 40*, 165–174.

Bazerman, M. H. & Banaji, M. R. (2004). The social psychology of ordinary ethical failures. *Social Justice Research, 17*, 111–115.

Becker, E. (1973). *The denial of death*. New York: The Free Press (dt. 1976 *Dynamik des Todes. Die Überwindung der Todesfurcht – Ursprung der Kultur*. Walter-Verlag: Olten.)

Bem, D. J. (1965). An experimental analysis of self-persuasion. *Journal of Experimental Social Psychology, 1*, 199–218.

Bem, D. J. (1972). Self-perception theory. In L. Berkowitz (Ed.), *Advances in experimental social psychology* (Vol.6) (pp. 1–62). New York: Academic Press.

Bem, D. J. (1974). *Meinungen, Einstellungen, Vorurteile*. Zürich: Benziger.

Berry, J. W. (1990). Psychology of acculturation. Understanding individuals moving between cultures. In R. W. Brislin (Ed.), *Applied cross-cultural psychology* (pp. 232–253). Newbury Park: Sage.

Bickman, L. & Zarantonello, M. (1978). The effects of deception and level of obedience on subjects' rating of the Milgram study. *Personality and Social Psychology Bulletin, 4*, 81–85.

Bierbrauer, G. (1976). Attitüden: Latente Strukturen oder Interaktionskonzepte? *Zeitschrift für Soziologie, 5*, 4–16.

Bierbrauer, G. (1979). Why did he do it? Attribution of obedience and the phenomenon of dispositional bias. *European Journal of Social Psychology, 9*, 67–84.

Bierbrauer, G. (1983). Das Stanford-Gefängnisexperiment und seine Folgen. In D. Frey & S. Greif (Hg.), *Sozialpsychologie. Ein Handbuch in Schlüsselbegriffen* (pp. 429–433). München: Urban & Schwarzenberg.

Bierbrauer, G. (1992). Ein Sozialpsychologe in der Emigration. Kurt Lewins Leben, Werk und Wirkungsgeschichte. In E. Böhne & W. Motzkau-Valeton (Hg.), *Die Künste und die Wissenschaften im Exil 1933 – 1945* (pp. 313–332). Gerlingen: Lambert Schneider.

Bierbrauer, G. (1994). Toward an understanding of legal culture: Variations in individualism and collectivism between Kurds, Lebanese, and Germans. *Law & Society Review, 28*, 243–264.

Bierbrauer, G. (1995). Gender und Verfahrensgerechtigkeit. In G. Bierbrauer, W. Gottwald & B. Birnbreier-Stahlberger (Hg.) *Verfahrensgerechtigkeit. Rechtspsychologische Forschungsbeiträge für die Justizpraxis* (pp. 21–39). Köln: Verlag Otto Schmidt.

Bierbrauer, G. (2002). Einige Anmerkungen zu den Ursachen des Internationalen Islamischen Terrorismus. *Politische Studien, 53*, 61–64.

Bierbrauer, G. (2003). Triebe, Instinkte, Kultur und Todesangst. Überlegungen zu konkurrierenden Erklärungen für die Ursachen von Aggressionen, Konflikten und Gewalt. *Osnabrücker Jahrbuch für Frieden und Wissenschaft, 10*, 137–146. Göttingen: Universitätsverlag Osnabrück. Wiederabdruck (2003). Landesinstitut für den Öffentlichen Gesundheitsdienst des Landes Nordrhein Westfalen. *Wissenschaftliche Reihe, Band 9*, 7–19. Bielefeld: lögd.

Bierbrauer, G., Berning, B., Brandes, U., Hölscher, M. T., Kientz, K. H. & Trölenberg, H. (1987). Nachrüstung: dafür oder dagegen? Eine empirische Untersuchung über Verhaltensintentionen und Feindbilder. In K. Horn & V. Rittberger (Hg.), *Mit Kriegsgefahren leben* (pp. 155–170). Opladen: Westdeutscher Verlag.

Bierbrauer, G. & Gottwald, W. (1988). Mit Zins und Zinses-Zinsen. *Psychologie heute, 12*, 32–35.

Bierbrauer, G., Henke, C. & Jaeger, M. (2004). Acculturation orientations of Russian-Jewish immigrants and host communities in Germany and Israel. Unveröff. Manuskript.

Bierbrauer, G. & Klinger, E. W. (2005). The influence of conflict context characteristics on conflict regulation preferences of immigrants. *Journal of Cross-Cultural Psychology, 36, 340–354*.

Bierbrauer, G. & Klinger, E. W. (unveröff.). Private attitudes and assumed majority opinions between East and West Germans. Illustration of the polarization effect.

Bierbrauer, G., Meyer, H. & Wolfradt, U. (1994). Measurement of normative and evaluative aspects in individualistic and collectivistic orientations: The cultural orientations scale (COS). In U. Kim, H. C. Triandis et al. (Eds.), *Individualism and collectivism: Theory, method, and applications* (pp. 189–200). Thousand Oaks, CA: Sage.

Bierbrauer, G. & Pedersen, P. (1996). Culture and migration. In G. Semin & K. Fiedler (Eds.), *Applied Social Psychology.* (pp. 399–422) London: Sage.

Bond, M. H. (Ed.) (1988). *The cross-cultural challenge to social psychology.* Newbury Park, CA: Sage.

Brewer, M. B. (1991). The social self: On being the same and different at the same time. *Personality and Social Psychology Bulletin, 17*, 475–482.

Brewer, M. B. & Campbell, D. T. (1976). *Ethnocentrism and intergroup attitudes.* New York: Wiley.

Brown, R. (1986). *Social psychology. The second edition.* New York: The Free Press.

Browning, C. R. (1993). Ganz normale Männer. Das Reserve-Polizeibataillon 101 und die Endlösung in Polen. *Der Spiegel, 30*, 100–107.

Bushman, B. J., Baumeister, R. F. & Stack, A. D. (1999). Catharsis, aggression and persuasive influence: Self-fulfilling or self-defeating properties. *Journal of Personality and Social Psychology, 76*, 367–376.

Campbell, D. T. & Stanley, J. C. (1963). *Experimental and quasi-experimental designs for research*. Chicago: Rand-McNally.

Cialdini, R. B. (2001). *Influence: science and practice*. Boston: Allyn and Bacon.

Darley, J. M. & Batson, C. D. (1973). »From Jerusalem to Jericho: A study of situational and dispositional variables in helping behavior. *Journal of Personality and Social Psychology, 27*, 100–108.

Darley, J. M. & Latané, B. (1968). Bystander intervention in emergencies: Diffusion of responsibility. *Journal of Personality and Social Psychology, 8*, 377–383.

Darley, J. M. (1995). Constructive and destructive obedience: A taxonomy of principle-agent relationships. *Journal of Social Issues, 51*, 125–154.

Darwin, C. (1872). *Der Ausdruck der Gemüthsbewegungen bei Menschen und den Thieren*. Stuttgart.

DeGrandpre, R. J. (2000). A science of meaning. *American Psychologist, 55*, 721–739.

Deutsch, M. (1973). *The resolution of conflict. Constructive and destructive processes*. New Haven: Yale University Press.

Deutsch, M. & Gerard, H. B. (1955). A study of normative and informational social influences upon individual judgment. *Journal of Abnormal and Social Psychology, 51*, 629–636.

Devine, P. (1989). Stereotypes and prejudice: Their automatic and controlled components. *Journal of Personality and Social Psychology, 56*, 5–13.

Diamond, S. S. & Morton, D. R. (1978). Empirical landmarks in social psychology. *Personality and Social Psychology Bulletin, 4*, 217–221.

Doise, W. (1986). *Levels of explanation in social psychology*. Cambridge: Cambridge University Press.

Dole, A. A. (1995). Why not drop »race« as a term? *American Psychologist, 50*, 40.

Durkheim, E. (1897/1973). *Der Selbstmord*. Neuwied: Luchterhand.

Elms, A. C. & Milgram, S. (1965/66). Personality characteristics associated with obedience and defiance toward authoritative command. *Journal of Experimental Research in Personality, 1*, 282–289.

Fahrenberg, J. & Steiner, J. M. (2004). Adorno und die autoritäre Persönlichkeit. *Kölner Zeitschrift für Soziologie und Sozialpsychologie, 56*, 127–152.

Festinger, L. (1957). *A theory of cognitive dissonance*. Stanford, CA: Stanford University Press.

Festinger, L. & Carlsmith, J. M. (1959). Cognitive consequences of forced compliance. *Journal of Abnormal and Social Psychology, 58*, 203–210.

Festinger, L., Riecken, H. W. & Schachter, S. (1956). *When prophecy fails*. New York: Harper and Row.

Fischoff, B. & Beyth, R. (1975). »I knew it would happen«: Remembered probabilities on once – future things. *Organizational Behavior and Human Performance, 13,* 1–6.

Fisher, R., Ury, W. L. & Patton, B. (1991). *Getting to YES: Negotiating agreement without giving in* (2nd ed.). Boston: Houghton Mifflin.

Freedman, J. L. & Fraser, S. C. (1966). Compliance without pressure: The foot-in-the-door technique. *Journal of Personality and Social Psychology, 4,* 195–202.

French, J. R. P., Jr. & Raven, B. H. (1959). The bases of social power. In D. Cartwright (Ed.). *Studies in social power* (pp. 150–167). Ann Arbor: Institute for Social Research, University of Michigan.

Freud, S. (1920). *Massenpsychologie und Ich-Analyse. Gesammelte Werke XIII.* Frankfurt: Fischer Verlag.

Freud, S. (1932). Warum Krieg? In: *Gesammelte Werke. Teil 16: Werke aus den Jahren 1932–1939.* Frankfurt am Main 1978.

Furnham, A. & Bochner, S. (1986). *Culture shock. Psychological reactions to unfamiliar environments.* London: Methuen.

Genfer Flüchtlingskonvention (1951). *Bundesgesetzblatt,* 1953, II, 559.

Goldhagen, D. J. (1996). *Hitler's willing executioners. Ordinary Germans and the Holocaust.* New York: Knopf. (dt. 1996 *Hitlers willige Vollstrekker. Ganz gewöhnliche Deutsche und der Holocaust.* Berlin: Siedler Verlag.)

Gudykunst, W. B. (1983). Toward a typology of stranger-host relationships. *International Journal of Intercultural Relations, 7,* 401–413.

Haney, C., Banks, C. & Zimbardo, P. (1973). Interpersonal dynamics in a simulated prison. *International Journal of Criminology and Penology, 1,* 69–97.

Hardin, G. C. (1968). The tragedy of the commons. *Science, 165,* 1243–1248.

Harrower, M. (1976). Were Hitler's henchmen mad? *Psychology Today, 7,* 76–80.

Hastorf, A. & Cantril, H. (1954). They saw a game: A case study. *Journal of Abnormal and Social Psychology, 49,* 129–134.

Heider, F. (1958). *The psychology of interpersonal relations.* New York: John Wiley. (dt. 1977 *Psychologie der interpersonalen Beziehungen.* Stuttgart: Klett).

Hilgard, E. R. (1980). The trilogy of the mind: Cognition, affection, and conation. *Journal of the History of the Behavioral Sciences, 16,* 107–117.

Hofling, Ch. K., Brotzman, E., Dalrymple, R. N., Graves, N. & Pierce, M. (1966). An experimental study in nurse-physician relationships. *The Journal of Nervous and Mental Disease, 143,* 171–180.

Hofstede, G. (1980). *Culture's consequences: International differences in work-related values.* Beverly Hills, CA: Sage.

Ichheiser, G. (1970). *Appearances and realities. Misunderstanding in human relations*. San Francisco: Jossey-Bass.

Jones, E. E. & Davis, K. E. (1965). From acts to dispositions. The attribution process in person perception. In L. Berkowitz (Ed.), *Advances in experimental social psychology* (Vol.2) (pp. 311–334). New York: Academic Press.

Jones, E. E. & Harris, V. A. (1967). The attribution of attitudes. *Journal of Experimental Social Psychology, 3*, 1–24.

Kahneman, D. (2003). A perspective on judgement and choice. Mapping bounded rationality. *American Psychologist, 58*, 697–720.

Kahneman, D., Slovic, P. & Tversky, A. (Eds.) (1982). *Judgment under uncertainty: Heuristics and biases*. Cambridge, England: Cambridge University Press.

Kahneman, D. & Tversky, A. (1973). On the psychology of prediction. *Psychological Review, 80*, 237–251.

Kahneman, D. & Tversky, A. (1979). Prospect theory: An analysis of decision under risk. *Econometrica, 47*, 263–291.

Kazén, M., Baumann, N. & Kuhl, J. (in press). Self-regulation after mortality salience: National pride feelings of action-oriented German participants. *European Psychologist*.

Kelley, H. H. (1950). The warm-cold variable in first impressions of persons. *Journal of Personality, 18*, 431–439.

Kelley, H. H. (1967). Attribution theory in social psychology. In D. Levine (Ed.). *Nebraska symposium on motivation* (Vol. 15) (pp. 192–238). Lincoln: University of Nebraska Press.

Kelley, H. H. (1973). The process of causal attribution. *American Psychologist, 28*, 107–128.

Keupp, H. (Hg.) (1995). *Lust an der Erkenntnis. Sozialpsychologisches Denken im 20. Jahrhundert*. München: Piper.

Klinger, E. W. & Bierbrauer, G. (2001). Acculturation and conflict regulation of Turkish immigrants in Germany: A social influence perspective. In W. Wosinska, R. B. Cialdini, D. W. Barrett & J. Reykowski (Eds.). *The Practice of Social Influence in Multiple Cultures*. London: Lawrence Erlbaum.

Klinger, E. W. & Bierbrauer, G. (2004). Interkulturelle Konfliktregelung. In G. Sommer & A. Fuchs (Eds.), *Krieg und Frieden. Handbuch der Konflikt- und Friedenspsychologie*. (pp. 554–567). Weinheim: Beltz Verlag.

Koch, K.-F. (1976). Konfliktmanagement und Rechtsethnologie: Ein Modell und seine Anwendung in einer ethnologischen Vergleichsanalyse. *Sociologus, 26*, 97–129.

Kraft, P., Rise, J., Sutton, S. & Roysamb, E. (in press). Perceived difficulty in the theory of planned behaviour: perceived behavioural control or affective attitude?: *British Journal of Social Psychology*.

LaPiere, R. T. (1934). Attitudes versus actions. *Social Forces, 13*, 230–237.

Latané, B. & Darley, J. M. (1970). *The unresponsive bystander: Why doesn't he help?* New York: Appleton-Century-Crofts.

Latané, B. & Rodin, J. (1969). A lady in distress: Inhibiting effects of friends and strangers on bystander intervention. *Journal of Experimental Social Psychology, 5*, 189–202.

Lewin, K. (1931). Der Übergang von der aristotelischen zur galileischen Denkweise in Biologie und Psychologie. In C.-F. Graumann (Hg.) (1981), *Kurt-Lewin-Werkausgabe*, Band I (S. 233–278). Bern: Huber.

Lewin, K. (1936). *Principles of topological psychology*. New York: McGraw-Hill. (dt. 1969 *Grundzüge der topologischen Psychologie*. Bern: Huber.)

Lewin, K. (1948). *Resolving social conflicts*. New York: Harper (dt. 1953 *Die Lösung sozialer Konflikte*. Bad Nauheim: Christian-Verlag).

Lewin, K. (1951). *Field theory in social sciences*. New York: Harper (dt. 1963 *Feldtheorie in den Sozialwissenschaften*. Bern: Hans Huber).

Lewin, K., Lippit, R. & White, R. (1939). Patterns of aggressive behavior in experimentally created ›social climates'. *Journal of Social Psychology, 10*, 271–299.

Liberman, V., Samuels S. M. & Ross, L. (2004). The name of the game: Predictive power of reputation vs. situational labels in determining Prisoner's Dilemma game moves, *Personality and Social Psychology Bulletin, 30*, 1175 -1185.

Lind, E. A. & Tyler, T. R. (1988). *The social psychology of procedural justice*. New York: Plenum Press.

Lippmann, W. (1922). *Public Opinion*. New York: Hartcourt (dt. 1964 *Die öffentliche Meinung*. München: Rütten & Loening.)

Lorenz, K. (1963). *Das sogenannte Böse. Zur Naturgeschichte der Aggression*. Wien: Borotha-Schoeler Verlag.

Lück, H. (1996). *Die Feldtheorie und Kurt Lewin: Eine Einführung*. Weinheim: Beltz, Psychologie Verlagsunion.

Mandel, D. R. (1998). The obedience alibi. Milgram's account of the Holocaust reconsidered. *Analyse & Kritik, 20*, 74–94.

Mantell, D. M. (1971). Das Potential zur Gewalt in Deutschland. Eine Replikation und Erweiterung des Milgramschen Experiments. *Der Nervenarzt, 42*, 252–257.

McArthur, L. A. (1972). The how and what of why: Some determinants and consequences of causal attributions. *Journal of Personality and Social Psychology, 39*, 1010–1063.

McDougall, W. (1908). *An introduction to social psychology.* London: Methuen.

McDougall, W. (1920). *The group mind.* Cambridge: University Press.

Miale, F. R. & Selzer, M. (1976). *The Nuremberg mind: The psychology of the Nazi leaders.* New York: New York Times.

Milgram, S. (1963). Behavioral study of obedience. *Journal of Abnormal and Social Psychology, 67,* 371–378.

Milgram, S. (1974). *Obedience to authority. An experimental view.* New York: Harper and Row. (dt.1988 *Das Milgram Experiment. Zur Gehorsamsbereitschaft gegenüber Autorität.* Hamburg: Rowohlt.)

Mill, J. S. (1872/1973). System of logic. In J. M. Robson (Ed.), *Collected works of John Stuart Mill* (8th ed., Vols. 7 and 8) Toronto: University of Toronto Press.

Miller, A. G. (1986). *The obedience experiments. A case study of controversy in social science.* New York: Praeger.

Miller, A. G., Gillen, B., Schenker, C. & Radlove, S. (1974). The prediction and perception of obedience to authority. *Journal of Personality, 42,* 23–42.

Miller, G. A. (1956). The magical number seven, plus or minus two: Some limits on our capacity for processing information. *Psychological Review, 63,* 31–97.

Miller, J. (1984). Culture and the development of everyday social explanation. *Journal of Personality and Social Psychology, 46,* 961–978.

Miller, D. T. & Prentice, D. A. (1994). Collective errors and errors about the collective. *Personality and Social Psychology Bulletin, 20,* 541–550.

Montada, L. & Kals, E. (2001). *Mediation.* Weinheim: Psychologie Verlagsunion.

Moscovici, S. (1985). Social influence and conformity. In G. Lindzey & E. Aronson (Eds.), *Handbook of social psychology, 3rd ed. Vol. 2* (pp. 347–412). New York: Random House.

Moscovici, S., Lage, E. & Naffrechoux, M. (1969). Influence of a consistent minority on the response of a majority in a color perception task. *Sociometry, 32,* 365–379.

Nisbett, R. E. & Ross, L. (1980). *Human inference: Strategies and shortcomings of social judgment.* Englewood Cliffs, NJ: Prentice-Hall.

Nisbett, R. E. & Wilson, T. D. (1977). Telling more than we can know: Verbal reports on mental processes. *Psychological Review, 84,* 231–259.

Ochsmann, R. (2002). Umgang mit existentieller Angst: Der 11. September 2001 und seine Folgen. *Zeitschrift für Sozialpsychologie, 33,* 3–12.

Orvis, B. R., Cunningham, J. D. & Kelley, H. H. (1975). A closer examination of causal inference: The roles of consensus, distinctiveness, and consistency information. *Journal of Personality and Social Psychology, 32,* 605–616.

Osgood, C. E. & Tannenbaum, P. H. (1955). The principle of congruity in the prediction of attitude change. *Psychological Review, 62,* 42–55.

Osherow, N. (1981). Making sense of the nonsensical: An analysis of Jonestown. In E. Aronson (Ed.). *Reading about the social animal* (3rd. ed.) (pp. 69–88). San Francisco: W.H. Freeman.

Pettigrew, T. F. (1959). Regional differences in anti-Negro prejudice. *Journal of Abnormal and Social Psychology, 59,* 28–36.

Pettigrew, T. F. (1996). *How to think like a social scientist.* New York. HarperCollins Publisher.

Pyszczynski, T., Solomon, S. & Greenberg, J. (2003). *In the wake of 9/11. The psychology of terror.* Washington: American Psychological Association.

Robinson, R. J., Keltner, D., Ward, A. & Ross, L. (1995). Actual versus assumed differences in construal: »Naïve realism« in intergroup perception in conflict. *Journal of Personality and Social Psychology, 68,* 404–417.

Rogler, L. (1994). International migrations. A framework for directing research. *American Psychologist, 49,* 701–708.

Rosenberg, M. J. (1960). An analysis of affective-cognitive consistency. In C. I. Hovland & M. J. Rosenberg (Eds.), *Attitude organization and change* (pp. 15–64). New Haven: Yale University Press.

Rosenberg, M. J. & Hovland, C. I. (1960). Cognitive, affective, and behavioral components of attitudes. In C. I. Hovland & M. J. Rosenberg (Eds.), *Attitude organization and change* (pp. 1–14). New Haven: Yale University Press.

Ross, L. (1977). The intuitive psychologist and his shortcomings. In L. Berkowitz (Ed.), *Advances in experimental social psychology* (Vol. 10, pp. 173–220). San Diego, CA: Academic Press.

Ross, L., Amabile, T. M. & Steinmetz, J. L. (1977). Social roles, social control, and bias in social-perception processes. *Journal of Personality and Social Psychology, 35,* 485–494.

Ross, L., Bierbrauer, G. & Hoffman, S. (1976). The role of attribution processes in conformity and dissent. *American Psychologist, 31,* 148–157.

Ross, L., Greene, D. & House, P. (1977). The »false consensus effect: An egocentric bias in social perception and attribution processes. *Journal of Experimental Social Psychology, 13,* 279–301.

Ross, L. & Nisbett, R. E. (1991). *The person and the situation. Perspectives of social psychology.* New York: McGraw-Hill.

Ross, L. & Stillinger, C. (1991). Barriers to conflict resolution. *Negotiation Journal, 8,* 389–404.

Ross, L. & Ward, A. (1995). Psychological barriers to dispute resolution. In M. P. Zanna (Ed.), *Advances in experimental social psychology,* (Vol. 27, pp. 255–304). San Diego, CA: Academic Press.

Rubin, J. Z., Pruitt, D. G. & Kim, S. H. (1994). *Social conflict. Escalation, stalemate, and settlement.* New York: McGraw-Hill.

Rudmin, F. W. (2003). Critical history of the acculturation psychology of assimilation, separation, integration, and marginalisation. *Review of General Psychology, 7,* 3–37.

Ryan, W. (1971). *Blaming the victim.* New York: Pantheon.

Sampson, E. E. (1991). *Social worlds, personal lives: An introduction to social psychology.* San Diego, CA: Harcourt Brace Jovanovich.

Schwind, H.-D., Roitsch, K., Gielen, B. & Gretenkordt, M. (1998). *Alle gaffen ... keiner hilft. Unterlassene Hilfeleistung bei Unfällen und Straftaten.* Heidelberg: Hüthig Verlag.

Sherif, M. (1936). *The psychology of social norms.* New York: Harper.

Sherif, M. (1966). *Group conflict and cooperation: Their social psychology.* London: Routledge & Kegan Paul.

Shiffrin, R. M. & Scheider, W. (1977). Controlled and automatic human information processing: II Perceptual learning, automatic attending, and general theory. *Psychological Review, 84,* 127–190.

Simmel, G. (1908). Exkurs über den Fremden. In G. Simmel *Soziologie* (S. 685–691). Leipzig: Dunker & Humblot

Simmel, G. (1908). *Soziologie.* Leipzig: Dunker & Humblot.

Simon, H. (1983). *Reason in human affairs.* Blackwell: Oxford.

Smith, P. B. & Bond, M. H. (1993). *Social psychology across cultures. Analysis and perspectives.* New York: Harvester Wheatsheaf.

Snyder, M. & Miene, P. (1994). On the functions of stereotypes and prejudice. In M. P. Zanna & J. M. Olson (Eds.), *The psychology of prejudice: The Ontario Symposium,* Vol. 7 (pp. 33–54). Hillsdale, NJ: Lawrence Erlbaum.

Steiner, J. & Bierbrauer, G. (1975). Interviews mit Auschwitztätern (unveröff. Manuskript).

Sumner, W. G. (1906). *Folkways.* Boston: Ginn.

Tajfel, H. & Turner, J. C. (1986). The social identity theory of intergroup behavior. In S. Worchel & W. G. Austin (Eds.), *Psychology of intergroup relations* (2nd ed.) (pp. 7–24). Chicago: Nelson-Hall.

Tetlock, P. & Levi, A. (1982). Attribution Bias: On the inconclusiveness of the cognition-motivation debate. *Journal of Experimental Social Psychology, 18,* 68–88.

Thomas, W. I. & Thomas, D. S. (1928). *The child in America.* New York: Knopf.

Thomas, W. I. & Znaniecki, F. W. (1918). *The Polish peasant in Europe and America,* I-V. Boston: Badger.

Thurstone, L. L. (1931). The measurement of social attitudes. *Journal of Abnormal and Social Psychology, 26,* 249–269.

Triandis, H. C. (1990). Theoretical concepts that are applicable to the analysis of ethnocentrism. In R. W. Brislin (Ed.), *Applied cross-cultural psychology* (pp. 34–55). Newbury Park, CA: Sage.

Triandis, H. C. (1994). *Culture and social behavior.* New York: McGraw-Hill.

Tversky, A. & Kahneman, D. (1973). Availability: A heuristic for judging frequency and probability. *Cognitive Psychology, 5,* 207–232.

Ulich, D. & Mayring, P. (1992). *Psychologie der Emotionen.* Stuttgart: Kohlhammer.

Vallone, P. R., Ross, L. & Lepper, M. R. (1985). The hostile media phenomenon: Biased perception and perceptions of media bias in coverage of the Beirut massacre. *Journal of Personality and Social Psychology, 49,* 577–585.

Watson, J. B. (1930). *Behaviorism.* New York: Norton.

Weber, M. (1904/1956). Die »Objektivität« sozialwissenschaftlicher Erkenntnis. In J. Winkelmann (Hg.) *Max Weber. Soziologie, weltgeschichtliche Analysen, Politik* (Bd. 229, S. 196–262). Stuttgart: Köner Verlag.

Weiner, B. (1972). *Theories of motivation.* Chicago: Markham Publishing Company.

Wetzel, C. G., Wilson, T. D. & Kort, J. (1981). The halo effect revisited: Forewarned is not forearmed. *Journal of Experimental Social Psychology, 17,* 427–439.

Wicker, A. W. (1969). Attitudes versus actions: The relationship of verbal and overt behavioral responses to attitude objects. *Journal of Social Issues, 25,* 41–79.

Wicklund, R. A. (1986). Fitting to the environment and the use of dispositions. In R. Schwarzer (Ed.). *Self-related cognitions in anxiety and motivation* (pp. 143–169). Hillsdale, NJ: Erlbaum.

Wicklund, R. A. (1990). *Zero-variable theories and the psychology of the explainer.* New York: Springer Verlag.

Wicklund, R. A. & Braun, O. L. (1987). Incompetence and the concern with human categories. *Journal of Personality and Social Psychology, 53,* 373–382.

Wundt, W. (1896). *Grundriss der Psychologie.* Leipzig: Wilhelm Engelmann.

Wundt, W. (1900/1920). *Völkerpsychologie. Eine Untersuchung der Entwicklungsgesetze von Sprache, Mythus und Sitte.* Leipzig: Wilhelm Engelmann.

Zajonc, R. (1984). On the primacy of affect. *American Psychologist, 35,* 151–175.

Zajonc, R. B. (1999). Massacres: Animal instinct or moral imperative. Draft. Stanford University.

# Sachwortverzeichnis

Abwertungsprinzip 112
Affekte 95 ff., 141
Akkulturation 208 f., 220 ff.
Aktionsforschung 192
Alltagspsychologie 29, 32, 49 ff., 53, 64 ff., 73, 76 ff., 79, 128, 146, 183, 188
Analyseebenen 46 ff., 209
Aristotelisches Denken 56 f.
Assimilation 220 f.
Attributionstheorien 12, 28, 102 ff., 149, 161
Attributionsverzerrungen 108 f., 118 ff.
Autokinetischer Effekt 157
Automatische Prozesse 12, 90 ff., 93 f., 180 ff.
Autoritäre Persönlichkeit 152, 178 ff.

Balancetheorie 142
Barmherziger Samariter 143
Bedeutungszuschreibung 55, 58 f.
Bedrohung durch Stereotypen 12, 184 f.
Begrenzte Rationalität 75, 125
Behaviorismus 57 ff., 98
Belohnungsmacht 164
Blaming the victim 173
Bystander effect 60 f.

Common sense 49 f.
Correspondence bias 120
Cultural Orientations Scale 217

Dampfkesselmodell 37
Das Böse 12, 30 ff., 35 f., 173
Deindividuation 38
Diskriminierung 38, 181, 193, 209
Dispositionen 24 f., 28, 39, 51, 57
Dispostitonshypothese 23 f., 27, 29 f.
Dispositioneller Attributionsfehler 159
Dissonanzreduktion 148 f.
Distinktheitsinformation 109 f.
Dritte Partei 205, 217
Dynamische Handlungsinterpretation 67 f.

Eigengruppe 175 f., 187
Einstellungen 12, 137, 139, 144 ff., 150, 181
Einstellungsänderung 137 ff., 154
Entscheidungsrahmen 125, 131 ff.
Ersteindruck 76
Erzwungene Einwilligung 99
Ethnische Identität 219
Ethnozentrismus 175, 176 ff., 181, 187

Falscher Konsensuseffekt 81 ff., 131, 193
Feldtheorie 54, 95 f.
Frankfurter Schule 152
Fremdgruppe 175 f., 181
Fremdsein 214 f.
F-Skala 178 f.

Fundamentaler Attributionsfehler 118 ff., 123 ff., 127, 129, 131, 159, 193
Fuß-in-der-Tür-Technik 168 f., 173

Galileisches Denken 56 f.
Gefangenen-Dilemma 85 f., 199 f., 203
Gehorsamkeit 19 ff., 26, 29 ff., 120, 171 f.
Gemischt motivierte Konflikte 199 f., 201
Gerechtigkeit 207, 217
Gesunder Menschenverstand 28 f., 49 f.
Gewalt 175, 193 f.
Globale Personenkategorien 68 ff.
Gruppenbewusstsein 12, 44, 47
Gruppenkonflikte 175, 186, 209
Gruppenprozesse 151 ff., 158

Halo effect 78, 92, 127
Heuristiken 119, 125 ff.
Hilfeverhalten 59 f., 62 ff., 122, 143
Holocaust 31, 34, 37 f.
Homo oeconomicus 35, 75, 134
Hypothetisches Konstrukt 139, 149

Illusionäre Korrelationen 128
Im-Nachhinein-Effekt 159
Implizite Persönlichkeitstheorien 78
Individualebene 46 f., 216
Informationsverarbeitung 73, 75, 79
Instinkte 36
Integration 188, 220 f.
Interkulturelle Psychologie 45
Interpretieren 50, 55
Intuition 29, 50
Intuitives Schlussfolgern 103 ff.

Jordankurve 56

Katharsishypothese 36
Kausalattribution 102 ff.
Kausalschemata 113
Kognitionen 95 ff., 99, 141
Kognitive Balance 100
Kognitive Dissonanz 98 ff., 147, 150, 152, 154
Kognitive Schemata 112, 140
Kognitives System 53, 71 ff., 80, 95
Kollektivebene 46 f., 216
Konfigurationsmodell 107, 111 f.
Konflikte 47, 74, 88 ff., 98, 154, 160, 163, 175, 188, 191 ff., 202 ff., 208, 221
Konfliktmanagement 204 ff.
Konsensusinformation 109 f., 123, 128
Konsistenzinformation 109 f.
Kontakthypothese 188
Kontrollierte Prozesse 91 ff.
Kooperation 197
Kooperationsbereitschaft 86
Korrespondierende Schlussfolgerung 114 f., 118, 123
Kovariation 108 ff.
Kovariationsmodell 107 ff., 111, 123
Kultur 41, 45, 47, 124, 176, 191 ff., 208 ff., 215 ff., 219
Kulturelle Orientierungen 216 f.

Laienpsychologe 51, 87, 105 ff., 108
Lebensraum 54 ff., 192

Makroebene 40 ff., 45, 47
Manipulation 168
Mediation 206
Mentale Konstruktionsprozesse 58, 71 ff.

Migration 191, 208 ff.
Mikroebene 40 ff., 45, 47
Milgram-Experiment 19 ff., 29 f., 37 f., 40, 47, 120, 123, 129
Minderheiten 192
Minderheiteneinfluss 166 f.
Minimales Intergruppenparadigma 177
Moralischer Imperativ 37 f.
Motivationen 95 ff., 141

Naive Psychologie 50, 105 ff
Naiver Realismus 12, 35, 51, 84 ff., 88 ff.
Naiver Verhaltenstheoretiker 108, 126
Natur des Menschen 33 ff., 38 f.
Nichtnullsummenkonflikt 195 f.
Normen 27 f., 47, 157, 206 f.
Notfallsituation 59, 62, 122
Nullsummenkonflikt 195 f.

Oberziele 187 f., 189
Ökologischer Fehlschluss 216
Optimale Distinktheit 177

Phänomenaler Absolutismus 84
Pluralistische Ignoranz 28, 61 f., 65, 82 f., 165 f.
Priming 93 f., 183
Psychisches Spannungssystem 55, 58 f., 96, 141, 192
Pull-/Pushfaktoren 210

Rasse 219 f.
Realistische Konflikttheorie 186
Recht 217 f.
Rechtspsychologie 191
Repräsentativitätsheuristik 126 ff., 129, 131
Reziprozitätsprinzip 170 f.
Richten 206
Robbers Cave-Studie 186
Rollen 27 f.

Scheinerklärungen 57, 68, 79
Schlichten 206
Schlussfolgern 108 f.
Segregation 188
Selbstkonzept 216
Selbstwahrnehmungstheorie 147 ff., 169
Selbstwert 177
Separation 221
Situationshypothese 23 f., 26 f.
Sozial informativer Einfluss 163 f.
Sozial normativer Einfluss 163 f.
Soziale Beeinflussung 151 ff., 158
Soziale Fallen 201
Soziale Identitätstheorie 177
Soziale Informationsverarbeitung 79
Soziale Kategorisierung 175 ff., 179 ff., 183
Soziale Kognitionen 12, 73
Soziale Konformität 35, 154, 156, 159 f., 160, 164, 168
Soziale Polarisierung 88 ff., 193
Soziale Wahrnehmung 46, 50, 71 ff., 78
Soziales Schema 179
Sozialpsychologischer Situationismus 54 f., 57 ff., 72, 95, 143, 153, 172, 191
Soziologie 42 f., 45, 48, 54
Stanford-Gefängnisexperiment 27 f., 165
Statische Handlungsinterpretation 67 f.
Stereotype threat 184
Stereotypen 12, 92, 127, 175, 179 ff., 182 ff., 187

Tit-for-tat 203
Tragödie der Allmende 201 f.
Tür-ins-Gesicht-Technik 170 f.

Überzeugungen 142, 181

# Sachwortverzeichnis

Valenzen 56
Varianzanalyse 108
Vebleneffekt 168
Verantwortlichkeitsdiffusion 61, 63 f.
Verfügbarkeitsheuristik 126 f., 130 ff.
Verhandeln 204 ff.
Vermitteln 204 ff.
Vermögenspsychologie 96

Völkerpsychologie 42
Vorurteile 12, 142, 175, 179 ff., 188 f.

Wall-Street-Community Game 85
Werte 47, 142, 215 f.
Win-win solution 198

Zugänglichkeit 94
Zwangsmacht 164

# Personenverzeichnis

Adams 37, 223
Adorno 178, 223
Ajzen 145, 223
Allport 42, 44 f., 138, 189, 223
Altemeyer 179, 223
Amabile 231
Andersen 62
Arendt 32, 223
Aristoteles 96
Asch 44, 58, 154 ff., 223
Axelrod 203, 223

Banaji 93, 224
Banks 27, 227
Bargh 93 f., 223
Batson 143, 226
Baumann 219, 228
Baumeister 37, 225
Baumrind 29, 224
Bazerman 93, 224
Becker 218, 224
Bem 148 f., 169, 224
Berkeley 84
Berning 225
Berry 220, 224
Beyth 159, 227
Bickman 29, 224
Bierbrauer 22, 24, 33, 36, 89, 120, 123 f., 134, 144, 146, 160, 162, 173, 189, 192, 207, 213, 217, 219, 221, 224 f., 228, 231 f.
Bochner 212, 227
Bond 19, 45, 136, 225, 232
Brandes 225

Braun 58, 68 f., 233
Brewer 176 f., 225
Brotzman 26
Brown 32, 225
Browning 34, 225
Bushman 37, 225

Campbell 47, 176, 225 f.
Cantril 78 ff., 227
Carlsmith 99, 147, 149
Cialdini 168, 170 f., 226
Comte 42
Cunningham 109, 230

Dalrymple 26
Darley 34, 60 ff., 122, 143, 226, 229
Darwin 36, 226
Davis 107, 114 f., 118, 228
DeGrandpre 74, 226
Deutsch 163 f., 198, 203, 226
Devine 183, 226
Diamond 21, 226
Doise 46, 226
Dole 220, 226
Durkheim 42 f., 226

Eichmann 30 ff., 40
Einstein 36
Elms 25, 226

Fahrenberg 179, 226
Festinger 98 f., 147, 149, 226
Fischoff 159, 227

Fisher 206, 227
Fraser 169, 227
Freedman 169, 227
French 164, 227
Frenkel-Brunswik 152, 223
Freud 36 f., 44, 91, 111, 227
Furnham 212, 227

Gerard 163 f., 226
Gielen 59, 232
Gillen 129, 230
Goldhagen 34, 227
Gottwald 134, 225
Graves 26
Greenberg 218, 231
Greene 82 f., 231
Gretenkordt 59, 232
Gudykunst 214, 227

Haney 27, 227
Hardin 202, 227
Harris 28, 116 ff., 228
Harrower 25, 227
Hastorf 78 ff., 227
Heider 50, 105 ff., 124, 142, 227
Henke 213, 225
Hilgard 95, 227
Hitler 25, 31, 38
Hoffman 160, 162, 231
Hofling 26, 227
Hofstede 216 f., 227
Hölscher 225
House 82 f., 231
Hovland 141, 231

Ichheiser 88, 228

Jaeger 213, 225
Jones 28, 107, 114 ff., 228

Kahneman 35, 94, 126 f., 130, 132 ff., 228, 233
Kals 206, 230

Kazén 219, 228
Kelley 76 ff., 107 ff., 120, 122 f., 149, 228, 230
Keltner 89, 231
Keupp 46, 135 f., 228
Kientz 225
Kim 232
Klinger 89, 146, 207, 221, 225, 228
Koch 205, 228
Kort 78, 233
Kraft 146, 229
Kuhl 219, 228

Lage 166, 230
LaPiere 142 ff., 229
Latané 60 ff., 122, 226, 229
Lepper 80, 233
Levi 80, 232
Levinson 152, 223
Lewin 44, 54 ff., 67, 95, 98, 191 f., 209, 229
Liberman 85 f., 229
Lind 229
Lippit 229
Lippmann 71, 180, 229
Locke 84
Lorenz 36 f., 229
Lück 54, 229

Mandel 34, 229
Mantell 19, 229
Mayring 96, 233
McArthur 111, 229
McDougall 44, 230
Meyer 225
Miale 25, 230
Miene 182, 232
Milgram 19 f., 23 ff., 30 f., 33 f., 36 f., 120, 123, 171 ff., 226, 230
Mill 108, 230
Miller 62, 75, 124 f., 129 f., 230
Montada 206, 230

Morton 21, 226
Moscovici 166f., 230

Naffrechoux 166, 230
Nisbett 51, 54f., 79, 92, 131, 230f.

Ochsmann 219, 230
Orvis 109, 230
Osgood 142, 231
Osherow 164, 231

Patton 206, 227
Pedersen 189, 225
Pettigrew 46, 52, 179, 231
Pierce 26
Pietromonaco 93, 223
Prentice 62, 230
Pruitt 232
Pyszczynski 218, 231

Radlove 129, 230
Raven 164, 227
Riecken 147, 226
Rise 146, 229
Robinson 89, 231
Rodin 61, 229
Rogler 211, 231
Roitsch 59, 232
Rosenberg 141f., 231
Ross 28, 51, 54f., 79f., 82f., 85ff., 89, 119ff., 131, 160ff., 193, 229ff., 233
Roysamb 146, 229
Rubin 232
Rudmin 221, 232
Ryan 173, 232

Sampson 135, 232
Samuels 85ff., 229
Sanford 152, 223
Schachter 147, 226

Scheider 232
Schenker 129, 230
Schneider 91
Schwind 59, 66, 232
Selzer 25, 230
Sherif 44, 58, 157f., 165, 175, 186, 188, 232
Shiffrin 91, 232
Simmel 44, 194, 214, 232
Simon 35, 75f., 232
Slovic 126
Smith 19, 136, 232
Snyder 182, 232
Solomon 218, 231
Stack 37, 225
Stanley 47, 226
Steele 184f.
Steiner 33, 173, 179, 226, 232
Steinmetz 121, 231
Stillinger 231
Sumner 176, 232
Sutton 146, 229

Tajfel 177, 232
Tannenbaum 142, 231
Tarde 42
Teresa 121
Tetlock 80, 232
Thomas 72, 138, 232
Thurstone 144, 232
Tolstoi 30, 102
Triandis 136, 176, 233
Trölenberg 225
Turner 177, 232
Tversky 126f., 130, 132f., 228, 233
Tyler 229

Ulich 96, 233
Ury 206

Vallone 80f., 233

Ward 51, 87, 89, 193, 231
Watson 58, 233
Weber 218, 233
Weiner 106 f., 233
Wetzel 78, 233
White 229
Wicker 144, 233
Wicklund 57 f., 67 ff., 233

Wilson 78, 92, 230, 233
Wolfradt 225
Wundt 41 f., 44, 233

Zajonc 37 f., 96, 233
Zarantonello 29, 224
Zimbardo 27, 227
Znaniecki 138, 232

Hans-Werner Bierhoff/Michael Jürgen Herner

# Begriffswörterbuch Sozialpsychologie

2002. XI, 333 Seiten. Kart.
€ 28,–
ISBN 3-17-016982-3

Dieses Wörterbuch berücksichtigt neben häufig verwendeten Begriffen der Sozialpsychologie auch eine Behandlung ihrer wichtigsten Theorien, Modelle und Hypothesen. Zahlreiche Beispiele verdeutlichen die Stichworte, die ebenfalls Bereiche der Klinischen Psychologie, der Motivations- und Organisationspsychologie berücksichtigen.

„Was ist schon wieder genau der Sleeper-Effekt, die Effektanz-Motivation, die Rekognitions-Heuristik oder die Tit-for-Tat-Strategie? Wer in der sozialpsychologischen Fachsprache nicht ganz sattelfest ist, kann hier rasch rund tausend solcher Begriffe nachschlagen. [...] Eine Stärke dieses Nachschlagewerkes liegt darin, dass bei vielen Stichwörtern Alltagssituationen veranschaulichen, was gemeint ist. Durchwegs ist immer auch die englische Übersetzung angegeben (bzw. der englische Originalausdruck)."

Swiss Journal of Psychology

W. Kohlhammer GmbH · 70549 Stuttgart

Angela Ittel/Maria von Salisch (Hrsg.)

# Lügen, Lästern, Leiden lassen

*Aggressives Verhalten von Kindern und Jugendlichen*

2005. 336 Seiten mit 24 Abb., 51 Tab. und 2 Kästen. Kart.
€ 33,–
ISBN 3-17-018468-7

Das Spektrum aggressiver Verhaltensweisen ist viel breiter als gemeinhin angenommen wird. Anderen körperliche Schmerzen zuzufügen ist nur eine und dabei eine vergleichsweise grobe Form, Mitmenschen Leid zu bereiten. Neben dem bekannten offen aggressiven Verhalten sind in den letzten Jahren Ausgrenzungen, Intrigen und Rufmord als verdeckte Formen aggressiven Verhaltens untersucht worden. Lügen und Lästern ist zwar subtiler, aber nicht minder wirksam, wenn es darum geht, Mitmenschen Leid zu bereiten. Dieses Buch verknüpft neue Ergebnisse der psychologischen Forschung und der therapeutischen Praxis zu einem breiten Spektrum von aggressivem Verhalten. Wissenschaftler und Praktiker aus Deutschland und Nordamerika berichten über aktuelle theoretische Erkenntnisse und konkrete Erfahrungen von Prävention und Intervention.

W. Kohlhammer GmbH · 70549 Stuttgart

Marc Immenroth/Katharina Joest

# Psychologie des Ärgers

*Ursache und Folgen für Gesundheit und Leistung*

2004. 140 Seiten mit 11 Abb. und 6 Tab. Kart.
€ 24,80
ISBN 3-17-018215-3

Ärger ist eine der häufigsten Emotionen des Alltags. So reichen schon kleinste Anlässe dafür aus: Das Summen einer Fliege, die Schiedsrichterentscheidung im Sport usw. Meistens bleibt dabei der Ärger ohne Folgen. Oftmals steht diese Emotion jedoch am Anfang einer Kette von negativen Konsequenzen: Leistungseinbußen bei der Arbeit und im Sport oder sogar – häufiges und intensives Ärgern vorausgesetzt – negative Auswirkungen auf die Gesundheit.

Das Lehrbuch geht auf die Theorie des Ärgers, auf dessen Auswirkung auf Leistung und Gesundheit sowie dessen Bewältigung ein. Damit richtet es sich an Studierende und Dozenten der Psychologie, Medizin und des Sports, an praktisch tätige Psychologen, Ärzte und Trainer sowie an interessierte Laien.

W. Kohlhammer GmbH · 70549 Stuttgart